BARTHOLOMÄUS GRILL

UM UNS DIE TOTEN

Meine Begegnungen mit dem Sterben

Siedler

Die Abbildungen im Innenteil des Buches stammen aus dem Privatbesitz des Autors, mit Ausnahme von: Archiv Wolf-Christian von der Mülbe (S. 69), Kurt Stüber/www.biolib.de (S. 78), Rainer Unkel (S. 108), Pascal Maître/Cosmos (S. 128 u. 135). Die Rechteinhaber der Abbildungen von Seite 93 konnten trotz intensiver Recherche bis Redaktionsschluss nicht ermittelt werden. Der Verlag bittet Personen oder Institutionen, die die Rechte an diesen Abbildungen haben, sich zu melden.

FSC
www.fsc.org
MIX
Papier aus verantwortungsvollen Quellen
FSC® C014496

Verlagsgruppe Random House FSC® N001967
Das für dieses Buch verwendete FSC®-zertifizierte Papier
Munken Premium Cream liefert Arctic Paper Munkedals AB, Schweden.

Erste Auflage

Umschlaggestaltung: Rothfos + Gabler, Hamburg,
unter Verwendung eines Bildes von Carlos Gotay/Getty Images
Satz: Ditta Ahmadi, Berlin
Reproduktionen: Aigner, Berlin
Druck und Bindung: GGP Media GmbH, Pößneck
Printed in Germany 2014
ISBN 978-3-8275-0029-8

www.siedler-verlag.de

Inhalt

Für Urban

Die Kappe auf dem Kopf des Kutschers

Es sei ein kalter, sonniger Februartag gewesen, Tante Afra erinnert sich noch genau. Mir fällt niemand ein, den ich sonst noch fragen könnte, und es leben auch nicht mehr viele, die eine Antwort wüssten. Ich habe den Tag ganz anders im Gedächtnis: grau und frostig. Ein scharfer Westwind wehte durch den Halmberger Hof, als der Leichenwagen von Kirchreit her kommend in die Durchfahrt zwischen Getreidestadel und Bauernhaus einbog, ein Gespann mit zwei kastanienbraunen Gäulen, auf dem Kutschbock saß ein Mann mit kantigem Gesicht. Kurz bevor das Gefährt vor der Haustür zum Stehen kam, riss eine Bö die Kappe von seinem Kopf. »Brrrrrrrr«, rief er den Pferden zu und fasste auf sein entblößtes Haupt. Der Leichenwagen stand still, und der Kutscher stieg ab, um die Kappe aufzuheben.

Ich stand unter dem Lederapfelbaum im Obstanger und verfolgte gebannt das Geschehen. Es war meine erste Begegnung mit dem Tod. Drei Tage vorher, am 8. Februar 1958, war der Großvater gestorben. Er hieß Bartholomäus, wie ich. Er lag aufgebahrt im Hausflur, trug seinen besten Anzug und rührte sich nicht mehr. Er ist jetzt bei den Engeln, erklärte die Großmutter. Die Toteneinsagerin, ein altes, dickes Weiblein, hatte die Nachricht in die Gemeinde getragen und zum Sterberosenkranz gebeten. Nun, am Morgen der Beerdigung, versammelten sich die Angehörigen, Verwandten und Nachbarn im Hausgang, um vom Halmberger Bartl Abschied zu nehmen. Die Trauernden trugen schwarze oder graue Gewänder, sie sahen aus wie die Rabenvögel, die draußen auf den kahlen Äckern herumhüpften. Sie sprachen gedämpft, raunten, flüsterten. Waren sich einig, dass er eigentlich einen schönen Tod gehabt habe, in Prutting, am Tag nach der Hochzeit seiner Nichte. Er sei Trauzeuge gewesen, erzählt seine

Tochter, die Tante Afra, der Schlag habe ihn am nächsten Tag getroffen, unmittelbar nach der Sonntagsmesse.

Mein Vater aber tischte eine Version auf, die ich viel attraktiver fand: Großvater sei mitten im Hochzeitstanz niedergesunken und habe sich gleichsam hineingedreht ins ewige Leben. Vater berichtete auch von einem prophetischen Traum der Großmutter. Der Gatte sei ihr zwei Nächte nach seinem Tod erschienen und habe sie auf das Geld in der Innentasche seines Anzugs hingewiesen, zweihundert Mark. Am anderen Morgen sei die Großmutter an die Bahre im Hausgang getreten, habe das Jackett aufgeknöpft und die Scheine gefunden. Ich nehme an, dass mein Vater diesen Vorfall frei erfunden hat, er neigte zu Übertreibungen und Mythologisierungen. Seinerzeit aber nahm ich seine Geschichte für bare Münze. In meinen Augen war der wundersame Fund eine jener mysteriösen Begebenheiten, die sich beim Tod eines Menschen ereignen.

Ein Hauch des Übersinnlichen liegt auch über dem Testament des Großvaters, er hatte es, sein baldiges Ende offenbar ahnend, am 1. Februar handschriftlich verfasst, genau eine Woche vor dem Herzinfarkt. Überdies hat sich der Tod schon im Spätherbst 1957 angekündigt, am Tag der Beerdigung der alten Mare, seiner Tante, die nie geheiratet hatte und auf dem Hof von ihrem Leibgedinge zehrte. Als nämlich der Leichenwagen mit ihrem Sarg abfuhr, scheuten die Pferde, stemmten sich gegen die Deichsel und schoben das Fuhrwerk eine Radumdrehung zurück. Ein Nachbarbauer meinte, dies sei ein untrügliches Zeichen dafür, dass aus diesem Haus schon bald der Nächste heraussterben werde. Der Nächste war der Großvater.

Mehr weiß ich von seinem Heimgang nicht mehr. Der Platz am schmalen Bürotisch in der Stube war fortan leer, die Schreibmaschine, eine Mercedes Prima aus Zella-Mehlis, hatte zu klappern aufgehört. Die Zither blieb stumm, das Sachs-Motorrad unbewegt. Es sollte keine Spazierfahrt mehr geben, bei der ich vorne auf dem Benzintank sitzen durfte. Gegenüber dem Kachelofen hing ein Bild des Großvaters. Sein strenger, traurig anmutender Blick hat meine ganze Kindheit und Jugend begleitet.

Großvater Bartholomäus,
gestorben am 8. Februar 1958

Die schwebende Kappe des Kutschers des Leichenwagens, ein gefrorener Augenblick, eine magische Sekunde – diese Szene bleibt in meinem Gedächtnis wie ein surrealistisches Gemälde von Giorgio de Chirico. Es war meine erste bewusste Anschauung des Todes. Sie sollte sich als dessen Urgestalt in meine kindliche Vorstellungswelt einschreiben.

Fast ein halbes Jahrhundert später, an einem Novembertag des Jahres 2004, trat eine neue Gestalt des Todes in das Bild, ein Mann in einem beinlangen, schwarzen Ledermantel. Er trug eine Sonnenbrille und stand just an der Stelle vor der Haustür, an der einst der Leichenwagen angehalten hatte, um den Sarg des Großvaters abzuholen. Es war ein warmer, bernsteingelb leuchtender Spätherbstmorgen. Der Mann schaute sich noch einmal um. Das Bauernhaus. Der Obstanger. Der Hühnerstall. Der Getreidespeicher. Der Taubenkobel. Das leere Storchennest auf dem Dachfirst. Der letzte Blick – ein Abschied für immer. Der Mann war Urban, mein unheilbar kranker Bruder. Er stieg an diesem Tag in ein Auto, das ihn nach Zürich brachte, zu den Sterbehelfern von Dignitas. Er hatte sich für den assistierten Freitod entschieden. Dreißig Stunden später sollte er nicht mehr unter uns sein.

Zwischen diesen beiden Ereignissen liegen all meine Begegnungen mit dem Tod, die ich in diesem Buch beschreibe. Es birgt, um falschen Erwartungen vorzubeugen, keine Abhandlung über das Altern und die Begleiterscheinungen des biologischen Verfalls. Auch Querverweise auf den Generationenkonflikt in einer modernen westlichen Gesellschaft, in der immer mehr Alte und immer weniger Junge um begrenzte Zukunftsressourcen konkurrieren, werden die Leser vergeblich suchen. Das Buch will auch kein Ratgeber zum Thema Sterben und Sterbehilfe sein. Es ist vielmehr der Versuch einer sehr subjektiv gefärbten Phänomenologie des Todes, ein Herantasten an die Gestalten, Figuren oder Personifikationen, in denen er mir erschienen ist, die sich in mein Bewusstsein gesenkt und mit kollektiven Repräsentationen vermengt haben, mit jener Vielfalt von Vorstellungen, Sinnbildern, Metaphern und Ideen vom Tode, die wir mit uns herumtragen. Aber es sind eben nur schattenhafte Abbilder des Todes – sein Wesen bleibt uns so verschlossen wie den gefesselten Menschen in Platons Höhlengleichnis, die ihre Sinneseindrücke für die Wirklichkeit halten.

Im Zentrum steht der Freitod meines Bruders Urban, sein langer Kampf gegen den Krebs, schließlich sein unwiderruflicher Entschluss, das Leiden und den endlos sich hinziehenden Prozess des Sterbens zu beenden. Er sprach von seiner letzten Freiheit, von der Freiheit des erlösenden Todes. Urban bat mich, seine Geschichte aufzuschreiben, um Menschen, die sich in einer ähnlich verzweifelten Lage befinden, einen Ausweg anzubieten. Nachdem er gegangen war, zögerte und zauderte ich ein ganzes Jahr, ehe ich den Text zu Papier brachte. In dieser Zeit, ich war gerade fünfzig Jahre alt geworden, begann meine bisweilen obsessive Beschäftigung mit dem Sterben und dem Tod – viel zu früh, sagten gleichaltrige Freunde, die im Spätsommer des Lebens noch nichts von den letzten Dingen wissen wollten. Den Fragen aber, die ich im Zusammenhang mit dem assistierten Suizid meines Bruders aufwarf, konnten sie sich nicht entziehen. Niemand kann sich ihnen entziehen, sie stellen sich zwangsläufig im Rahmen der großen ethischen Kontroversen in einer vergreisenden Gesellschaft. Wie gehen wir mit den Verheißungen einer Hochleistungsmedizin um, die

die Herrschaft über den Tod an sich gerissen hat? Wie weit soll unsere Hilfe für Schwerstkranke gehen? Wer darf wann lebensverlängernde Geräte abschalten, die oft nichts anderes sind als Sterbeverlängerungsmaschinen? Über diese Fragen habe ich mit einem der bedeutendsten katholischen Moralphilosophen unserer Zeit gestritten, mit Robert Spaemann, einem entschiedenen Gegner jeder Form von Sterbehilfe. Im Kontext dieses Gesprächs schildere ich auch die Folgen, die das Niederschreiben und die Veröffentlichung der Geschichte meines Bruders hatten: die zahllosen Briefe und Hilferufe von Menschen, die ein ähnliches Schicksal durchlitten; den schamlosen Voyeurismus der Medien; den moralischen Druck auf die Familie; schließlich meine Weigerung, öffentlich über den assistierten Freitod zu sprechen. Mein Bruder sollte endlich Ruhe finden. Ich hatte mir eine Art benediktinisches Schweigen auferlegt.

In diesem Buch beende ich zehn Jahre des Schweigens und erzähle von meiner Auseinandersetzung mit dem Tod, die die existenzielle Erfahrung meines Bruders ausgelöst hatte. Sie beginnt mit dem Rückblick auf die alpenländische Totenkultur, die meine Kindheit geprägt hat, auf den Katholizismus und seine Erlösungslehre von der Auferstehung und dem ewigen Leben, auf das *Memento mori*, das ich in den frühen Jahren verinnerlicht habe, und auf die *Ars moriendi*, jene mittelalterliche Kunst des Sterbens, welche die Todesfurcht bannen soll. Die Auseinandersetzung endet mit dem Sterben meiner Mutter in der Trostlosigkeit einer Intensivstation, als ich den Tod stärker denn je als ruchlosen Mörder empfand.

Der Tod hat tausend Gesichter, und ich habe in viele geschaut, das brachte mein Beruf als Auslandskorrespondent mit sich. Die ersten Einsätze in den achtziger Jahren führten mich nach Osteuropa, nach Polen, wo Geheimagenten der wankenden Jaruzelski-Diktatur regimekritische Priester entführten und umbrachten. Dann, Weihnachten 1989, nach Rumänien, als der Despot Nicolae Ceauçescu gestürzt und hingerichtet wurde und mir beim Anblick vermeintlicher Folteropfer des Geheimdienstes Securitate der Tod erstmals als furchtbarer Menschenschinder erschien. Drei Jahre später wurde ich von der ZEIT nach Afrika entsandt. Seither habe ich regelmäßig über

Kriege, Staatsstreiche, Hungersnöte, Seuchen und Katastrophen berichtet. Den ersten Aids-Toten sah ich in einem Fischerdörfchen am Victoriasee in Uganda, ich ahnte damals nicht, dass mich diese Pandemie von schier unvorstellbaren Ausmaßen in zahlreichen Reportagen immer wieder beschäftigen würde. Kein Ereignis hat mich indes so erschüttert wie der Genozid und dessen Nachwehen in Ruanda. Ich stand vor Leichenbergen, ich sah, wie Hunderte von toten Körpern auf Lastwagen verladen und in Gruben gekippt wurden, ich sprach mit Opfern, deren Angehörige bestialisch abgeschlachtet wurden, und mit Tätern, die wenig Reue zeigten oder ihre Verbrechen leugneten. Ich erlebte die Unfasslichkeit des anonymen Massentodes und empfand jenen Abscheu vor der Barbarei, jenen abgrundtiefen Zweifel an der Menschlichkeit, der uns beim Begehen nationalsozialistischer Konzentrationslager überwältigt: Das Grauen! Das Grauen! Der Tod, ein Völkermörder. Mein Auschwitz lag im Herzen Afrikas, und ich wurde dort auch mit einem persönlichen Versagen konfrontiert, das mich bis heute aufwühlt: Ich habe einen kleinen Jungen, den ich womöglich hätte retten können, in seiner ausweglosen Lage alleingelassen.

Oft ist mir der Tod in Afrika aber auch auf ganz andere Art und Weise begegnet. Zum Beispiel in Ghana bei der grandiosen Trauerfeier für den verstorbenen König der Asanti. Oder in Mali beim Tanz der Masken, die in der Kultur der Dogon die Seele eines Toten aus dem irdischen Dasein hinüber in das Zwischenreich der Ahnen begleiten. Oder in Benin bei Voodoo-Beschwörungen und dem Treiben der *revenants*, der Wiedergänger aus dem Jenseits. Es waren kollektive Rituale, um die dem Menschen innewohnende Angst vor dem Ende zu lindern. Bei solchen Anlässen erschien mir der Tod als Fest fürs Leben.

*

Que philosopher c'est apprendre à mourir – Philosophieren heißt sterben lernen. Ich habe Philosophie studiert und sie nach dieser Maxime von Michel de Montaigne erschlossen: im Ringen mit letzten Fragen, deren Beantwortung je nach Lebensalter höchst unterschiedlich ausfiel. In meiner Sturm-und-Drang-Zeit habe ich den Tod verachtet, er war ein bedeutungsloser Narr, ein Gesell für Glasperlenspiele in der immerwährenden, unzerstörbaren Jugend. Ich fürchtete ihn so wenig, wie ihn meine Helden der Weltrevolution gefürchtet hatten. Ich übte mich im Existenzialismus eines Jean-Paul Sartre und praktizierte spätpubertäre Todesverspottungsrituale. Je älter man wird, desto näher kommen die Einschläge. Man stellt sich die Frage nach der Endlichkeit des Lebens und der Vergeblichkeit allen Strebens neu, man thematisiert das Sterben viel ernsthafter, zumeist auch behutsamer und ängstlicher, man lernt das bisschen Leben, das man hat, als zerbrechliche Kostbarkeit zu schätzen. Und einige Grundwerte des Christentums, aber auch die fundamentalen Zweifel an dessen Dogmen leuchten wieder auf. Wir müssen im Gegensatz zum Tier mit dem ständigen Bewusstsein unserer Sterblichkeit leben – ohne zu wissen, wann uns die Stunde schlägt. In diesem Bewusstsein, das bis ins 20. Jahrhundert hinein Kindern, Geisteskranken und sogenannten Primitiven abgesprochen wurde, erkennen wir den innersten Kern unserer Menschlichkeit. Weil wir es nicht abschalten können, haben wir uns ein gewaltiges Arsenal von Verdrängungsinstrumenten zugelegt. Wir weigern uns, an das Ende zu denken. Wir tabuisieren den Tod und sperren ihn im Vorbewussten ein, damit er uns im Alltag nicht belästige. Wir versuchen, das Leben so zu leben, dass wir uns im Angesicht des Todes sagen können, es in vollen Zügen genossen zu haben. Wir trösten uns, sofern wir gläubig sind, mit den Versprechen der Wiedergeburt und des ewigen Lebens. Oder wir lassen uns von den Weisheiten der Philosophen beruhigen. »Wie wir in das Leben hineingelockt werden durch den ganz illusorischen Trieb zur Wollust; so werden wir darin festgehalten durch die gewiß eben so illusorische Furcht vor dem Tode«, lehrt Arthur Schopenhauer in seinem Hauptwerk *Die Welt als Wille und Vorstellung*. Doch es hilft alles nichts: Die *Fuga mortis*, die Scheu vor dem Tode, ist stärker. Natürlich kann ich nicht behaupten, frei von dieser Scheu zu sein, niemand ist das. Durch meine Begegnungen mit dem Tod konnte ich sie zeitweise abmildern, aber sie kehrte stets mit umso größerer Macht zurück, und ich sah den Mann auf mich zumähen, den Vincent van Gogh in seinem Gemälde *Le moissonneur* verewigt hat. Das Bild zeigt einen Schnitter unter grüngelbem Himmel, der mit einer Sichel Getreide schneidet. In dieser Allegorie kommt der Tod an einem glutheißen Sommertag, im flimmernden Goldlicht, und stößt mitten hinein in die Wirrsal des Lebens. Wir können ihm nicht entfliehen, er begleitet uns wie unser Schatten, unser Spiegelbild, unser Herzschlag. Er ist der Bruder des fühllosen Schlafes.

*

In allen Zeitaltern und Kulturen wurde der Tod unterschiedlich wahrgenommen, man kann das nachlesen in der *Geschichte des Todes* von Philippe Ariès. Dieses monumentale Werk liefert einen gedanklichen Leitfaden, der von der Antike in die Gegenwart führt. Der französische Poststrukturalist beschreibt, wie sich unsere Seelenlandschaften, Sterberituale, Trauersitten, Todesbilder und Jenseitsvorstellungen gewandelt haben, wie die Moderne den Tod aus dem Alltagsleben eliminiert hat, wie er schließlich privatisiert und von der Medizin vereinnahmt wurde und sich im Lauf des 20. Jahrhunderts ein dumpfes Schweigen über ihn gebreitet hat. Der Mensch tue so, als gäbe es den Skandal des Todes gar nicht, und bringe »die Umgebung der Sterbenden und der Toten mitleidslos zum Verstummen«.

Doch seltsam: Am Beginn des 21. Jahrhunderts scheint das kulturelle Unbehagen an der »Inversion des Todes« zuzunehmen; je mehr wir ihn verdrängen, je mehr wir die Trauer pathologisieren, desto stärker verspüren wir offenbar den Wunsch, uns mit allerletzten Fragen zu beschäftigen. Dieses Paradoxon bestätigt eine repräsentative Umfrage des Instituts für Demoskopie Allensbach im Sommer 2012: 57 Prozent der Befragten erklärten, unsere Gesellschaft befasse sich zu wenig mit Sterben und Tod. Der Bundestag debattiert über Sterbehilfe, Palliativmedizin und Patientenverfügungen, Fernsehanstalten traktieren uns mit Talkshows und Themenabenden, auf den Bestsellerlisten stehen Bücher wie Gian Domenico Borasios *Über das*

Sterben, Untertitel: *Was wir wissen. Was wir tun können. Wie wir uns darauf einstellen*. Gevatter Tod hat Konjunktur.

Letztlich spiegelt auch das vorliegende Buch das kollektive Bedürfnis, den verdrängten, verbannten und scheinbar gezähmten Tod wieder näher ans wirkliche Leben heranzuholen. Weil es aus einer sehr persönlichen Perspektive geschrieben ist, nimmt es in weiten Teilen autobiographische Züge an. Aus Respekt vor den Toten habe ich allerdings viele Namen geändert oder nur Initialen verwendet. Peter Weiss, der in seinem 1961 erschienenen Frühwerk *Abschied von den Eltern* eine bittere Abrechnung hinterlassen hat, nannte das Schreiben den Versuch, »mit all unseren Toten in uns, mit unserer Totenklage, unseren eigenen Tod vor Augen, zwischen den Lebenden dahin zu balancieren«. Kein Satz könnte meine Beweggründe trefflicher ausdrücken.

Durch Leid zur Herrlichkeit
Die Todeskultur auf dem Bergbauernhof

»Opa, noch eine Geschichte vom Weltkrieg!« – »Na gut, alter Müdsack«, brummte der Großvater und erzählte. Von Sewastopol. Von den hinterhältigen russischen Partisanen. Von der Malaria, die er sich auf der Halbinsel Krim geholt hatte. Und natürlich von seinem tollkühnsten Einsatz. Eines Abends war seinem Bataillon das Wasser ausgegangen. In der Dämmerung musste er gemeinsam mit seinem besten Kameraden, dem Schorsch aus Hochstätt, zu einer Quelle unterhalb des Schützengrabens robben, um vier Blechkanister aufzufüllen. Mit der schwappenden Last auf dem Buckel krochen sie wieder zurück – und wurden vom Feind unter Feuer genommen. Als sie das rettende Ziel erreichten, sprudelte aus einem kugeldurchsiebten Kanister das Wasser. Die Gottesmutter Maria hatte die beiden Bauernsöhne beschützt.

An diesem Augustabend wollte ich die Heldengeschichte unbedingt ein zweites Mal hören. Draußen war es schwül, ich konnte partout nicht einschlafen und krähte von meiner Liege in der Ecke des Schlafzimmers immer wieder zum Doppelbett der Großeltern hinüber: »Opa, noch mal erzählen!« Ich bohrte so lange nach, bis der Großvater die Geduld verlor und mit Stentorstimme in die Dunkelheit hineinknurrte. »Jetz' wenns d' koa Ruah gibst und ned glei schlafst, dann kimm i da amoi, wenn i nimma leb!«

Dann kimm i da amoi, wenn i nimma leb! – Dann komme ich dir einmal, wenn ich nicht mehr lebe! Ich fiel augenblicklich in bleierne Angststarre und begann zu schreien wie ein Jochgeier. »Naaa, Opa! Naaa!« Es war die gruseligste Vorstellung, die ich mir in meinem Bubenhirn ausmalen konnte: Der geliebte Großvater stirbt und kehrt aus dem Reich der Toten zurück. Er steigt aus dem Grab, schwebt vom Friedhof in Oberaudorf herauf zum Bergbauernhof, fährt durch den

Kamin ins Haus und sucht mich heim. Die folgende Nacht war voller Schrecken, ich träumte von der Epiphanie des Verstorbenen. Seine zaundürre, bleiche Gestalt stand neben meiner Bettstatt, aus der Finsternis leuchteten die gelben Augen der Partisanen, und drunten, in der Futterküche zwischen Hausgang und Stall, wütete der Tod: ein Hüne in Lumpenkleidern mit greifartigen Langfingern und einem von der Lepra zerfressenen Schädel. Er schwang einen Rübenschneider, keckerte diabolisch und brachte Rella tiefe Fleischwunden bei. Rella war eines unserer Zugpferde, ein Haflinger, Inbegriff der Stärke und des unverwüstlichen Lebens auf dem Hof. So stellte ich mir den Tod vor, und so schrieb er sich in mein kindliches Gedächtnis ein: als Pferdeschlächter, als ruchloser Folterer und Mörder.

Dann der erlösende Morgen nach dem *Pavor nocturnus*. Die goldenen Garben des Sonnenlichts fielen durch die Blumengalerie auf dem Balkon in meine Schlafecke, ich hörte den Gockel krähen und den Brunnen vor dem Obstkeller murmeln. Von der Remise wehte der blecherne Klang des Sensendengelns herüber. Die Großmutter stapfte mit schwerem Tritt die Holztreppe herauf – das vertraute Morgenritual. Beim Eintritt in die Kammer stimmte sie das Wecklied an.

Auf beim Spund
Die Welt geht z'grund
Nimmer lang leben
Sterbens gehn

So begann der Tag auf dem Bergbauernhof. Und wenn er endete, hatte ich wieder ein Stück Weges hin zur letzten Stunde zurückgelegt.

*

Meine Kindheit war umstellt von Sinnbildern des Todes, von gemarterten Heiligen, Reliquienschreinen, Votivtafeln, Kreuzwegen, Feldmarterln, Madonnengrotten, Lüftlmalereien und Wachsstöckeln. Allerwegen sah der leidende Herr Jesus von den Kruzifixen auf mich herab. Sie hingen im efeuumrankten Herrgottswinkel der Stube, in der Küche über dem Esstisch, in den Schlafräumen, im Kuhstall und in der Wagnerwerkstatt meines Onkels, sie standen an Feldrainen, Weggabelungen, Dorfplätzen, Aussichtspunkten und auf sämtlichen Berggipfeln ringsum. Ich wuchs in eine Welt hinein, in der das *Memento mori* allgegenwärtig war, die bildmächtige Erinnerung an unsere Endlichkeit.

Das Mittagsmahl und das Nachtessen durften nur nach einem Tischgebet beginnen, allerdings wurde es meist nur schlampig heruntergeleiert – aufgesagt war aufgesagt. Kein Brotlaib durfte angeschnitten werden, ehe die Großmutter ein Kreuzzeichen auf die Unterseite geschlagen hatte. Der Jahreskreis wurde durch die kirchlichen Feiertage und bäuerlichen Brauchtümer gegliedert, durch Dreikönig, Mariä Lichtmess, Aschermittwoch, Josefi, Palmsonntag und Karfreitag, durch die österliche Auferstehung, Christi Himmelfahrt und die Maiandachten, durch Pfingsten, Fronleichnam, Johanni, Kirchweih, Erntedank, Allerheiligen, Martini, Nikolaus, Weihnachten und Stefani, schließlich durch Silvester und die Neujahrsmesse.

Karfreitag war der dunkelste und geheimnisvollste Feiertag im Kirchenjahr, er lag schwer auf meinem Gemüt. Man konnte am Todestag des Herrn fatale Verfehlungen begehen, etwa indem man gedankenverloren ein Wurstrad oder eine Speckscheibe aß. Fleischgenuss vor der Auferstehung des Fleisches, das war eine schwere Sünde, und man musste damit rechnen, noch vor der Osternacht vom Gottseibeiuns bestraft zu werden. Das drohte jedenfalls Großmutter Therese an, die den Karfreitag mit höchster Inbrunst und geradezu inquisitorischer Sorgfalt beging. Trotz aller Unwägbarkeiten freute ich mich auf diesen Tag, denn er bot das spektakulärste Mysterienspiel des Kirchenjahres. Die hohen Spitzbogenfenster in der alten Heilig-Kreuz-Kirche zu Kiefersfelden waren abgedunkelt, ich sah zunächst nur Schemen, wenn ich aus der Frühlingssonne ins Kirchenschiff trat. Sobald sich die Augen an das Zwielicht gewöhnt hatten, erblickte ich in der Apsis das Heilige Grab. Über dem Altartisch lag der wachsbleiche Christus in einer Tuffgrotte, an den in die Tiefe des Raumes sich verjüngenden Altarbögen hingen sogenannte Schusterkugeln, mit gefärbtem Wasser gefüllte Glaskugeln, hundertfünfundzwanzig an der Zahl. Ich nahm sie als dünne Scheiben wahr, die im Wärmestrom der Kerzen zitterten und in den herrlichsten Farben schillerten, blutrot, lila, tiefblau und golden. Vor dem Grab hielt ein Pappkamerad Wache, ein römischer Legionär mit Schild und Speer. Unendliche Stille herrschte in der Kirche, die schwarz gekleideten, betenden Frauen, die lautlos ihre Lippen bewegten, wirkten wie Komparsen in einem Stummfilm. Die theatralische Inszenierung eines Glaubensgeheimnisses war einschüchternd, zugleich löste sie höchstes Entzücken aus. Mir war, als hätte sich der Tod aller Tode materialisiert, als schaute ich sein Urbild an. Wobei ich mich nicht gewundert hätte, wenn die Gipsfigur in der Grotte sich plötzlich erhoben hätte und durch die Kirche gewandelt wäre.

Das bunte Trauerschauspiel schenkte mir jedes Mal die Gewissheit, dass man das Ende seiner Tage nicht fürchten muss: Jesus hat für uns den Tod besiegt, das war die Kernbotschaft des Christentums, eine Lebensversicherung ohne Ablaufdatum. Die zusätzlichen Erläuterungen meiner Großmutter waren ebenfalls recht einleuchtend. Sobald die Seele aus dem Körper entweiche, würden Engel und Teufel um ihren Besitz ringen, erzählte sie. Wenn aus diesem Kampf kein Sieger hervorgehe, lande die Seele zunächst im Fegefeuer; von dort aus aber könne sie bei guter Führung und durch die Fürbitten der Lebenden immer noch in den Himmel kommen. »Tod, wo ist dein Stachel? Hölle, wo ist dein Sieg?«, verkündigte der Apostel Paulus in seinem ersten Brief an die Korinther. Ich zog aus der Sterbelehre den einfachen Schluss: Du kannst jederzeit von den Toten auferstehen – vorausgesetzt, du bist ein guter Katholik.

Ich war kein guter Katholik mehr, als ich anderthalb Jahrzehnte später, in meiner Sturm- und Drogenzeit, die alte Kirche zusammen mit einem Studienfreund besuchte, der seinerseits eine erzkatholische Sozialisation hinter sich hatte. Es war ein trüber Karfreitag, schwerer, nasser Schnee ging auf Kiefersfelden nieder. Ein paar Stunden vorher hatten wir einen LSD-Trip eingeworfen, *Purple Haze*, purpurner Dunst. Das schien uns dem Anlass angemessen. Wir schlichen in die Kirche und knieten uns in die letzte Reihe des Gestühls. Und sogleich befand ich mich auf einer Zeitreise zurück in die Kindheit und versank im Zauber der schillernden Schusterkugeln. Die Farben zitterten, schwammen, explodierten, lösten sich auf und flossen wieder zusammen, die betenden Frauen in ihren schwarzen Gewändern wirkten wie Klageweiber aus einem vergangenen Jahrhundert, und vorne lag der gipserne Jesus in seiner Tuffgrotte, schön wie ein schlafender Adonis. Zwischendurch war es, als würde er sein müdes Haupt zu uns drehen und vorzeitig vom Tode auferstehen. Was ich da sah, war mir unheimlich, und dennoch empfand ich keine Furcht. Nur die Möglichkeit, dass die Großmutter anwesend sein und uns entdecken könnte, versetzte mich in innere Unruhe. Und in gewisser Weise kam ich mir auch gotteslästerlich vor: Wir waren nur der ästhetischen Sensation wegen gekommen, das Glaubensmysterium selbst war uns ziemlich egal.

*

In den Kindertagen fühlte ich mich eingebettet in die präformierte Schöpfungsordnung. Den Himmel, in den ich nach dem Tod ganz bestimmt auffahren würde, stellte ich mir so ähnlich wie einen zünftigen Heimatabend vor. Man frohlockt unter lustigen Leuten, Zithern und Harfen erklingen, die Engel schuhplatteln, und der steinalte Mann mit dem Rübezahlbart verfolgt das Treiben mit Wohlgefallen im Kreise der Heiligen. Dort oben würde ich im kindlichen Bewusstsein meiner selbst fortexistieren und auf den Bergbauernhof hinunterschauen, der wie ein stolzes Schiff durch den Ozean der Zeit pflügt, unveränderlich, bis in alle Ewigkeit.

Auf dem fichtenhölzernen Blockbau ruht ein Satteldach mit fünf Pfetten, einundzwanzig Grad geneigt, klassisch streng, wie ein Artemistempel. Es kragt weit aus, um das Gebäude vor den Unbilden des Bergwetters zu schützen. Um das Obergeschoss läuft eine Laube mit feingliedrigen Balustern aus Tannenholz, das Giebeldreieck des Dachbodens mit dem Kruzifix ziert ein weiterer Balkon, den die sogenannten Katzenlauben einrahmen. Von der Brüstung wallt im Sommer die zinnoberrote, violette oder rosafarbene Geranienpracht.

Die rätselhaften Zeichen an den Balkenzapfen neben der unteren Laubentür – Kreuz, Herz, Torbogen, Kirche, Breitbeil – sind die Signaturen der Zimmermänner, die den Urhof im 17. Jahrhundert gebaut hatten, irgendwann nach dem Ende des Dreißigjährigen Krieges.

Dieses Anwesen war meine Schutz- und Trutzburg, es konnte aber auch ein Hort der Ängste, des Unerklärlichen, des Übernatürlichen sein. Die Gute Kammer, das prächtigste Zimmer direkt über der Stube, in dem früher die Toten aufgebahrt wurden, habe ich, wenn überhaupt, nur mit Schaudern betreten. Weil darin die kalte Heiligkeit wohnte, Sankt Martin, der edle Samariter, und Sankt Georg, der Drachentöter. Sie waren zwar nur auf die Türflügel eines barocken Bauernkastens gemalt, aber ich bildete mir jedes Mal ein, dass sich ihre Augen bewegen. Auf dem zweiten Schrank blutete das von einem Stilett durchbohrte Herz Jesu, und auf der Stirntafel der Bettstatt versank der ungläubige Thomas in den Fluten des Sees Genezareth. »Wer hier schläft, sündigt nicht und fällt nicht vom richtigen Glauben ab«, sagte die Oma.

Der richtige Glauben brachte aber auch die bösen Geister hervor, ja er brauchte die gefallenen Engel, die Dämonen der Versuchung, den Satan und den rächenden Tod, um überhaupt der richtige zu sein und jenen vielköpfigen Pantheon von Heiligen zu schaffen, die einem gegen die Mächte der Finsternis beistanden. Sankt Florian schützte vor dem roten Hahn; den heiligen Antonius rief ich an, wenn etwas verloren gegangen war; der Segen des heiligen Blasius, das »Einblaseln« mit zwei überkreuzten Kerzen, bewahrte mich vor Halsschmerzen, Lungensucht und dem Verschlucken von Fischgräten. Am Aschermittwoch zeichnete der Geistliche ein Rußkreuz auf meine Stirn und sprach dazu: »Bedenke, Mensch, dass du Staub bist und wieder zu Staub zurückkehren wirst.« An Ostern streuten wir geweihte Eierschalen an den Ecken der Äcker aus, damit die junge Saat gedeihe, und wenn im Hochsommer ein schweres Gewitter heraufdräute, wurde die pechschwarze Wetterkerze angezündet. Der Herr Pfarrer segnete die Kühe und Pferde und bei der Fahrzeugweihe sogar den Bulldog, einen hellblauen Eicher Tiger. Jede Form von Traurigkeit oder Verzagtheit verscheuchten die Trösterlein, grazile Paradiesgärtchen in gläserner Umwandung, in denen das Fatschenkindl lag, das fröhliche Jesulein.

Besondere Vorsichtsmaßnahmen mussten in den Raunächten zwischen dem 21. Dezember und Dreikönig getroffen werden. Raunächte sind in der heidnischen Tradition Losnächte, sie entscheiden über Segen und Fluch im kommenden Jahr. Sie fallen in die gefährlichste Winterzeit, wenn die Tage kurz sind und der blutige Thomas die Kinder mit dem Hammer bedroht, wenn die Perchten ums Haus fauchen und die Wilde Jagd durch die Winternebel braust. In dieser Zeit wurde ein Abwehrzauber praktiziert, der seit Menschengedenken gleich abläuft: das Ausräuchern. Wir zogen am Heiligen Abend und an Silvester durch Haus und Hof, vorneweg der Großvater mit einer Kehrschaufel voller glühender Kohle, in der Weihrauch und Myrrhe verglommen, hinterdrein die Großmutter mit dem Rosenkranz, dazwischen die Familienmitglieder. Ich durfte den Kupferkessel tragen und mit einem Buchszweiglein Weihwasser sprenkeln. So gingen wir durch das Anwesen, durch sämtliche Wohnräume, hinaus in den Stall, um das Hofgebäude herum – jeder Winkel musste gegen das Böse immunisiert werden. Die Großmutter leierte beim Rundgang die Fürbitten herunter: »Treib aus die bösen Geister, o Herr, bewahre dieses Haus …« Der Exorzismus half immer gegen alles, Zahnweh inklusive.

Viele Jahre später, wenn ich irgendwo in Afrika einem Ritual beiwohnte oder Fetischpriestern, Medizinmännern und Wunderheilern begegnete, habe ich an diese heidnischen Brauchtümer des Alpenlandes gedacht. Die traditionellen Naturreligionen verfügen über eine Vielzahl von Abwehrmitteln gegen Hexen, Teufel, Krankheiten, gegen Seuchen, Dürren und all die biblischen Plagen. Und der weitverbreitete Aberglaube unterscheidet sich nicht von dem, der meine Kindheit begleitete.

*

Wildgrub. Rechenau. Ramsau. Laiming. Windhag. Trojer. Die Kirchlein und Kapellen ringsum empfand ich wie Planeten, die um mein Sonnensystem kreisten. Das Zentralgestirn war die Pfarrkirche Zu Unserer Lieben Frau in Oberaudorf, ein prunkvolles Gotteshaus, ursprünglich eine romanische Holzbasilika, die in der Spätgotik durch einen doppelschiffigen Bau ersetzt und im 17. Jahrhundert barockisiert wurde. In dieser Kirche wurde ich 1954 getauft, auf dem Friedhof, mit Blick auf den Brünnstein, befindet sich das Familiengrab der mütterlichen Linie. Über dem rechten Seiteneingang steht eine Statue, für deren Vergoldung der Großvater großzügig gespendet hat. Sie stellt den Bruder Konrad dar, den arbeitsscheuen Bauernsohn, der als Mönch zu einer Leitfigur der Caritas wurde. Neben dem Portal gegenüber hängt eine Votivtafel: »Zum Andenken an jene Krieger aus dem Vikariate Oberaudorf, welche in den Jahren 1812 – 1813 im fernen Rußlande ein Opfer der Schlachten und der Elemente wurden. *Requiescat in pace.*« Einer der namentlich genannten Krieger, die in Napoleons glorreicher Armee dienten und vermutlich in der Schlacht von Borodino kurz vor Moskau fielen oder beim Marsch durch Eis und Kälte elendiglich erfroren, war mein Vorfahr Paulus Kloo. Neben der Tafel befindet sich eine Inschrift, die eines weiteren Verwandten gedenkt: Simon Kloo, Soldat des Königlich Bairischen Infanterie-Regiments, gestorben im Franzosenkrieg am 9. September 1870 im Spital zu Lützelstein im Elsass, dem heutigen La Petite-Pierre.

Die Toten waren jeden Sonntag unter uns. Nach dem Hochamt zog es mich oft zu den Seitenaltären, dort konnte man in ihr Reich schauen. Rechter Hand, unter einem Bildnis Johannes des Täufers, lagen die Überreste von Sankt Innocenci, ein derangiertes Skelett, dessen Schädel zur Seite gekippt war. Viel mehr beeindruckte mich der Reliquienschrein im Sockel des linken Seitenaltars unter dem Wandgemälde, das den heiligen Antonius darstellte. Hinter den Glasscheiben eines Schreins ruhte Sankt Donatus, ein christlicher Heerführer der 12. Römischen Legion, dessen Truppe im 2. Jahrhundert bei einer Schlacht gegen die Markomannen eingekesselt und durch ein Wetterwunder gerettet wurde; Blitze zerstörten das Lager des Feindes. Donatus, »der Geschenkte«, gelobte zum Dank für seine

Errettung die Ehelosigkeit. Als ihn Kaiser Marc Aurel in seine Leibgarde berief und er dessen Enkelin heiraten sollte, weigerte sich Donatus und wurde wegen Götterverachtung hingerichtet.

Ich fragte mich, wie die Gebeine des Märtyrers von Rom nach Oberaudorf gekommen waren, ausgerechnet zu uns, in das kleine Bergdorf. Die Wege von heiligen Dingen sind jedoch so unergründlich wie die Ratschlüsse des Herrn. Vermutlich schaffte der heilige Donatus den Sprung über die Alpen im Zuge des schwunghaften Reliquienhandels, der nach dem Konzil von Nicäa im Jahre 787 einsetzte: Die Kirchenfürsten hatten beschlossen, dass jedes Gotteshaus mit einer Reliquie ausgestattet sein müsse. Und so wurden die Leichname der Heiligen zerstückelt und die Gebeine, Knochensplitter oder Hautfetzen bis in die entferntesten Winkel der Christenheit geliefert. Besonders nachgefragt waren die echten oder gefälschten Körper- und Kontaktreliquien von Jesus Christus, Zähne, Fingernägel, Zehennägel, Haare, Kreuzsplitter, das Schweißtuch, das ihm die heilige Veronika dargereicht hatte, selbst die Nabelschnur und die Vorhaut des nach jüdischem Ritus beschnittenen Erlösers gehörten zum Sortiment.

Ubi est aliquid ibi totum est – Wo ein Teil ist, ist das Ganze, heißt es in der Reliquienlehre des Bischofs Victricius von Rouen: Jedes Teil entbirgt die »Realpräsenz«, die wirkliche Anwesenheit des Gottessohnes und der Heiligen. Die sterblichen Überreste sakrosankter Personen werden angebetet, besprenkelt, benetzt, berührt, geküsst, um ihre magische Heilsenergie aufzunehmen. Die Reliquienverehrung wird auch im Buddhismus, Shintoismus und schiitischen Islam gepflegt, ist aber in keinem Glauben so stark ausgeprägt wie im Christentum. Religionsfeinde spotten gern über die in diesem Kult ausgelebte Nekrophilie, über die sexuell besetzte Lust an Leichen und leblosen Dingen; Reliquien widern sie an. Selbst als Katholik kann einem flau im Magen werden, wenn man die Zunge des heiligen Antonius im Dom zu Padua betrachtet. Oder die silberne Urne in der Gnadenkapelle von Altötting, in der das einbalsamierte Herz des Märchenkönigs Ludwig II. vor sich hin schrumpft. Oder die Kristallampulle mit dem braunen Brei in der Krypta des Doms zu Amalfi. Nach kirchenamtlicher Definition handelt es sich um Manna, Himmelsbrot, das sich aus den Dünsten über dem Grab des heiligen Andreas kondensiert hat. Die Gläubigen aber halten es für das Blut des Apostels, das an seinem Namenstag infolge ekstatischer Gebete zu einer hellroten Flüssigkeit aufklaren soll.

Die Oberaudorfer Pfarrkirche hatte zwar kein Blutwunder zu bieten, immerhin aber das Gerippe des heiligen Donatus, das den Tod in prachtvoller Weise vergegenständlichte. Es war in ein mit Goldfäden durchwirktes und mit Perlengestecken verziertes Gewand aus Brokat und Seide gehüllt. Den Schädel zierte ein kronenartiges Gepränge mit smaragdgrünen Steinen, aus den Augen funkelten saphirblaue Kristalle, in der Nasenhöhle steckte ein rubinroter Klunker. Der Unterkiefer war mit einer Goldborte hochgebunden. So sah also das Leben in jenseitiger Herrlichkeit aus. Ziemlich eintönig, dachte ich, ein keinesfalls erstrebenswerter Zustand. Und die Geschichte, dass Heilige nicht verwesen und ihr Blut bis in alle Ewigkeit frisch bleibt, die stimmte auch nicht.

*

Der innerste Planet meines Sonnensystems lag oberhalb unseres Bergbauernhofes, versteckt in einem felsigen, dicht bewaldeten Höhenkamm: die Hauskapelle mit den vierzehn auf Holz gemalten Bildern. Ein Kreuzweg aus der Barockzeit, den ich von klein auf bestaunte, denn keiner war so martialisch wie dieser. Die Peiniger Christi trugen Turbane, Pluderhosen, Schnabelschuhe und Krummsäbel, sie droschen mit Geißeln, Peitschen und Knüppeln auf ihn ein. Den unbekannten Meister hatte die Türkenangst beflügelt, die damals, als die Horden der »Falschgläubigen« vor Wien standen, im christlichen Abendland umging. Es seien Mohammedaner, erklärte die Mutter. Sie hielt mich hoch, damit ich die Szenen genauer anschauen konnte, und ich plapperte den immer gleichen Kommentar: Die Bilder, die Leute, die Bilder ... Die Gewalt, das Leid, der Tod – ein farbenfrohes Faszinosum in den Augen des Kindes.

Die steinerne Kapelle auf der Unterbergalm war der entfernteste Planet. Man muss dazu wissen, dass jeder Bergbauernhof eine Alm in der höher gelegenen Gebirgsregion bewirtschaftet, auf die im Frühjahr das Jungvieh getrieben wird. Zum Kreilhof gehört die Kreilhütte, und dort oben, 1350 Meter über null, steht eine kleine Kapelle. Der Großvater hatte bei der Renovierung geholfen, um, nachdem er unversehrt aus den Stahlgewittern des Krieges heimgekehrt war, ein Gelübde einzulösen. Vor der Kapelle werden allsommerlich Bittgottesdienste abgehalten, auf dass der Herrgott die Menschen und Tiere schützen und beim Almabtrieb kein Rind abkugeln möge. An den Kalkwänden des Kirchleins picken Sterbebildchen von Sennern und Bergbauern, eines davon ist meinem Onkel Hans gewidmet. Ich komme nur noch selten auf den Unterberg, aber bei jedem Besuch schmücke ich den Altar mit Latschenzweigen, Almröschen und Silberdisteln. Es ist mein Dank an die Vorfahren, meine katholische Totenverehrung, und auch die ist nicht weit entfernt vom Ahnenkult im traditionellen Afrika: Die Seelen der Verstorbenen sind unter uns, sie befinden sich im Zwischenreich der Erinnerung, dem Auge fern, dem Herzen ewig nah. Durch ihre auratische Präsenz verliert der Tod seine Macht.

In den Augen der Großmutter war der Tod ohnehin ein vollkommen nachgeordneter Himmelsfunktionär, ein Handlanger des Jenseits, der jeden Menschen nach dem unergründlichen Willen des Herrn zur rechten Zeit holt, der ihn abruft aus dem irdischen Jammertal. Im Glasaufsatz der Kommode, die in ihrer Schlafkammer stand, lag die Versehgarnitur stets griffbereit: ein Silbertablett, darauf ein Standkreuz, eine Kerze, eine Glasschale für das Weihwasser und ein Gefäß für Chrisam, das Salböl für den Sterbenden. Es waren die Utensilien für die Letzte Ölung, das ultimative Sakrament, empfangen in der Todesstunde.

Außerdem gab es da noch die mächtigste aller Frauen, die Gottesmutter, die einem bei der letzten Reise beistehen würde – wenn man sie regelmäßig darum anflehte. Und so fand einmal in der Woche die Marienwallfahrt auf den Nußlberg statt. Frühmorgens brachen wir auf und stiegen durch den kühlen Fichtenwald einen steilen Pfad hinauf. Auf halbem Wege hielten wir inne vor dem Bildnis eines blondlockigen Knaben, der ein Kreuz trug, darunter stand: »Ein jedes Kreuz von Dir, o Herr, ist mir willkommen.« Der fromme Knabe war mein Vorbild. Ein paar Minuten später beteten wir ein Gegrüßet-seist-du-Maria vor der kitschigen Pietà aus Gips, die in einer Felsnische stand, kurz dahinter begann der Kreuzweg. Ich sprang vor den Großeltern her und sagte die Stationen auf, die auf Holztafeln am Wegesrand abgebildet waren. Jesus stürzt zum ersten Mal. Simon von Cyrene hilft Jesus das Kreuz tragen. Veronika reicht Jesus das Schweißtuch dar. Jesus tröstet die weinenden Frauen. Jesus stürzt zum dritten Mal. Jesus wird seiner Kleider beraubt. Ganz oben, nach einer knappen Gehstunde, starb der Herr am Kreuz und wurde ins Grab gelegt. Weshalb hat man ihn zwischen zwei Bösewichten ans Kreuz genagelt? Warum rammte ein grimmiger römischer Soldat eine Lanze in seine Seite? Wie konnte der liebe Gott das zulassen, wenn er doch allmächtig ist? »Er starb für uns arme Sünder«, beschied die Großmutter.

Der Nußlberg ist seit Mai des Jahres 1516 ein Wallfahrtsort. Die Legende berichtet, dass damals Kinder aus der Mühlau auf den Berg geschickt wurden, um die Schafherden ins Tal zu treiben. Als sie nicht beizeiten zurückkehrten, machten sich ein paar Bauern auf den Weg, um sie zu suchen. Oben angekommen sahen sie, wie Kinder und Tiere sich um ein Marienbild scharten, das zwischen zwei Tannen leuchtete. Seit einem halben Jahrtausend pilgern die Gläubigen auf diesen Berg, und als ich im Juni 2012 mit meinem Sohn Leo hinaufwanderte, war das abermals eine Zeitreise in die ewiglich festgefügte Vergangenheit.

Wir schauten ins Kaisergebirge und hinunter auf das grüne Auge des Hechtsees, hörten die blecherne Symphonie der Kuhglocken und zählten die Stationen des Kreuzwegs. Wir rasteten unter schattigen Bergeschen und standen schließlich vor dem grauen Steinkirchlein. Das Vesperbild der Mater Dolorosa im Zentrum des gotischen Holzaltars, die Votivtafeln, der Reigen der zwölf Apostel – alles unverändert. Am Portal erinnern Bronzeschilder an Josef Thaler, den Einsiedler vom Nußlberg, der siebenundzwanzig Jahre als Missionsbruder in Indien war, und an Cäcilie Kurz, die 1990 verstorbene Sennerin, die in der Bichlhütte nebenan dreiundsechzig Almsommer verbrachte, das Vieh versorgte und das Gotteshaus pflegte.

Dort knieten sie im Holzgestühl und beteten den Rosenkranz, Bäuerinnen, alte Weiblein, Austragsbauern, Knechte, Mägde, Kinder, andächtig wie auf einem Gemälde von Wilhelm Leibl. Nach den Fürbitten versammelten sie sich im Almgarten der Bichler Cilli, ratschten, tranken Bier, Kaffee oder Buttermilch. Ich genoss diese Wallfahrt, sie war der Höhepunkt der Woche: die Passionsgeschichte des Heilands, die Pein, der Tod und die Rückkehr zum Leben, die sich in einem Himbeerkracherl und Wiener Würstl manifestierte.

An manchen Wallfahrtstagen nahmen wir die kürzere, aber beschwerlichere Route über die linke Flanke des Nußlbergs, den Ziehweg, der an einem einsamen Grab mit einem schmucklosen Holzkreuz vorbeiführte. Darauf standen zwei Namen und ein Todesdatum: Fritz Carstens und Hildegard Tempel, 5. Mai 1945. Das Paar starb in den letzten Tagen des Krieges, die Panzer der Amerikaner rollten über den Brenner von Italien herauf, eroberten das Inntal und fahndeten nach den Nazis, von denen es in Oberaudorf und Kiefersfelden nicht wenige gab. Auch den in Köln geborenen Carstens jagten sie, er soll Aufseher in einem KZ gewesen sein. Auf mein unbefangenes Nachfragen wurde stets nur ganz lapidar geantwortet: Das verstehst du noch nicht. Man wollte nicht erinnern und nicht erinnert werden – als hätte man Angst vor den Toten. Gewiss ist nur, dass Carstens, der fanatische Hitlerist, erst seine Lebensgefährtin erschossen und dann sich selbst die Kugel gegeben hat.

In meinem Kopf setzte sich die tröstende Einsicht fest, dass es in der allergrößten Not stets einen Ausweg gibt: den Freitod. In reiferen Jahren sollte ich immer wieder nach Bestätigungen dieser frühen Erkenntnis suchen. Ich fand sie bei Schiller, der im Suizid die letztmögliche Wahl sah, eine Alternative, die jedem Menschen bleibe, selbst dem Geringsten. Ich fand sie im fernen Brasilien, in Petropolis, wo Stefan Zweig im Bewusstsein, von seiner wertvollsten Freiheit Gebrauch zu machen, aus dem Leben schied. Ich fand sie in dem Essay *Hand an sich legen. Diskurs über den Freitod* von Jean Améry. Der Schriftsteller hatte Auschwitz überlebt, auf seinem linken Unterarm war die Häftlingsnummer 172364 eingebrannt; er nahm sich am 17. Oktober 1978 in einem Salzburger Hotelzimmer das Leben. In einem Abschiedsbrief schrieb er: »Ich bin auf dem Weg ins Freie.« Endgültig sah ich die Richtigkeit dieser Gewissensentscheidung bestätigt, als mein krebskranker Bruder zu den Sterbehelfern nach Zürich fuhr.

In den Augen meiner Großmutter war der Selbstmord der allerschlimmste Frevel, eine niemals zu sühnende Todsünde, denn Gott hat das Leben gegeben, und Gott nimmt das Leben. »Entleibe dich selbst«, ruft der Teufel, und wer sich umbringt, ist seinen Einflüsterungen erlegen. Deswegen hätte der Gruber Irgä, ihr Bruder, der sich im Wasch- und Backhaus des elterlichen Hofes in Hintergrub erhängte, streng genommen gar nicht auf dem Audorfer Friedhof begraben werden dürfen; Verbrecher, Huren, Gehenkte, Selbstmörder, ungetaufte Kinder, Falschgläubige und Feinde mussten im Schindacker jenseits der Friedhofsmauern verscharrt und schnell vergessen werden. Ich mochte den Großonkel Irgä gern, er war ein kreuzfideler Zeitgenosse mit einem kühnen rotblonden Haarschopf, ein Komödiant und Nachahmungskünstler, der manchmal Mohrenköpfe oder andere Naschsachen mitbrachte. Oft aber blieb er zu Hause und verkroch sich, weil ihn eine dumpfe Schwermut befallen hatte. Keiner konnte verstehen, warum er sich das Leben nahm, manisch-depressive Nervenleiden wurden seinerzeit noch als Schwächelei abgetan, als eine Art Lebensverzagtheit. Der Gruber Irgä durfte dann doch auf dem Gottesacker versenkt werden wie alle anderen Christenmenschen auch, aber die Großmutter hat nie mehr über ihn geredet. In den achtziger Jahren sollte sich sein Sohn Sepp auf gleiche Weise am gleichen Ort entleiben. Meine Cousine spricht heute noch von einem »Fluch«, der auf dem Hof laste.

Als Kind habe ich den Katholizismus nie als strenges oder gar diktatorisches Regime empfunden, seine Widersprüchlichkeit hat mich jedoch gelegentlich irritiert. Warum gibt es einen guten und einen schlechten Tod? Sind nicht alle Menschen, selbst die bösen, Geschöpfe Gottes? Hat der Herr nicht auch der sündigen Magdalena verziehen?

Über die Umstände des Suizids von Willy Sachs habe ich nie etwas Genaueres erfahren. Es galt eine Art *omerta*, ein ungeschriebenes Gesetz des Schweigens. Der alte Sachs war der Patriarch einer steinreichen Industriellenfamilie, dem nicht nur das fürstliche Gut Rechenau und die Felder und Wälder und Almen bis hinauf zur Felsenzone gehörten, die Kreilhütte inklusive, sondern auch die Fichtel & Sachs AG im Frankenland. Im November 1958 erschoss er sich mit einem Jagdgewehr. Erst später erfuhr ich, dass das Schweigen noch einen anderen Grund hatte: Willy Sachs war im »Dritten Reich« SS-Obersturmbannführer und Wehrwirtschaftsführer gewesen, der befreundete Reichsmarschall Hermann Göring war häufig zu Gast auf Rechenau und nahm an Hirsch- und Gämsenjagden teil. Das untertänige Bauernvolk bewunderte den Feudalherren, die Gemeinde Oberaudorf ernannte ihn sogar zum Ehrenbürger – kein Ruhmesblatt für meinen Geburtsort, aber das empfinden die wenigsten Bürger so. Andererseits schlugen der Sachs-Dynastie auch Neid, Argwohn und Geringschätzung entgegen, denn einer ihrer Sprösslinge führte ein zügelloses Leben. Gunter Sachs, der zweitgeborene Sohn, gehörte zu den skandalumwitterten Playboys jener Zeit. (Eines Tages flitzte er in einem silbernen Sportwagen mit offenem Verdeck hinter unserem Hof vorbei. Auf dem Beifahrersitz saß eine Blondine; die Zipfel ihres Kopftuchs flatterten im Fahrtwind. Ich stand sprachlos auf der Tennenauffahrt. So eine überirdisch schöne Frau hatte ich noch nie gesehen. Es war Brigitte Bardot.) Erst als sich Gunter Sachs auf gleiche Weise wie sein Vater das Leben nahm, um sich dem Elend der sich anbahnenden Alzheimer-Krankheit zu entziehen, sollte man ungezwungen über den Selbstmord des Alten reden. Aber das war ein halbes Jahrhundert später.

Der Tod, den ich als Pferdeschlächter mit dem Rübenschneider kannte, hatte in meiner Imagination zwei zusätzliche Mordgeräte in sein Arsenal aufgenommen: den Strick und das Schießgewehr. Eines Nachts aber trat er in ganz neuer Gestalt in meinen Traum. Ich spielte an einem gewittrigen Sommertag vor dem Haus, als plötzlich die Stromleitung zu singen begann, ein hohes, sphärisches, kaum vernehmbares Summen. Der Himmel verfärbte sich stahlgrau, und ich sah einen Fremden langsam über die Wiese auf mich zuschreiten. Er war klein von Wuchs, trug einen spitzen Strohhut und hatte Schlitzaugen. Ein Chinese! Jetzt würde der Atomkrieg ausbrechen, dachte ich und wollte ins Haus rennen. Doch die Beine gehorchten nicht mehr, es war, als würde ich in Zeitlupe durch zähen Morast strampeln. Der Alptraum spiegelte eine kollektive Hysterie der sechziger Jahre wider: die Angst vor der »gelben Gefahr«, vor den Chinesen, die das Abendland durch einen Nuklearschlag auslöschen würden.

Fernsehen gab es noch nicht. Die wichtigsten Informations- und Unterhaltungsquellen waren der Bayerische Rundfunk, der von der christlichen Einheitspartei CSU kostenlos gelieferte *Bayernkurier*, das linientreue *Oberbayerische Volksblatt* und der *Liebfrauenbote* aus Altötting. Diese Presse- und Propagandaprodukte waren alles andere als kinderfreundlich. Deshalb freute ich mich umso mehr auf ein Medium, das der Postbote nur einmal im Jahr brachte: auf den *Wendelsteinkalender* im weiß-blauen Rautenumschlag. Darüber hinaus hatte ich im Holzschrank neben dem Uhrkasten ein zerfleddertes Geschichtsbrevier entdeckt. Diese beiden Druckerzeugnisse formten mein Weltbild in einer bilderarmen Kindheit, und nichts wirkte so nachhaltig wie die darin abgedruckten Gemälde, Kupferstiche und Holzschnitte, die den Tod und das Verderben illustrierten, insbesondere die Schrecken der Pestzeit, der Bauernaufstände, des Dreißigjährigen Krieges und der heiligen Inquisition. Ich betrachtete mittelalterliche Folterkammern, Daumenschrauben, Streckbänke, Schafotte und Gehenkte, die gerädert, ersäuft, gevierteilt wurden oder am Galgen baumelten. Ich sah Hexen auf Scheiterhaufen verbrennen, Engel stürzen, Teufel aus der Hölle fahren und arme Seelen im Fegefeuer schmachten. Ich prägte mir die Symbole der *vanitas* ein, der nichtigen Dinge, die uns an unsere Vergänglichkeit gemahnen: Totenschädel, Sanduhr, Granatapfel, Mohnkapsel, Insekten, erloschene Kerzen, welkende Blumen, faulige Früchte, umgefallene Weingläser. Die größte Faszination aber übte der Sensenmann aus, der gnadenlose Schnitter, der durch Europa mähte und überall Leichenberge aufhäufte.

Einmal war der *Totentanz* von Hans Holbein dem Jüngeren abgebildet, eine Auswahl aus seinen dreiunddreißig Holzschnitten, die eindeutig bewiesen, dass der Tod jeden holt: den Ackerbauern, den Schiffer und den Krämer, den Domherren und die Edelfrau, die Kaiserin und den Papst. Selbst die Äbtissin, die gottgefällig lebte und tagaus, tagein nichts anderes tat als beten, zerrte der Skelettmann an ihrem Schwitztuch aus dem Kloster. Unvergesslich auch die Gemälde von Hieronymus Bosch; sie waren meist nur ausschnittweise und in miserabler Qualität abgebildet, dafür aber in Farbe: *Die sieben Todsünden, Der Garten der Lüste*, das Triptychon des Weltgerichts und all die apokalyptischen Alptraumreiche, in denen Monster und Menschenschinder herrschten, Drachen und bösartige Fabelwesen herumflogen und Kröten auf den Geschlechtsteilen der Wollüstigen hockten. Eine Szene aus dem *Jüngsten Gericht* verfolgte mich wochenlang vor dem Einschlafen: Ein offenbar von den Blattern zerfressenes Menschlein lag mit weit aufgerissenen Augen auf dem Sterbelager, während von allen Seiten pechschwarze Molche auf es zukrochen und auf der Bettdecke ein fetter Lurch lauerte; daneben standen Nonnen mit gespaltenen Hauben, die sich in ihren ebenso pechschwarzen Ordenstrachten den ekelhaften Echsen anverwandelt hatten.

Der Bub zog die Bettdecke über den Kopf und fragte sich: Wie soll ich je zur Ruhe kommen, wenn mich ein solches Bestiarium traktiert? Wie könnte ich das Gelichter bekämpfen? Und er beschloss, später einmal ins Kloster zu gehen. Mönch sei mein frühester Berufswunsch gewesen, so erzählt es die Familiensaga. In Omas Gebetsbuch lag ein kleines Bildchen, das zwei Zisterzienserbrüder in erdbraunen Kutten zeigte; ich deutete stets auf den linken, der einen Schädel in Händen hielt. So wie dieser wollte ich werden. Denn der Ordensmann schien stärker zu sein als der Tod, jedenfalls trat er ihm voller Gleichmut entgegen. Großmutter Therese sah meinen Wunsch mit Wohlgefallen. Das irdische Dasein war aus ihrer Sicht nichts als die Vorbereitung auf den Tod, und wer so fromm, demütig und keusch lebte wie die Klosterbrüder, dem war am Jüngsten Tag das Seelenheil gewiss. Die Weltanschauung der alten Austragsbäuerin war im Grunde tief im Mittelalter verankert, in der Hochzeit der Benediktiner, die der verluderten Amtskirche ein klösterliches Leben in Demut, Gehorsam, Schweigsamkeit und asketischer Weltentsagung entgegensetzten.

Im Alter von neunzehn Jahren klopfte ich tatsächlich an die Pforte des Karmeliterklosters in Niederaudorf-Reisach, wo die strengen benediktinischen Regeln befolgt wurden. Allerdings hatte ich nie ernsthaft vor, Novize zu werden, ich wollte, verzaubert durch die Lektüre von Hermann Hesses *Narziß und Goldmund*, lediglich ein paar Winterwochen lang das spirituelle Leben in einem Kloster »antesten«. Der Abt teilte mir die Zelle Nummer 3 zu. Ich stand frühmorgens um fünf zu den Vigilien auf, meditierte mit den Brüdern, verrichtete meine täglichen Arbeiten in der Küche und im Refektorium und betete abends die gemeinsame Komplet. Gerne saß ich in der prunkvollen Barockbibliothek über dem Hochaltar zwischen verstaubten Folianten und tat so, als würde ich die mir anempfohlenen Schriften der heiligen Teresa von Ávila und des heiligen Johannes vom Kreuz studieren, zweier fundamentalistischer Mystiker der Gegenreformation; in Wirklichkeit vertiefte ich mich in die Betrachtungen Ernst Blochs über den verketzerten Revolutionstheologen Thomas Müntzer. Die kurze Episode in der Abtei war also reine Koketterie, die Brüder mögen mir vergeben. Als der Frühling kam und die Säfte stiegen, trieb es mich wieder hinaus ins richtige Leben, um es Goldmund nachzutun. Die Versenkung des Narziß war auf die Dauer doch verdammt eintönig.

*

Am 2. September 1976 starb Großvater Josef in der Schlafkammer, umgeben von seiner Frau Therese und vier Töchtern. Ich hatte mich damals längst aus dem Prokrustesbett des Katholizismus befreit und hielt den Glauben an die Auferstehung und das ewige Leben für Larifari. Für die traditionelle Beerdigungszeremonie hatte ich nur noch Häme und Spott übrig. Mit Widerwillen hörte ich die Predigt des Pfarrers, die Trauernden kamen mir heuchlerisch vor, und ich weigerte mich, am Leichenschmaus teilzunehmen. Allein blieb ich vor dem Berg aus Kränzen und Gebinden am frischen Grab stehen und verfluchte den Tod, der den geliebten Großvater geholt hatte. Anschließend ging ich noch kurz in die Friedhofskapelle Sankt Anna, und dort packte mich ein regelrechter Abscheu vor dem Katholizismus und seiner Willfährigkeit gegenüber Tyrannen und Kriegstreibern.

Ora pro nobis – Bitte für uns! Unter der Patrona Bavariae, der Schutzpatronin Bayerns, knien zwei Wehrmachtssoldaten, das Haupt gesenkt, den Helm zum Gebet abgenommen. Auf dem Altarsockel prangt ein Militärkreuz, davor verwelkt ein Blumenbukett der Gebirgsschützen. Aus den Fenstern leuchten Hinterglasbilder mit kriegerischen und völkischen Motiven: Sankt Barbara, eine der vierzehn Nothelfer, die Gläubige in der Sterbestunde anrufen und die im Nebenamt auch noch die Schutzpatronin der Artilleristen ist, weswegen im Hintergrund zwei fesche Feldgeschütze stehen; im nächsten Fenster Sankt Georg im eisernen Harnisch; dann ein Landser im grauen Waffenrock, der Frau und Kind tröstet. Im vierten Fenster die verbildlichte Blut-und-Boden-Ideologie: Man sieht Oberaudorf, das Bergpanorama, Höfe, die Pfarrkirche mit dem Zwiebelturm, davor lendenkräftige Bäuerinnen mit geflochtenen Zopfkränzen bei der Feldarbeit, eine deichselt den Pflug, die zweite sät Getreide und führt ein Knäblein in Lederhose an der Hand. *Ecclesia militans* – die kämpfende Kirche im wahrsten Sinne. In der Krieger- und Nazikapelle Sankt Anna kann man die Verirrungen des Glaubens studieren. Wie er den lächerlichsten aller Tode glorifiziert: den Heldentod junger Männer, die sinnlos gestorben sind für Kaiser und Reich, Gott und Vaterland. Oder für den Führer und seine Mörderbande. Manchmal sieht man noch alte Männer, die ihrer Kameraden gedenken, aber bald wird auch der letzte auf der ewigen Wallstatt ruhen.

Ich besuche selten Soldatenfriedhöfe, diese Monumente des kollektiven Wahnsinns, aber jedes Mal, wenn ich mich in einen verirre, bemächtigt sich meiner jener Abscheu, den ich in Oberaudorf verspürte. Zuletzt geschah das in Mont d'Huisnes in der Normandie, wo 11956 Wehrmachtssoldaten ruhen, die im Aggressionskrieg gegen Frankreich gefallen sind. Rings um die auf eine flache Kuppe betonierte Gedenkstätte wogten Gerstenfelder, in der Ferne erhoben sich die Türme von Mont Saint Michel aus dem Atlantik. Ich schritt die endlosen Reihen der Toten ab und blieb vor der Grabkammer 56 in der Gruft 10 stehen: Grill, Franz. Gefreiter. * 13.8.1924. † 8.3.1943. Unwillkürlich las ich in die Inschrift für diesen Soldaten auf der ehernen Platte den Namen meines Großvaters väterlicherseits hinein, der

Lehrmeister der Ars moriendi:
Großvater Josef und Großmutter Therese

ein überzeugter Nazi war und als Offiziersdolmetscher am Überfall auf Frankreich teilgenommen hatte: Grill, Bartholomäus * … †? Er könnte auch da liegen, gestorben für nichts und wieder nichts. Beim Hinausgehen sprang mich ein Spruch von Albert Schweitzer an: »Die Soldatengräber sind die großen Prediger des Friedens.« In Mont d'Huisnes predigt nichts, man hört nur das Hohngelächter des Todes, der sich an der menschlichen Dummheit ergötzt.

*

Josef, der Großvater mütterlicherseits, verachtete die Nazis, weil sie ihren Hitler über den Herrgott stellten. Der Kreilbauer war gewiss kein Widerstandskämpfer, aber er weigerte sich, hinter dem Hakenkreuz herzurennen – wenigstens ein männlicher Vorfahr, der die Familienehre rettet. Seit seinem Tod im September 1976 wartete die Großmutter Therese Tag um Tag, dass er auch sie heimholen möge. Jeden Abend betete sie um eine gute Sterbestunde. Sie war eine Meisterin der *Ars moriendi* und freute sich auf den Tod; er würde sie mit ihrem Josef im Himmel wieder vereinen zum ewigen Treuebund. Im Oktober 1985 folgte sie ihm nach. Sie starb, als sie sich nach dem sonntäglichen Hochamt zum Mittagsschlaf niedergelegt hatte. Die sterblichen Überreste der beiden liegen auf dem Familiengrab zu Oberaudorf. Auf dem Grabstein steht: »Durch Leid zur Herrlichkeit«. Dass ich eine Religion abschütteln würde, die eine solche Heilsgarantie gibt, hätten die Großeltern niemals geduldet.

Und der Baum liegt, wie er fällt
Todeserfahrungen in der späten Kindheit

Maria Elisabeth hätte im Jahre 2012 ihren fünfzigsten Geburtstag gefeiert, aber eigentlich hat sie gar nicht richtig gelebt. Sie hat nur dahinvegetiert, ein Säugling, hineingeboren in den Tod. Verschwunden. Vergessen. Verdrängt. Ich kann nicht einmal mehr mit Bestimmtheit sagen, ob sie im Familiengrab beerdigt wurde oder in einem Kindergrab auf der rechten Seite der Pfarrkirche zu Rieden, unter einem der kleinen Erdhügel mit schiefen Randsteinen, die nach einigen Jahren verfielen und irgendwann spurlos verschwanden, als hätte die Unterwelt sie verschluckt. Wir Brüder hatten uns riesig gefreut auf das Schwesterlein, doch als es endlich das Licht der Welt erblickte, legten sich Trauer und Scham über das Elternhaus. Der Vater schwieg, die Tanten tuschelten, die Nachbarn zerrissen sich das Maul. Was war nur schiefgelaufen in der Zeit der guten Hoffnung? Was hat die Schwangere falsch gemacht? Wie konnte es zu einem solchen Unglück kommen? Ich schnappte in diesen Tagen ein neues Wort auf, ein Wort, das nach Verhängnis klang: Contergan.

Als Mutter nach dem Kaiserschnitt aus dem Krankenhaus kam, trug sie ein unförmiges Bündel auf dem Arm. Weinend schlug sie die Wickeldecke zurück – und wir waren abgestoßen, ja entsetzt, als wir die ersehnte Schwester zum ersten Mal erblickten. Auf dem winzigen Körper saß ein riesiger Schädel, ein Hydrocephalus, im Volksmund Wasserkopf genannt. Niemand hatte uns auf diesen Anblick vorbereitet. Mutter wiederholte mit schluchzender Stimme, was ihr die Ärzte gesagt hatten: Man könne dem schwerstbehinderten Kind nicht helfen, es werde bald sterben müssen. »Wir können nur beten, dass es schnell erlöst wird.«

Wir beteten jeden Abend.

Der Schädel wurde größer und größer, der Körper dünner und dünner. Maria Elisabeth konnte sich kaum bewegen, an ihrem melonengroßen Wasserkopf bildeten sich eitrige Druckgeschwüre. Mutter pflegte ihre Tochter aufopferungsvoll, wie sie diese Belastung neben all den schweren Arbeiten einer Bäuerin durchstand, ist mir bis heute ein Rätsel. Sie organisierte den Haushalt, versorgte uns Kinder, arbeitete im Stall, auf dem Feld, im Garten und in der Küche – ohne Beistand, ohne ein tröstendes Wort des Vaters, der so tat, als sei dieses ihn offenbar monströs anmutende Kind nicht das seine. Wir sahen Maria Elisabeth anders, als Teil unserer Familie. Wenn wir gemeinsam ein Schlaflied summten, lächelte sie manchmal. Sie hatte ein hübsches Gesicht und hellblaue Augensterne, wir gewannen sie lieb, und gleichzeitig wünschten wir ihr den Tod. Gequält vom Schmerz, wimmerte sie stundenlang. Mutter saß oft bis tief in die Nacht an ihrem Bett und weinte in sich hinein. Sie wollte, dass ihr Kind lebt, dass ein Wunder geschehen und es gesund werden möge. Oder dass es wenigstens für immer einschläft und mit den Engeln davonfliegt. Allein, das Leiden zog sich über ein Jahr hin. Wir spürten, wie der Glaube der Mutter ermattete, weil der Herrgott die moribunde Tochter nicht erlöste. Warum erbarmt er sich ihrer nicht? Warum lässt er sie so elendiglich leiden? Die Zweifel übertrugen sich auf mich und nisteten sich im Unterbewusstsein ein – es waren die ersten Kapillarrisse in meinem katholischen Glaubensgebäude.

So kam mir im Alter von neun Jahren der leibhaftige Tod erstmals ganz nahe (die früheste Begegnung mit ihm, als er den Großvater väterlicherseits holte, hatte ich nur als Mysterienspiel wahrgenommen). Ich bildete mir ein, dass er jeden Abend durchs Haus schlich und in das Zimmer von Maria Elisabeth lugte, in die schmale Gesindekammer am Ende des oberen Hausflurs, der im Altbairischen Soira genannt wird. Er war ein anwesender Abwesender, er war da und doch nicht da. Ich stellte mir seine Helfershelfer vor, einen Mann im weißen Kittel, der Tabletten austeilt, und eine Dame im fliederfarbenen Kostüm, die ungefähr so aussah wie die Avon-Beraterin, die den Landfrauen irgendwelche Verjüngungscremes aufschwatzte. In meiner Vorstellung waren es die Contergan-Leute, die der Mutter ein dubioses Schlaf- und Beruhigungsmittel verabreicht hatten, die irgendwie mitschuldig waren am Los unserer Schwester. Aber was das genau war, der Contergan-Skandal, das verstand ich damals noch nicht.

Der Kopf schwoll zur Größe eines Kürbisses an. Als der Tod in einer Sommernacht endlich kam, erschien er uns als gütiger Erlöser und Befreier, als Freund Hein.

*

Diese tragische Episode spielte sich in Halmberg ab, auf dem Bauernhof, der meine zweite Heimat werden sollte. Meine erste Heimat, den Kreilhof in den Alpen, musste ich im schulreifen Alter verlassen. Die Eltern waren von ihren Vätern zur Heirat genötigt worden, um ihr »g'schlampertes Verhältnis« zu beenden und eine moralisch unanstößige Beziehung einzugehen, bis dass der Tod sie scheide. Ich empfand den Umzug als Zwangsmaßnahme, als Heimatvertreibung, der zu allem Übel auch noch die Einschulung folgte, die erste staatliche Freiheitsberaubung. Ich vermisste das Kaisergebirge, das Alpenglühen und die zeitlosen Almsommer, die Winterfreuden, die Kirchenfeste und all die heidnischen Glaubensrituale, die Großeltern, den Onkel und überhaupt das heitere, sorglose Leben eines Bergbauernbuben, dessen Gedankenwelt in einen unerschütterlichen katholischen Kosmos eingebettet war. Der einzige Lichtblick auf Halmberg war Urban, der kleine Bruder, der 1958 geboren wurde.

Der Tod war eine unvorstellbare Sache, eine abstrakte Macht, ein Fremder, wie ich ihn später bei Sartre beschrieben fand: *La mort se trouve comme introduite du dehors dans notre existence* – Der Tod trat von draußen in unsere Existenz. Er kam aus dem Westen, über die Wetterseite des Hofes, wo es Nacht wird und schwere Stürme sich zusammenbrauen, er fuhr mit eisigem Odem ins Haus und trug die Seele unserer Schwester fort. Dann verschwand er wieder und sollte unsere Familie viele Jahre in Ruhe lassen. Wir betrachteten ihn mit ehrfürchtigem Staunen bei der Wallfahrt nach Altötting, wo er als bleiches Skelettmännchen die Sense schwang. Dieses Tödlein konnte

Warten auf den Tod: Die Tür zur Gesindekammer

uns indes keine Furcht einjagen, ganz im Gegensatz zu seinem Bundesgenossen, dem Teufel. Wir hatten nicht den geringsten Zweifel an dessen Existenz, und jedes Mal, wenn wir das Marienwerk betraten, die Propagandazentrale der Wallfahrt, wurde sie aufs Anschaulichste bewiesen. Im dämmrigen Souterrain des Gebäudes am Kapellplatz leuchteten zweiundzwanzig Dioramen, die schreckliche oder glückliche Ereignisse der Geschichte in realistischen Miniaturen zeigten: das Wüten der Pest; niederbrennende Städte; Wunderzeichen in schwerer Zeit; die Rettung des Gnadenbildes im Spanischen Erbfolgekrieg; die Anstürme der gottlosen Hunnen und der falschgläubigen Schweden unter Gustav Adolf; Tilly, den erzkatholischen

Feldherrn, mit zerschmettertem Bein nach der Schlacht von Rain am Lech. Doch kein zweiter Schaukasten beeindruckte uns so sehr wie die Darstellung einer Teufelsaustreibung an einem kalten Wintertag im Spätmittelalter. Man sah vor Furcht bebende Männer, die eine vergitterte Sänfte in den Hof des Exorzisten in Altötting trugen. Hinter den Eisenstäben saß die vom Beelzebub besessene Person, ein Kammerfräulein, das bei der Familie des Grafen Fugger in Augsburg diente. Auf dem Altan im Innenhof des Anwesens stand einem Turm gleich der Pater Petrus Canisius und hielt dem Erzbösen und seinem Opfer eine goldene Monstranz entgegen. *Apage, Satanas!* Fahre aus dem Leib der Heimgesuchten! Mehrere Tage rang der Gottesmann mit der höllischen Macht, erst am 23. Jänner Anno Domini 1570 wich der hartnäckige Dämon. Die Austreibung beflügelte unsere Fantasie und jagte uns gehörige Angst ein – was ja auch der eigentliche Sinn der Wallfahrt war: Sie justierte das römisch-katholische Koordinatensystem nach.

Den Tod aber sahen wir in jenen Jahren, nachdem Maria Elisabeth von uns gegangen war, nicht mehr als reale Bedrohung an. Als potenzielle Gefahr trat er nur beim Schwammerlsuchen auf. Aber wir konnten die tödlichen Knollenblätterpilze oder den Kahlen Krempling präzise von den essbaren Arten unterscheiden, das gehörte zu den wenigen nützlichen Kenntnissen, die uns der Vater beigebracht hatte. Ansonsten kam der Tod nur im Reich der Tiere vor. Zweimal im Jahr wurde ein Schwein geschlachtet. Der Tod war der dumpfe Knall des Bolzens des Schussapparates beim Durchschlagen des Schädels, der beißende Karbolgeruch des Saupechs, das die Schwarte vor dem Abschaben der Borsten aufweichte, die schillernde Blutlache am Schlachtplatz vor dem Stadel, in dem die Hühner herumpickten. Wenn eine Kuh an Blähungen erstickte, weil sie sich am fetten Klee überfressen hatte, kam der Abdecker von der Tierkörperverwertungsanstalt und lud den Kadaver auf seinen Lastwagen. Eines Nachts drang der Fuchs in den Hühnerstall ein und richtete im Blutrausch ein regelrechtes Massaker an. Vater bestellte den Jäger; der setzte sich ein paar Nächte auf die Lauer und schoss den Räuber tot. Die Marder in der Tenne wurden in Fallen gelockt und vergiftet, die Maulwürfe mit Selbstschussgeräten beseitigt. Das Köpfen, Überbrühen, Rupfen und Ausnehmen des Federviehs gehörte zu den regelmäßigen Aufgaben von uns Brüdern. Der natürliche oder gewaltsame Tod eines Tieres war ein Alltagsereignis auf dem Bauernhof, dennoch empfanden wir oft Mitleid mit der Kreatur. Wir trauerten um verendete Igelkinder, päppelten kranke Küken im warmen Holzschuber des Küchenofens hoch oder veranstalteten Beerdigungszeremonien für tote Katzen, Hausmäuse und Tauben. Oft fragte ich mich, ob nicht auch die Tiere ihr Ende herannahen fühlen. Sie wissen zwar nicht um die Gewissheit ihres Todes, das ist allein uns Menschen vorbehalten. Aber warum quiekten die Schweine so hysterisch, wenn sie am Schlachttag aus dem Koben gezogen und ihnen der kalte Stahl zwischen die Augen gesetzt wurde? Ahnten sie nicht doch, dass ihr Lebenslicht gleich erlöschen würde? Und wer gab uns eigentlich das Recht, sie zu töten? Derartige Skrupel beschlichen mich gelegentlich, doch ich verdrängte sie sogleich als »unbäuerliche« Gefühlswallungen.

*

Als ich am Morgen des 23. November 1963 in die Küche trat, lief im Radio nicht das übliche Volksmusikgedudel des Bayerischen Rundfunks. Man hörte die aufgeregte Stimme eines Reporters, der live aus Dallas in Texas berichtete. »Sie haben den Präsidenten erschossen«, sagte die Mutter. Der Vater hielt sein Ohr dicht ans Radio, in der Küche breitete sich eine merkwürdige Betretenheit aus. Wie alle Deutschen ihrer Generation verehrten die Eltern John F. Kennedy wie einen Himmelsheiligen. Die Ressentiments gegen das Besatzerregime der Amis waren verpufft, der junge, charismatische Präsident im Weißen Haus, der durch sein unbeugsames Handeln gerade die Kuba-Krise und damit die Weltkriegsgefahr abgewendet hatte und überdies ein gläubiger Katholik war, galt als Garant einer friedlichen Nachkriegsordnung und als Schutzpatron gegen die Kommunisten. Ich fand die Nachricht vom Attentat sensationell, die dramatischen Fernsehbilder, die wir abends beim Nachbarn sahen, fesselten mich:

der dunkle Straßenkreuzer, ein Lincoln Continental, die jubelnden Menschen, der tödlich getroffene Präsident. Mich beunruhigte weniger sein Tod als vielmehr dessen mögliche Folgen. Würden demnächst die Russen einmarschieren, uns alle füsilieren und den Hof in eine Kolchose verwandeln?

Die Ausgeburten der kollektiven Angst verschwanden bald aus meiner Gedankenwelt. Der Tod war räumlich ungefähr so weit weg wie Texas und zeitlich so fern wie die Pest im Jahre 1632, laut Dorfchronik das »furchtbarste Jahr des Massensterbens« in Soyen. Frau Audorff, unsere Volkschullehrerin, zitierte daraus, wenn wir im Rahmen des Heimatkundeunterrichts zum Pestkreuz wanderten, das in einer sumpfigen Waldung am Ortsrand aufgepflanzt war. Wie viele Opfer an dieser unseligen Stelle verscharrt wurden, ist nicht bekannt; man weiß aber, dass nur wenige Soyener die Pandemie überlebt haben. Der Schwarze Tod war die grässlichste Gottesstrafe, die ich mir vorstellen konnte, das schien selbst der ans Pestkreuz genagelte Messias zu bestätigen; er sah aus, als hätte man ihm die Augen ausgestochen.

Eines Tages aber war der Tod wieder nah, und es kam eine ganz andere Seuche über das Dorf: die Presse. Das genaue Datum ist mir entfallen, ich habe nur noch die Schlagzeile der BILD-Zeitung im Gedächtnis, die mich damals auf dem Weg in die Mittelschule am Wasserburger Bahnhofskiosk ansprang: »Soyen meldet: Bruder erschlägt Bruder«. Diese Sensationsmeldung machte unser verschlafenes Nest in der ganzen Republik bekannt. Was war geschehen? Die zehn- oder elfjährigen Brüder R., umtriebige Zwillinge, die keiner so recht unterscheiden konnte, hatten sich beim Ritterspiel ein wildes Duell geliefert. Dabei drosch der eine dem anderen mit einer Haselgerte auf die Halsschlagader, es bildete sich ein Blutgerinnsel, der Getroffene starb an Ort und Stelle. Die Schmierfinken der BILD versuchten, das tragische Geschehen zu einem biblischen Brudermord aufzubauschen, Kain und Abel in einem kleinen oberbayerischen Dorf und so weiter, in Wahrheit handelte es sich um einen Unglücksfall. Die Gemeinde war verstört, man schimpfte auf die Reporter, die wie Hyänen durchs Dorf strichen. Ich radelte nach Soyen, wo der Getötete im Leichenschauhaus lag, und starrte durch die

Scheiben. Da ruhte ein bleicher Knabe, reglos wie im Schlaf, die Lippen malvenblau angelaufen, die Augen umkränzt von einem hellen Flor, um die gefalteten Hände ein Rosenkranz gewunden. Im Widerschein flackernder Kerzen konnte ich die Spielsachen, die sein Bruder auf die Bahre gelegt hatte, nicht genau erkennen. Ich glaube, es waren ein Sattelschlepper und ein paar Matchbox-Autos. Bis dahin hatte ich angenommen, dass der Tod nur alte oder schwerkranke Leute hinrafft; dass er nun einen kerngesunden Gleichaltrigen geholt hatte, machte ihn in meinen Augen zu einem hinterfotzigen, unberechenbaren Gesellen.

Schon beim nächsten Todesfall im Dorf verwandelte er sich jedoch in einen Vollstrecker höherer Gerechtigkeit, in einen Rächer, dessen Werk mir klammheimliche Genugtuung bereitete. Ich ließ mir das natürlich nicht anmerken, es ist der Gipfel der Boshaftigkeit, sich über den Tod eines Mitmenschen zu freuen, eine Sünde, die einen mindestens in das Fegefeuer hinabstürzen würde. Allein, ich stellte mir geradezu genüsslich vor, wie Florian März an einem Strick im Holzschuppen neben dem Bahnhof zappelte und aus seiner Hosentasche die Sammelpunkte segelten – die Schnipsel, die ich aus den Verpackungen der Birkel-Eiernudeln geschnitten hatte, um eine Gratifikation einzulösen, sobald eine bestimmte Anzahl beisammen war. Florian, der körperlich weit überlegene Achtklässler, hatte mir auf dem Heimweg von der Schule aufgelauert und den Schatz abgenommen. Ich wünschte ihm den Tod. Zwei Jahre später erhängte er sich – im pubertären Furor, wenn ich mich recht erinnere, weil er an einem Samstagabend nicht zu einer Party gehen durfte. Endlich hat er für seine Untat büßen müssen, dachte ich voller Schadenfreude. Ob der Niedertracht, die in dieser Regung nistet, meldete sich aber sogleich das schlechte Gewissen. Wenn ich später, in der politischen Aktionszeit, mit irgendwelchen Altnazis stritt, die gerne »Rübe ab!« oder »Aufhängen!« schrien, erinnerte ich mich daran. Sich aufzuschwingen über Leben und Tod, einen Missetäter im Namen des Staates zu vernichten, um die Gemeinschaft vor ihm zu schützen und seinem Opfer Gerechtigkeit widerfahren zu lassen – das ist der perverse Grundgedanke der Todesstrafe. Er wird vom vielleicht primitivsten unserer Gefühle geleitet, von der Rachsucht. Mit zwölf Jahren entdeckte ich beim Durchblättern einer Illustrierten im Wartezimmer des Zahnarztes ein Bild vom elektrischen Stuhl, und ich stellte mir vor, wie katholische Amerikaner genüsslich bei der Hinrichtung eines womöglich unschuldigen Menschen zuschauten. Als der arme Florian im Bahnhofsschuppen baumelte, dachte ich noch nicht so weit. Unlängst habe ich in einem verstaubten Karton eine Kladde entdeckt, die ich seinerzeit »Erlebnisnotizbuch« nannte. Darin findet sich am 21. Januar 1968 der säuberlich geschriebene Eintrag: »Selbstmord Florian März«.

Die Genugtuung über den Tod eines üblen Zeitgenossen sollte ich allerdings noch öfter verspüren. Als der nigerianische Diktator Sani Abacha das Zeitliche segnete, feierte und tanzte ich mit Freunden in einer Disco in Maputo, Mosambik. Auch das tragische Ende der Despoten Muammar al-Gaddafi und Saddam Hussein habe ich nicht bedauert. Wir alle kennen diese schäbige Regung, selbst unsere höchsten Repräsentanten sind nicht frei davon – unvergessen, wie Bundeskanzlerin Angela Merkel die Erschießung des meistgesuchten Terroristen unserer Zeit begrüßt hat: »Ich freue mich darüber, dass es gelungen ist, Bin Laden zu töten.«

*

Das Leben auf Halmberg lief in ruhigen Bahnen, der Tod klopfte gelegentlich in der Nachbarschaft an, und falls er sich zu unserem Hof verlaufen sollte, würde der Vater die erfolgreiche Strategie des listigen Brandner Kasper anwenden und dem Boandlkramer so viele Obstler einschenken, bis er seinen Auftrag vergisst und sturzbetrunken wieder abzieht. Ein Aufschub, den man wiederholen konnte, bis das Zeitdarlehen, das wir vom Tod erhalten, endgültig aufgebraucht war. Ich war ohnehin mehr an seiner pekuniären Seite interessiert, Beerdigungen boten damals lukrative Nebeneinnahmen. Wenn jemand starb, wurden Assistenten gebraucht, Leichenwäscher, Einsagerinnen, Totengräber und Sargträger, und auch für uns Kinder waren Hilfstätigkeiten reserviert, mit denen wir das karge Taschengeld aufbessern konnten. Fürs Kreuztragen beim Leichenbegängnis wurden zwei Mark bezahlt, noch einträglicher war das Hochhalten des Sterbekreuzes, dafür erhielt man fünf Mark oder noch mehr, wenn ein geldiger Großbauer zu Grabe getragen wurde. Und beim anschließenden Leichenschmaus gab es Würstl und Bluna oder Afri-Cola gratis.

Mein Glaubenseifer aber ließ mit zunehmendem Alter nach. Ich genoss zwar die großen Kirchenfeste, die frühlingsbunten Ostertage und den Zauber der Heiligen Nacht vor allem, auch den Umzug am Palmsonntag, die Maiandachten, das Johannisfeuer, den üppigen Erntedank, das Schaukeln an Kirchweih, den Laternenschein am Martinstag, das nachweihnachtliche Sternsingen und den Flurumgang an Fronleichnam, wenn die Gemeinde durch die Botanik zog, wir Buben vorneweg, hinter uns blumenstreuende Mädchen in lilienweißen Kommunionskleidern, dann die Fahnenabordnungen der Feuerwehr, des Schützenvereins und der Kriegskameraden, dazwischen die schneidig schmetternde Blechmusik und der Baldachin, unter dem der Pfarrer mit erhobener Monstranz schritt, ganz hinten die Frauen, alten Jungfern und Betschwestern. Wenn die Prozession vor den prächtig geschmückten Feldaltären zum Stehen kam, knieten wir uns in den Staub, und oben, auf dem Zuhrberg, krachte die Kanone. Das war die ehrenvolle Aufgabe des Schneider Hartl, eines knorrigen Kriegsversehrten, der mit einem Holzfuß herumstakste und mich an den listigen Captain John Silver aus der *Schatzinsel* erinnerte. Am Volkstrauertag schoss er auch während der Wandlung, und wir mussten hellauf lachen, als unser Klassenkamerad Erwin unmittelbar nach dem Kanonenschlag raunte: »Die Russen kommen!« Zur Strafe packte der Oberlehrer Tanzer den vorlauten Wicht und zog ihn *coram publico* aus der Kirche hinaus.

Die befremdlichste aller Glaubenspflichten war die Beichte, die man seit der Ersten Heiligen Kommunion zu absolvieren hatte, insbesondere das sechste Gebot – »Du sollst nicht Unkeuschheit treiben« – verursachte höchste Peinlichkeiten, denn man musste sich an die Anleitungen im Gotteslob halten: Solches unschamhaft berührt. Unschamhafte Bilder angeschaut. Unkeusches gedacht, gewünscht, gehört, geredet, getan, allein oder mit anderen. Sollte man tatsächlich in dieses haarige Priesterohr im Beichtstuhl flüstern, dass man, wie jeder Junge, an seinem Schwanzl herumgezupft hat? Dass man beim Doktorspiel die wunderliche Spalte des Nachbarmädchens inspiziert hat und dabei seltsam süße Gelüste in einem aufgestiegen sind? Was geht das alles den neugierigen Pfaffen an? Ich weigerte mich jedes Mal, die Schweinigeleien zu bekennen. Schließlich konnte ich im achten Gebot – »Du sollst kein falsches Zeugnis geben« – das Verschweigen sexueller Verfehlungen in die Liste der Lügen aufnehmen. Das ist das Praktische an der katholischen Doppelmoral: Sie stellt ein dialektisches Entlastungsgesetz, die Negation der Negation, zur Verfügung. Und so war man nach der vollzogenen Confessio und dem verrichteten Bußgebet, in der Regel fünf Vaterunser plus fünf Gegrüßet-seist-du-Maria, reingewaschen und konnte wieder hinaus ins Leben treten, um sein Sündenkonto abermals aufzufüllen.

*

Die Pubertät kam, und ich schwänzte immer öfter die sonntäglichen Gottesdienste. Die Kirchengemeinde erschien mir nun ganz anders: als kontrollierende, strafende, gleichschaltende Instanz, die genau vorschrieb, was man zu tun und zu lassen hat, was schicklich ist und was verwerflich. Ich empfand sie als Versammlung bigotter Heuchler, die sich gegenseitig überwachten und auf diese Weise soziale Anpassung erzwangen. Kein Schaf wage es, eigene Wege zu gehen! Wann immer ich abweichende Verhaltensweisen an den Tag legte, fuhr das große bedrohliche *man* wie ein Säbel auf mich nieder: Das tut *man* nicht. Das sagt *man* nicht. Das darf *man* nicht. Das zieht *man* nicht an. Auf die Frage, wer denn dieses nebulöse *man* sei, antwortete die Mutter: die Leute. Die Leute, die sonntags in schweinsbratiger Selbstzufriedenheit in der Kirche hockten. Wenn der Pfarrer beim Hochamt den Hirtenbrief von Julius Kardinal Döpfner, dem Erzbischof von München und Freising, wie eine Himmelsbotschaft verlas, kam mir das Kirchenvolk wie eine Herde vor, die blindlings ihren Führern folgt, dem Papst in Rom, dem Landesvater in München, der Regierung dortselbst, der Christlich-Sozialen Union, die mit ihr deckungsgleich war, und, auf der Tiefebene des Dorfes, dem Bürgermeister, dem Herrn Hochwürden, dem Hauptlehrer, dem Herrn Doktor, dem Feuerwehrkommandanten, dem Sparkassenfilialleiter und dem örtlichen Bauunternehmer. Ich glaube, in dieser untertänigen Fraglosigkeit, in diesem zackigen Hinnehmen erkannte ich schon früh jene Obrigkeitshörigkeit, die eine Voraussetzung des deutschen Verhängnisses war. Auch der in den kirchlichen Zeremonien schlummernde Militarismus stieß mich ab, das Tschingdarassabum, der Fahnenkult, die strammstehenden Veteranen, die nicht das Geringste aus zwei verlorenen Weltkriegen gelernt hatten. Schließlich widerten mich auch die Beerdigungen an, die Schauspielerei am offenen Grabe, die unechte Trauer und die geschäftsmäßige Rechtschaffenheit, mit der man anschließend wieder zu Werke ging. Parole: Die Arbeit muss getan werden, wer täte sie denn? Und vor lauter Arbeit, die uns das Wirtschaftswunder bescherte, wurden die zivilen Toten so schnell vergessen wie Millionen und Abermillionen von Kriegstoten vor ihnen. Die KZ-Opfer – Wir haben doch nichts gewusst! – gab es ohnehin nicht. Beim Jahramt, der alljährlichen Seelenmesse am Todestag eines Gemeindemitglieds, verirrten sich nur noch ein paar alte Mütterlein in die Kirche. Der Protestantismus macht sich da offenbar weniger vor, ein Lied im *Wertheimer Gesang-Buch* rät mit erfrischender Nüchternheit:

Trauet nicht auf Seelenmessen,
die man den Verstorb'nen hält.
Todte werden bald vergessen,
und der Baum liegt, wie er fällt.

Die Faszination verwandelte sich in Abneigung, die Mysterien des Glaubens erschienen mir als Mummenschanz, das Heilige wurde lächerlich, und allmählich zerbröckelte der Fels, auf dem meine katholische Alpenkathedrale gebaut war. Ich ahnte das tiefenpsychologisch verankerte Herrschaftsprinzip der Religion, das ich dereinst bei Sigmund Freud bestätigt finden sollte: die Furcht vor dem zürnenden und strafenden Gottvater. Das stetige Schüren der Angst ist ein Manipulationsinstrument aller Glaubenswächter und Seelenfischer: Angst vor dem Fegefeuer. Angst vor der Hölle. Angst vor dem Teufel. Angst vor dem Sterben in Sündhaftigkeit. Angst vor dem Jüngsten Gericht. Am Ende der Kindheit hatte die heilige katholische Kirche die Macht über mich verloren – und damit auch die Deutungshoheit über den Tod.

*

Die Grabkarte gibt keine Auskunft, die Einträge reichen nur bis ins Jahr 1999 zurück, bis zur Beerdigung meines Vaters. »Aber im Sterberegister muss deine Schwester verzeichnet sein«, erklärt die Sekretärin des Pfarramtes in Soyen und holt ein großformatiges, an den Kanten abgestoßenes Buch mit schwarzem Rücken aus dem Archiv. Im Register für das Jahr 1963, Seite 346, finde ich zwischen den Todesfällen Nummer 10 (Molkereihilfsarbeiter Franz S.) und Nummer 12 (Austragsbauer Joseph G.) folgenden Vermerk: »Name: Maria Elisabeth Grill. Stand: Landwirtskind. Geboren am 15. Juni 1962 in Wasserburg. Gestorben am 23. Juli 1963 um 12.45 Uhr. Beerdigt am 26. Juli um 9 Uhr.« Pfarrer Alois Greißl, der uns, wenn wir beim Religionsunterricht nicht folgsam genug waren, Kreidestücke ins Gesicht warf, hatte diesen Eintrag in gestochener Tintenschrift zu Papier gebracht. Das Kind starb laut Totenschein, ausgestellt vom Dorfarzt Dr. Singer, »infolge Atemlähmung, Hydrocephalus, Kacherexie (krankhafte Abmagerung)«.

An einem trüben Dezembertag, über fünfzig Jahre nach dem Tod der Schwester, trug ich die Daten in mein Notizbuch ein, und unversehens hatte ich den Sarg, in dem sie beigesetzt wurde, wieder vor Augen: eine kurze, weiße, trapezförmige Holzkiste, eigens angefertigt, um den Wasserkopf zu umfassen. Auch an die Beerdigung im Familiengrab auf dem Friedhof in Rieden, zu der nur ganz wenige Leute gekommen waren, erinnerte ich mich wieder. Auf dem Grabstein sind die Namen unserer Vorfahren in goldener Frakturschrift eingemeißelt, selbst eine gewisse Anna Grill, verstorben anno 1890, findet sich auf dem Tableau. Der Name der kleinen Schwester aber fehlt – sie wurde aus den Annalen der Familie verbannt, als sei ihr ephemeres Dasein nicht erwähnenswert gewesen. Unsere Mutter habe sich gewünscht, dass auch ihrer Tochter Maria Elisabeth mit einer Inschrift gedacht wird, erzählte mir eine Cousine. Aber der Vater habe dies kategorisch abgelehnt.

Wir Unsterblichen
Die Sturm- und Drogenjahre

Dass man im Tode doch auch den Tod noch fühlte und genösse!
ROBERT WALSER

Die Nachtschwester klopfte wie jeden Morgen Punkt sieben an die Tür. »Aufstehen! Und gleich zur Oberschwester kommen«, rief sie, »es ist etwas passiert.« Ich stieg aus dem Stahlrohrbett, das man uns Zivildienstleistenden zugewiesen hatte, schlug mir kaltes Wasser ins Gesicht, streifte den hellblauen Helferkittel über und ging hinauf zur Chefin. Es blieb mir noch eine knappe Minute, um mich auf eine der schwierigsten Rollen vorzubereiten, die ich je zu spielen hatte.

Die Stationsleiterin sprang von ihrem Schreibtisch auf und eilte mit sorgenvoller Miene auf mich zu.

»Bitte setzen Sie sich, ich muss Ihnen eine traurige Mitteilung machen.«

»Worum geht es denn?«

»Sie müssen jetzt stark sein.«

»Ja ... also?«

»Ihr Kollege Wolfgang wird heute nicht zum Dienst erscheinen. Er ist verstorben.«

»Der Wolfgang? Unmöglich! Das muss ein Irrtum sein. Das kann nicht sein!«, rief ich und sank in den Stuhl.

»Doch, es ist leider so. Wir haben soeben einen Anruf erhalten. Er ist plötzlich verstorben, vermutlich ein Hirnschlag.«

»Nein! Unmöglich! Ich kann das nicht glauben. Es ist nicht wahr.«

»Es ist leider wahr. Wir sind auch zutiefst erschüttert. Mein herzliches Beileid.«

Ich gab mich sprachlos, stammelte, raufte die Haare, schnitt eine Betroffenheitsgrimasse – und unterdrückte mühsam das Bedürfnis, lauthals loszulachen. Ich musste einen Trauernden mimen, der seinen Freund verloren hatte, wohl wissend, dass dieser gerade quicklebendig seine eigene Todesanzeige in der Zeitung gelesen und die Nachbarn und Verwandten, die bestürzt herbeigeeilt waren, um der Familie zu kondolieren, über den Schabernack eines Unbekannten aufgeklärt hatte. Auch er musste Empörung und Ahnungslosigkeit vorgaukeln, seine Scharade war im Vergleich zu meiner allerdings viel einfacher.

Ich rannte aus dem Stationszimmer, stolperte über den Korridor, in dem die Kollegen und Kolleginnen ein Spalier der Anteilnahme bildeten, sprang die Treppe zum Zivi-Zimmer hinab, warf mich auf die Stahlrohrliege und prustete ins Kissen.

Nach einer halben Stunde klopfte es abermals an der Tür, nun war die Stationsleiterin persönlich gekommen, und ich wusste, dass ich sogleich den zweiten Part der Rolle geben musste, und der war genauso schwierig wie der erste. Nunmehr galt es, Verwunderung und Ärger vorzutäuschen – und freudigste Erleichterung. »Tut mir leid«, erklärte die Chefin, »wir sind einem üblen Scherz aufgesessen. Ihr Kollege Wolfgang lebt. Gerade habe ich von der Familie erfahren, dass irgendein Idiot die Todesanzeige bei der Zeitung aufgegeben hat.«

Ich kannte den Idioten.

Die fingierte Anzeige war unser dreistestes Schelmenstück über den Tod, über diesen windigen Sensenmann, der uns nichts anhaben konnte und immer nur die anderen holt, die Leichtsinnigen, die Tollkühnen, die Törichten. Und die Alten und Kranken, die wir betreuten. In Wahrheit war es eine befreiende Aktion, eine Art *Living Theatre*, um die Bedrückungen zu kompensieren, die in dieser Anstalt auf uns lasteten. Wir waren überhaupt nicht vorbereitet auf die Arbeit in einem Alterskrankenhaus, das Bundesamt für Zivildienst hatte uns einfach ins kalte Wasser geworfen. Schon während der ersten Einsatztage stellte sich heraus, dass uns das Leiden der Patienten völlig überforderte. Das Pflegeheim war ein Sterbeghetto, eine Endstation für schwerkranke, demente, vereinsamte Menschen, die in dumpfer Resignation dem Tode entgegendämmerten. Ihre Zimmer glichen Abstellkammern, die mit Plastikkruzifixen, Häkeldeckchen, Strohblumen und Bildern von lustigen Zigeunerinnen und Gebirgsidyllen ausgestattet waren und sich nur in den Wandfarben – eitergelb, lehmbraun, puppenrosa – voneinander unterschieden. Auf den blechernen Nachtschränkchen standen klobige Aufziehwecker, deren lautes Ticken den Bettlägerigen wie ein Countdown in den Tod vorkommen musste. Nur ein paar Alte waren noch in der Lage, sich mithilfe ihrer Rollatoren hinaus in den Garten zu quälen, auf die von Nelken und Stiefmütterchen umsäumten Holzbänke zu sinken und zu warten, dass sich irgendein Mensch neben sie setzen möge. Aber niemand setzte sich neben sie. Die Liebsten schauten schon lange nicht mehr vorbei, sie lachten nur aus den gerahmten Familienfotos auf dem Nachtschrank. Die meisten Patienten wurden einfach allein gelassen oder hatten keine Angehörigen mehr, die sich um sie hätten kümmern können. Sie befanden sich im sozialen Nichts, noch ehe sie der Tod ereilte. Wir Zivildienstleistenden waren neben den Schwestern, Pflegehelferinnen und Putzfrauen ihre einzigen Bezugspersonen, ihre allerletzten zwischenmenschlichen Kontakte.

Zwei liebenswerte alte Damen, die eine Abstellkammer teilten und, wie es so schön heißt, noch einigermaßen rüstig waren, nannten uns »Rauschgoldengel«, wegen unserer langen blonden Mähnen. Sie klammerten sich emotional an uns, an das blühende Leben, und sie genossen es, wenn wir ihren Rücken mit Rheumasalbe einrieben und geduldig ihre unendlichen Geschichten anhörten. Ein bärbeißiger Austragsbauer, der nachts im Zustand völliger Verwirrung neben sein Bett kotete, unternahm jeden zweiten Tag einen Ausreißversuch und rannte in seinem Totenhemd ziellos durch die Stadt. Er müsse heim zur Stallarbeit, Kühe melken, einfüttern, ausmisten, und dann die überreifen Kartoffeln aus der Erde holen, erklärte er, als ich ihn auflas und in die Abschiebeanstalt zurückführte; er bedankte sich stets überschwänglich dafür, denn er hielt das Krankenzimmer für seine Bauernstube.

Aber es gab auch undankbare, immerzu nörgelnde und mit dem Schicksal hadernde Insassen. In schlechter Erinnerung ist der neunzigjährige Herr S., dem beide Raucherbeine amputiert worden waren. Er hockte mit argwöhnischem Raubvogelblick aufrecht in seinem

Bett, striegelte seinen Kaiser-Wilhelm-Schnauzer, rauchte Kette, Mokri Filter, und sabberte zusammenhangsloses Zeug aus der glorreichen Nazizeit. Jeden Tag machte er ins Bett, und wenn wir ihn säuberten, schimpfte er uns aus, stellvertretend für die verderbte Menschheit. Manchmal kam ich mir dabei vor wie Sindbad der Seefahrer, der einem gestrandeten Greis aufhalf und ihn huckepack trug; kaum hockte der Alte auf seinem Rücken, krallte er sich mit ungeahnter Kraft fest und ließ sich nicht mehr abschütteln. Eines Nachmittags wollte ich mir eine selbstgedrehte Zigarette anzünden, hatte aber kein Feuer. Ich bat Herrn S. um eine Streichholzschachtel aus seinem Rauchwarendepot im Nachtschrank. Er reichte mir eine – und verlangte zehn Pfennig dafür. Ich eilte zum nächsten Laden, kaufte eine Packung mit zehn Streichholzschachteln und warf sie auf sein Bett. Am darauffolgenden Morgen wischte ich wieder seinen Hintern aus. Es war die harte Schule der christlichen Feindesliebe.

Der Dienst auf der Station 2 verlief jeden Tag gleich. Waschen. Baden. Betten aufschütteln. Temperatur und Pulsfrequenz messen. Medikamente austeilen. Dekubiti trocknen. Verband wechseln. Nachttöpfe säubern. Füttern. Wässrigen Früchtetee aus Schnabeltassen einflößen. Und jeden Abend gingen wir ins Wirtshaus gegenüber, um uns zu betrinken und über die Trostlosigkeit des Alterskrankenhauses zu lamentieren. Bei den Stammtischbrüdern genossen wir einen gewissen Respekt: Da schau her, diese Langhaarigen rauchen nicht nur Hasch wie all die Gammler, sondern machen etwas Vernünftiges.

Am anderen Morgen, Punkt sieben, wurden wir wieder wachgerüttelt und traten verkatert und missmutig den achtstündigen Dienst an. In dieser Gemütslage war der Gestank der frischen Exkremente unerträglich, oft mischte sich der Ekel mit stiller Aggression gegen die moribunden Patienten, deren Dasein nur noch aus rein vegetativen Stoffwechselvorgängen zu bestehen schien. Es war, als hätte der Prozess der Verwesung bereits zu ihren Lebzeiten eingesetzt, aus den Betten stiegen Fäulnisschwaden, die nach Gruft rochen. Essen. Warten. Scheißen. Warten. Essen. Warten. Scheißen. Warten. Schlaflos liegen. Warten. Wegschlummern. Aufwachen. Scheißen. Und dann trat ein junger Mann ins Zimmer, der widerwillig das Bett säuberte und die uringesättigten Windeln wechselte. Den alten Frauen war das genauso peinlich wie mir, das Reinigen der kotverschmierten Scheiden war jedenfalls nicht dazu angetan, das weibliche Geschlechtsorgan ästhetisch zu finden – es widerte mich an. Und in allen Zimmern saß ein stummer Gast. Mancher Bettlägerige sah ihn in Schüben von Geistesumnachtung – oder soll man besser sagen: Erkenntnisklarheit? – in der Ecke hocken und lauern. Wann würde er endlich kommen, um ihn aus dem Wartesaal des Lebens zu holen und endlich jenes Golgatha zu beenden, das von der Bewegungslosigkeit in die Gleichgültigkeit und von der Resignation in die Selbstaufgabe mündete?

Die Arbeit wurde allmählich zur Routine, an die Allgegenwart des Todes konnte ich mich indes nie gewöhnen. Denn ich hatte ja die Menschen, die gestorben waren, kennengelernt und durch die Pflege zu dem einen oder anderen ein persönliches Verhältnis entwickelt. Wenn der *Rigor mortis*, die Totenstarre, eingesetzt hatte und die Leichen in den Kühlkeller geschoben wurden, schaute ich gebannt in ihre Gesichter, stets von der Furcht begleitet, dass ihre Lebensgeister womöglich doch noch nicht vollkommen ausgehaucht seien und sie noch einmal laute, gurgelnde Schnaufer tun würden – die Schwestern hatten die absonderlichsten Geschichten über die Kußmaul'sche Atmung und andere postmortale Phänomene erzählt. Es war nichts anderes als die Furcht vor dem eigenen Tod, vor dem Sterben in Einsamkeit und dem gnadenlosen Verfall, der ihm vorausgeht. Die pflegebedürftigen Alten hielten uns jeden Tag den Spiegel der eigenen Sterblichkeit vor, und hinter dem Spiegel schien noch eine ganz andere Angst auf, derer ich erst im Abstand der Jahrzehnte gewahr wurde: das Entsetzen über das Leben, das sich in ein elendes Sein zum Tode verwandelt hatte.

*

Nach drei Monaten wurde meinem Antrag auf Versetzung vom Alterskrankenhaus in Trostberg in das Kinderzentrum Sankt Vinzenz in Ingolstadt stattgegeben. Ich leistete dort die verbleibenden fünfzehn Monate des Zivildienstes ab, und ich war heilfroh, behinderte Kinder und Jugendliche betreuen zu dürfen. Der wirkliche Tod verschwand schnell aus meinem Leben, er schrumpfte wieder zu jenem lächerlichen Gesellen, mit dem ich in der späten Pubertät schon kokettiert hatte. Zum Beispiel durch waghalsige Ski-Abfahrten auf lawinengefährdeten Hängen, durch Autorasereien ohne Fahrerlaubnis oder andere hirnrissige Mutproben, mit denen wir den Mädels imponieren wollten. *Freedom's just another word for nothing left to lose*, sang Janis Joplin. Was würde ich schon verlieren? Nur das Leben, *so what!* Aber das konnte mir ohnehin nicht passieren. Ich fühlte mich bei solchen Torheiten so sicher wie ein afrikanischer Buschkrieger, der sich für unverwundbar hält, nachdem er sich mit Zauberelixieren immunisiert hat: Die Kugeln des Feindes prallen an ihm ab wie Wassertropfen. Nach neueren medizinischen Erkenntnissen ist das irrationale Verhalten männlicher Jugendlicher auf das hormonelle Chaos in ihrer Reifezeit zurückzuführen, da fallen Sicherheitsschaltungen im Gehirn manchmal einfach aus.

In dieser turbulenten Zeit begeisterte ich mich für ein Fach, das bis heute nicht als systematische Wissenschaft anerkannt wird: die Parapsychologie. Ich verschlang Bücher über Präkognition, Hellsehen und Telepathie, über Psychokinese, Reinkarnation und alle möglichen übersinnlichen Erscheinungen, die sich mit dem gesunden Menschenverstand nicht erklären lassen, Spuk und Poltergeister inklusive. Die Parapsychologen untersuchen sogenannte Psi-Phänomene, auch das Leben nach dem Tod gehört zu ihrem Forschungsfeld, und als junger, wissbegieriger Mensch ist man für solche Spökenkiekereien recht anfällig. Wir übernachteten auf Friedhöfen, führten Karten- und Würfelexperimente durch, veranstalteten Séancen. Im Weiler Straß unweit von Wasserburg am Inn stand ein verlassenes Haus, in dem es angeblich spukte; seit sich jemand darin erhängt habe, laste ein furchtbarer Fluch auf ihm, hieß es. In Vollmondnächten, kurz vor der Geisterstunde, kletterten wir über die Fassade des verrammelten Gebäudes in einen salonartigen Raum im ersten Stock. Dort stand ein wuchtiger Rundtisch mit sieben Stühlen. An einer Lehne war ein ausgestopfter Storch befestigt, der im fahlen Mondlicht seinen Schat-

Séancen mit Karl Marx: Das Spukhaus von Straß

ten auf die Wand warf. Das gespenstische Szenario erfüllte uns mit wohligem Schaudern. Sämtliche Versuche, Kontakt mit dem Jenseits aufzunehmen, blieben indes vergeblich. Ich hätte mich gerne mit Karl Marx, James Dean oder meinem Großvater unterhalten. Aber die Toten schwiegen.

Nachts schlichen wir manchmal auf die Ostseite unserer Pfarrkirche, wo in einer vergitterten Mauernische drei Totenköpfe auf gekreuzten Beinknochen liegen. An den Gitterstäben sind Schilde mit heraldischen Zeichen befestigt, Greifvögel, Kreuze, Kronen, Wehrtürme, vermutlich die Wappen alter Rittergeschlechter. Wir steckten glühende Zigarren in die Mundhöhlen der Schädel, beim mittleren war das allerdings schwierig, ihm fehlte der Unterkiefer. Dann zogen wir selbst an den Stumpen, tranken billigen Lambrusco, rissen Zoten über den Tod und feierten das Leben. Als ich im Morgengrauen am Familiengrab vorbeiwankte, schaute mich Großvater Bartholomäus aus der emaillierten Plakette auf dem Grabstein an. »Du sollst die Toten ehren«, schien er zu flüstern. Ich verscheuchte den Gedanken, und doch hatte ich auf dem Heimweg einen ungebetenen Begleiter, der mir wie ein Schatten folgte: den unauslöschlichen Restbestand katholischen Schuldgefühls.

*

In unserer kleinen Stadt, hinter der barocken Prachtfassade eines Patrizierhauses am Marienplatz, wohnten zwei junge Frauen, Rosalie und Libeth. Sie hatten die Wände ihrer Zimmer mit recht eigenwilligen Bildern behängt: düstere Szenen aus dem Isenheimer Altar des Renaissancekünstlers Matthias Grünewald, anatomische Schnitte, Schautafeln von Nervenbahnen, wie sie in Arztpraxen hängen. Die Freundinnen trugen bevorzugt pechschwarze Kleider und traten auf wie Aristokratinnen, angeödet von der Schnödigkeit der Welt. Sie veranstalteten regelmäßige Teezeremonien, und es war ein Privileg, in ihren »Salon« eingeladen zu werden. Die Diskussionen kreisten stets um existenzialistische Themen, um Krieg und Gewalt, Angst und Schmerz, die Sinnlosigkeit des Lebens, den Tod. Zur Pflichtlektüre, von manchen Schullehrern als moralisch bedenklich eingestuft (sie verordneten immer nur Böll oder Grass), gehörten Jean-Paul Sartres Roman *Der Ekel* und der Gedichtzyklus *Die Blumen des Bösen* von Charles Baudelaire, diese funkelnde Ode an den Weltschmerz, die dem *poète maudit* wenige Tage nach der Erstveröffentlichung im Juni 1857 Strafanzeigen wegen Verletzung der öffentlichen Moral und Gotteslästerung eingetragen hatte. Auch die Meister der schwarzen Romantik waren so recht nach unserem Geschmack, vor allem die vom Tod umschleierten Nachtstücke E.T.A. Hoffmanns. In der Erzählung *Der Sandmann* verliebt sich der Protagonist unsterblich in die zauberhafte Olimpia. Auf einem Ball muss er jedoch feststellen, dass die Angebetete eine mechanische Holzpuppe ist, eine diabolische Erfindung, die ihn beinahe in den Wahnsinn treibt. Was wir in diese schaurigschöne Geschichte hineinlasen, passte irgendwie auch in unseren vulgärpsychologischen Diskurs über Sigmund Freud und seine Seelenlehre: das verhängnisvolle Begehren, Eros und Thanatos, Lebenstrieb und Todestrieb.

Die Schattenräume zwischen Bewusstem und Unbewusstem, das Irrationale und Unerklärliche jenseits der Erwachsenenvernunft, das Groteske, Gruselige und Gespenstische zogen uns unwiderstehlich an. Wir verloren uns in den Bilderwelten der Romantik, des Symbolismus und Surrealismus, in jeder Wohngemeinschaft fanden sich Poster, Plattencover und Bildbände, die die Abgründe der Seele spiegelten, menschenleere Landschaften im silbrigen Mondschein, nebelverhangene Friedhöfe und Ruinen, düstere Wälder und Moore, Geisterschiffe, brennende Giraffen, Nachtmahre und Ungeheuer, die geboren werden, wenn die Vernunft schläft.

Ich hatte mich in beide Mädchen verliebt, zunächst in Libeth, eine atemberaubende Schönheit, langes, schwarzes Haar, bleicher Teint, violetter Brombeermund, grazile Figur, eine verführerische Erscheinung, die aber so unerreichbar blieb wie die erotischen Göttinnen aus der griechischen Mythologie. Also richteten sich meine Begehrlichkeiten auf Rosalie, wir knutschten herum, tranken Tee, rauchten Marihuana und räsonierten nächtelang über Gott und die Welt. Rosalie war die Schulsprecherin des Luitpold-Gymnasiums, eine blitzgescheite Neunzehnjährige, die sich resolut für die Belange der Schüler einsetzte und immer wieder gegen Wände anrannte. »Es nützt alles nichts, das System macht uns fertig«, stellte sie einmal resigniert fest.

An einem sonnigen Frühlingstag im März 1976, einem Sonntag, wurde Rosalie tot auf ihrem Bett gefunden. Sie hatte dreißig Valium-Tabletten und eine letale Dosis Zyankali geschluckt. Exakt zur gleichen Stunde starb ihre Freundin Libeth in einer Pension im zweihundert Kilometer entfernten Nürnberg, auch sie hatte sich vergiftet. Unsere kleine Stadt war schockiert, und alle rätselten. Warum? Was ist da schiefgelaufen? Wie konnte es zu diesem Doppelselbstmord kommen? Niemand hatte eine Antwort. Dann suchten die Reporter unsere kleine Stadt heim, »Pech in der Liebe – zwei Schülerinnen vergiftet«, enthüllten die Gossenschreiber von BILD, und auch die Illustrierte *Stern* haute eine Sensationsgeschichte raus: »Die Sehnsucht nach dem Tode«. Ich wurde fuchsteufelswild, als ich seinerzeit die Überschrift las; mit dem Abstand von dreieinhalb Jahrzehnten halte ich sie für absolut zutreffend. Es waren vermutlich nicht Schulstress und Leistungsdruck, die die Mädchen in den Selbstmord trieben, sondern die unendliche Langeweile und Biederkeit der Provinz, die Ereignislosigkeit einer Kleinstadt, die jungen Abenteuerinnen außer einem venezianischen Eiscafé und einer Jukebox mit Santana-Klassikern wenig zu bieten hatte. Wie Protagonistinnen in einem Roman von Stendhal zelebrierten sie ihren Ennui, den Überdruss am Mittelmaß, an den Spießbürgern um sie herum, und sie setzten der Leere und Tristesse das Absolute entgegen, die Selbstauslöschung. Ihre Todessehnsucht war ein komplementärer Ausdruck ihres Lebenshungers, und man hätte sich nicht gewundert, wenn der spektakuläre Doppelsuizid einen Werther-Effekt ausgelöst hätte. Denn in der Jugendszene wurden Libeth und Rosalie als Heldinnen verehrt.

Der Tod wurde zum Verbündeten, zum schönen, süßen Tod, wie ihn die Romantiker glorifiziert hatten. In meiner Erinnerung verschmilzt er mit dem Gemälde *Chattertons Tod*, das der englische Präraffaelit Henry Wallis 1856 gemalt hat: Der Dichter Thomas Chatterton liegt leblos auf seinem Lager in einer ärmlichen Dachkammer, er trägt ein Beinkleid in adventlichem Lila, sein weißes Hemd ist bis zum Nabel geöffnet, die feuerroten Haare wallen über die Kante des Bettes, vor dem ein leeres Arsenfläschchen und zahllose Papierschnipsel liegen – die zerrissenen Manuskripte des gescheiterten Poeten, die niemand mehr lesen sollte. Der linke Fensterflügel steht offen, die Seele des Jünglings ist in den Londoner Nebel hinausgeflogen. Chatterton starb in tiefster Verzweiflung; das Bild aber idealisiert den Eros des befreienden Todes.

Dieser Eros löste sich schlagartig auf, als ich Jahre später das Kunstwerk einer verflossenen Geliebten sah, in dem sich die Vorzeichen ihres Todes manifestierten. Eigentlich waren es mehrere Kunstwerke, eine serielle Bearbeitung ein und desselben Themas: kleine Kunststoffpüppchen, alle mit Mullbinden faschiert, vollkommen eingewickelt, sodass kein Fleckchen Plastikhaut mehr herausschaute. Anna hatte in München Kunst studiert, unter anderem bei Hundertwasser, man bescheinigte ihr ein außergewöhnliches Talent. Sie war eine fragile, empfindsame Natur, die aber so herzerfrischend derb lachen konnte wie eine Schankkellnerin. Anna zog sich immer mehr in sich selbst zurück, in ihrer Seele tobte es. Sie trug ein fürchterliches Geheimnis mit sich herum, eine tiefe psychische Verletzung, der ich nie auf den Grund gekommen bin, weil ich das gar nicht ernsthaft wollte. Die Liebelei endete, wir verloren uns aus den Augen. Ein Bekannter erzählte mir, Anna sei vor ihrem Tod immer verschlossener und verzweifelter gewesen. Eines Tages ließ sie sich vom Balkon fallen; sie wurde von den Eisenpfosten eines Gartenzauns gepfählt. In der kleinen Wohnung fand man ihre künstlerische Hinterlassenschaft: stumm schreiende Wickelpüppchen.

Der Tod berührte mich immer dann, wenn er bildhaft fasslich wurde, wenn sich in der Vorstellung eine Örtlichkeit, eine konkrete Szene, ein besonderer Umstand oder ein markantes Detail mit ihm verband. Vor dem inneren Auge sah ich den Nachbarbauern im Speicher baumeln; der Strick war an einem Balken des Dachstuhls befestigt, unter dem wir als Kinder Versteck gespielt hatten. Ich hörte das Quellwasser aus den fünf Wundmalen der Jesusfigur plätschern; sie hing am Kreuz neben der Waldkapelle, in der sich ein schwermütig gewordener Darmgroßhändler erhängt hatte. Ich sah die mit Rama-Würfeln gefüllte Einkaufstasche, die sich eine nymphomane Psychiatrieschwester um den Hals gehängt hatte, ehe sie sich aus der obersten Etage des Schwesternheims in die Tiefe stürzte. Das imaginierte Bild der Schuhe und Kleider der Schulfreundin E., die man am Inn-Ufer gefunden hatte, ging mir monatelang nicht mehr aus dem Sinn. In der Volksschulzeit hatte sie im Märchentheater vom *Rumpelstilzchen* die fesche Müllerstochter gespielt, und es kam mir vor, als wäre die im Erwachsenenalter unerfüllt und stets unglücklich wirkende Hausfrau doch noch von dem boshaften Gnom geholt worden, der ihr mit seiner Zauberkunst geholfen hatte, Stroh in Gold zu verwandeln. Soviel ich weiß, steht der Name von E. bis heute im Vermisstenregister, ob sie ermordet wurde oder ins Wasser ging, konnte jedenfalls nie geklärt werden.

*

In der ersten Hälfte der siebziger Jahre schwappte eine Esoterikwelle über das Voralpenland. Die Jugend gab sich der Transzendentalen Meditation hin und rannte dem Bhagwan oder anderen verfilzten Gurus aus Fernost nach. In dieser Zeit begann meine atheistische Phase. Fragen nach Gott und den letzten Dingen betrachtete ich als metaphysischen Humbug, und Religion war ohnehin nur Opium fürs Volk. Der Tod schrumpfte zum Inbegriff des immerwährenden Nicht-Seins.

Muskelstränge, Schlagadern, Hautfetzen, sauber freigelegte Knochen, ein geöffneter Schädel lagen vor mir auf dem Seziertisch. Ein Freund, Medizinstudent an der Universität Erlangen, hatte mich in die Fakultät eingeschleust, im weißen Kittel, den Anatomieatlas unterm Arm, fiel ich unter seinen strebsamen Kommilitonen nicht weiter auf. Konsistenz und Farbe des Fleisches der im Formalinbad konservierten Leichen erinnerten mich an Thunfisch. Eine Studentin zerlegte nebenan gerade kunstvoll einen Penis, mein Freund machte sich an einer aufgedunsenen Leber zu schaffen. Ich hielt ein Skalpell in der Hand, wagte es aber nicht, Gewebe von einem Fingerknochen abzuschaben. Eine Art Phantomschmerz, das kribbelnde Unbehagen, man würde sich ins eigene Fleisch schneiden, hielt mich davon ab. Die toten Körper: verrohstofflichte Forschungsobjekte, Lehrmaterial, Unbekannte ohne Namen, ohne Vorgeschichte, ohne Seele. Doch sobald ich in ihre Gesichter sah, verwandelten sie sich in Menschen zurück, in Schlafende, die gegen ihren Willen bis auf die letzte Nervenfaser zerlegt wurden. Solche Sentimentalitäten wollte ich mir in Gesellschaft der emotionslos arbeitenden Nachwuchsmediziner natürlich nicht anmerken lassen. Aber die von Leidenszügen durchfurchten Gesichter prägten sich mir tief ein. Irgendwie musste ich sie wieder loswerden.

In der Studentenkneipe, nach dem dritten Bier, gab ich den harten Hund und äffte die erstarrte Unglücksmimik der Leichen nach: Was ist das schon, ein Toter? Leblose Materie, reine Stofflichkeit! Erklärte ich apodiktisch und fügte ein paar Versatzstücke aus der teuflischen Lehre des Marquis de Sade hinzu, mit denen man immer Eindruck schinden konnte: Die Materie könne nicht verwesen, sie verändere nur ihre Form, und der Tod sei eine menschliche Einbildung, die in der Natur nicht existiere. Die Natur vernichte, um Neues hervorzubringen; wer töte, habe an ihrem universalen Wüten teil, predigte der adelige Amoralist in der französischen Revolutionszeit. Die Herrschaft über den Tod, das kapitale Verbrechen als radikalster Ausdruck der Freiheit – in jugendlicher Verwirrung liebt man Gedankenspiele, in denen alle Tabus gebrochen werden und nichts mehr heilig ist.

Das Leben erscheint billig, weil das Ende äonenweit entfernt ist. Wir fühlen uns unsterblich und sind, ohne es zu wissen, erfüllt von epikureischer Gelassenheit: Wenn wir sind, ist der Tod nicht, und wenn der Tod ist, sind wir nicht mehr. Das Zeitkonto ist noch gut gefüllt, man kann es sich erlauben, die Angst vor der Endlichkeit zu verlachen und dem Tod den Schmäh entgegenzuschleudern. In Wien wurde diese Disziplin besonders virtuos gepflegt, es war in unseren Augen die Welthauptstadt des Todes, und wenn die trüben, grauen Novembertage heraufzogen, pilgerten wir regelmäßig in die Donaumetropole, um ihrem morbiden Charme zu erliegen. Ausgangspunkt der Exkursionen war stets der Zentralfriedhof, einer der größten und prächtigsten Gottesäcker Europas, auf dem über drei Millionen Tote liegen. Wir streiften zwischen den Ehrengräbern umher, Ludwig van Beethoven, Helmut Qualtinger, Ernst Jandl, prosteten mit einem Glaserl Heurigen Hans Moser zu (»... und wonn i stirb, mecht i a Reblaus wieda werdn«) und schmetterten den Gassenhauer von Wolfgang Ambros: »Es lebe der Zentralfriedhof und alle seine Toten!« Dann ging's in das Gruselkabinett des Narrenturms, zu den Skeletten, Knochen und Präparaten, die alle Formen menschlicher Missbildungen zeigen. Und hinunter in die Katakomben des Stephansdoms, zu den Ossuarien der Pestopfer, in denen bergeweise Schädel liegen und unzählige Gebeine so hoch und sauber aufgeschichtet sind wie Holzstöße. Schließlich hinaus zum Friedhof der Namenlosen, wo die nicht mehr identifizierbaren Wasserleichen verscharrt wurden, die die Donau ausgespuckt hatte. Wir sogen die Omnipräsenz des Todes wie einen lebenskräftigenden Zaubertrank auf, und wenn es dämmerte und sich die Kälte wie der Dreispitz von

Napoleon über die Stadt legte, gingen wir in eines der Kaffeehäuser, bevorzugt ins Hawelka oder in den Bräunerhof, und gaben uns der Melancholie hin, die ja bekanntlich eine Schwester des Todes ist. An den Nebentischen saßen die Geister der Dichter und Denker der Wiener Moderne, Schnitzler, Polgar, Trakl, Freud, Zweig, Kraus, Horvath, und witzelten über den Tod, den sie im unsterblichen Ruhm besiegt hatten.

Der Tod war ein glitzernder Kontinent und seine Erforschung ein Abenteuer. Auf diesem Kontinent lagen noch andere Nekropolen, die mich magnetisch anzogen: der alte jüdische Friedhof in Prag, auf dem Rabbi Judah Löw und sein aus Lehm geformter Golem umgingen, und natürlich der Cimetière du Père Lachaise in Paris, den die Gräber von Oscar Wilde, Marcel Proust und Jim Morrison in einen weltlichen Wallfahrtsort verwandelt hatten. Und in Gedanken flog ich mit Goethe in die Ewige Stadt, römische Elegien, die nordländische Sehnsucht nach der ewigen Ruhe auf dem Testaccio, im Schatten der Cestius-Pyramide: »Dulde mich, Jupiter, hier, und Hermes führe mich später,/Cestius' Mal vorbei, leise zum Orkus hinab.«

Am Rande des Kontinents der Toten, im fernen, kalten Osten, lag Sankt Petersburg, das damals noch Leningrad hieß. Es war allerdings nicht so einfach, dorthin zu kommen. Ich buchte eine von der sowjethörigen DKP organisierte Solidaritätsreise und setzte mich unter Vortäuschung einer Darmgrippe von der auf Schritt und Tritt überwachten Polittouristengruppe ab, um die Stadt auf den Spuren Dostojewskis zu erkunden. Ich irrte durch düstere Gassen, querte im winterlichen Frost erstarrte Kanäle und fand schließlich das Haus, in dem Raskolnikow gewohnt haben soll, die Hauptfigur aus *Schuld und Sühne*. Die Romane von Dostojewski zu lesen war, wie in die Grabkammern der Seele hinabzusteigen, wo ganz unten das Erzböse und Väterchen Tod hausten. Am helllichten Tag sollte er mir tatsächlich über den Weg laufen, mitten auf dem Newski Prospekt, der Prachtstraße Leningrads. Ich löffelte gerade Krautsuppe in einer Imbissstube, als plötzlich ein älterer Mann neben mir krebsrot anlief und von seinem Hocker auf das Pflaster fiel. Er röchelte gotterbärmlich und zappelte mit den Beinen, sein fetter Leib wurde von Krämpfen durchzuckt, schließlich nahm sein Gesicht eine tintenblaue Farbe an, und er tat noch einen fürchterlichen Seufzer. Der Mann war tot.

Ich kam mir vor wie in einer Szene aus Dostojewskis *Erniedrigte und Beleidigte*, in der ein Greis Tag für Tag stumm am Ofen der Konditorei Müller am Wosnessenki Prospekt hockt, neben ihm sein räudiger Hund. Als der Hund verendet, humpelt der Alte in eine schmale, finstere Gasse, legt sich nieder und stirbt. Aufgewühlt verließ ich die Imbissstube. Der Tod war unversehens aus dem Roman in die Wirklichkeit getreten. Aber seltsam: Noch in der gleichen Stunde kehrte er zwischen die Buchdeckel zurück, um nur als fiktives, rein literarisches Geschehen in meiner verklärenden Erinnerung zu bleiben.

*

Eine Zweigstelle des Todes lag direkt vor der Haustür, in Tuntenhausen. Das winzige Dorf, zwischen dessen Bauernhöfen eine gewaltige Kirchenfestung aufragt, zählt zu den wichtigsten Zielen der Marienwallfahrt in Altbayern. Die Außenmauern der päpstlichen Basilika Unserer Lieben Frau sind mit Votivtafeln und ausbleichenden Wandmalereien bedeckt. Das Land und die Leute konnten sich allzeit auf die Gnadenmutter verlassen, sie hat sie beschützt vor Kriegen, Hungersnöten, Viehseuchen, vor Feuersbrünsten und Hagelklumpen, die so groß wie Orangen waren, und natürlich auch vor den Ungläubigen. Auf einem Mirakelbild sieht man die türkische Flotte bei der Seeschlacht von Lepanto anno 1571 versinken.

Tuntenhausen, dieses marianische Bollwerk gegen den Tod, ist zugleich ein Gravitationszentrum der christlich-konservativen Welt- und Werteordnung im Bayernlande. Hier wurde 1945 der Katholische Männerverein gegründet, eine Art Thinktank des klerikalen Flügels der CSU, hier liegt eines der ideologischen Schlachtfelder, auf denen ihr phänomenaler Aufstieg zur bayerischen Einheitspartei begann, hierher, in die prunkvolle Basilika, pilgert alljährlich der Ministerpräsident aus München, um sich den Segen der Patrona Bavariae zu holen und sie zu bitten, den Freistaat vor dem roten Teufel, der

SPD, zu verschonen. Aber ihre Macht währt nicht ewig, daran werden die Landesfürsten beim Verlassen des Gotteshauses gemahnt: Am Seitenportal, aus dem dunklen Grund eines mannshohen Tafelbildes, nimmt sie der Tod mit einer Armbrust ins Visier. Er trägt nur ein zerfetztes Leichentuch, und zu Füßen des Skelettmannes liegen kreuz und quer die Insignien der weltlichen und geistlichen Herrschaft, Bischofsstab, Königszepter, Weltapfel, daneben allerlei Werkzeuge der niederen Stände, Pickel, Schwert, Dreschflegel, Zimmermannshammer. Der Schütze grinst sardonisch, »Heut« steht über seiner rechten Schulter, »Morgen« links neben dem untersten Rippenbogen. Er hat sein Ziel noch nie verfehlt, alle wird er treffen, auch die Mächtigsten und Reichsten. Er flüstert ihnen das *Memento mori* ein, wie jene Sklaven, die die römischen Heerführer gerade nach militärischen Triumphzügen an ihre Vergänglichkeit gemahnten. Der Tod von Tuntenhausen ist unbestechlich, radikal stellt er Gleichheit und Gerechtigkeit her, und aus diesem Grund war er in unseren Augen ein Revolutionär. Dass er dereinst auch uns wie Vogelfreie jagen würde, hielten wir für ausgeschlossen, wir blendeten die Warnung, die sich in Frakturschrift über seinen Schädel wölbt, einfach aus: »Fleuch wo du sist des Todtes Bild/Stab auf dich zilt«. Der anonyme Maler schuf eine Anamorphose, eine Darstellung, die den Betrachter optisch narrt: Wo immer er steht, der Pfeil des Todes bewegt sich mit der Blickachse und zeigt stets auf ihn. Ein zweites Skelett, das zur Hälfte aus einer ungemähten Wiese ragt, deutet mit der linken Knochenhand auf eine Sanduhr. Gnadenlos verrinnt die Zeit, irgendwann wird der Schütze die für uns bestimmten Pfeile aus dem Köcher ziehen und abschießen.

In Nürnberg führte mich ein Malerfreund nach durchzechter Nacht in die evangelische Pfarrkirche Sankt Sebald. Dort steht neben der Marienpforte ein nicht minder beeindruckendes *Memento mori:* der »Fürst der Welt«, eine Plastik aus dem Hochmittelalter. Sie stellt einen Jüngling dar, der den linken Arm zum Meineid erhoben hat; sein fülliges Gesicht wird von lockigem Haar gerahmt, hoffärtig blickt er auf den Kirchgänger nieder. Das ist die Schauseite der steinernen Figur. Tritt man nahe an die Wand, kann man die Kehrseite sehen.

Auch dich werde ich holen: Der Tod von Tuntenhausen

Der Mantel ist offen, der Körper bis zur Wirbelsäule verfault, im Gesäß klaffen riesige Krater, Kröten und Gewürm nagen am mürben Fleisch. Die Mahnung, im prallen Leben den in uns nistenden Tod zu bedenken, hinterließ allerdings keine nachhaltige Wirkung. Schon auf dem Weg zum Frühschoppen im nächsten Wirtshaus war sie verweht.

*

Das fade und ereignislose Leben in der Kleinstadt: Die wirksamsten Mittel, die der Jugend zur Verfügung standen, um die Langeweile zu überwinden, waren Drogen. Marihuana, Haschisch, Opium, Meskalin, LSD, Psylocybin-Pilze, Captagon, Pervitin, Kokain, wir rauchten, schnupften und schluckten alles, was wir kriegen konnten. Den zügellosen Konsum verbotener Rauschmittel zelebrierten wir als Rebellion gegen das Establishment, sie sprengten die Wahrnehmung, veränderten das Bewusstsein, brachten die zementierten Verhältnisse zum Tanzen – das bildeten wir uns jedenfalls ein. Es waren die halluzinogenen Ausläufer der Hippie-Bewegung und der 68er-Revolte, die mit Verzögerung auch das bayerische Hinterland erreichten. Es galt als »cool«, möglichst tief in die Abgründe zu schauen, und manche Freundinnen und Freunde kamen darin um. W., einen Klassenkameraden aus der Volksschulzeit, trieb die Heroin-Sucht in den Selbstmord. Seine Schwester M. krepierte in der Berliner Junkie-Szene. P. wurden die Exzesse mit Amphetaminen zum Verhängnis. C., die Tochter eines Oberstaatsanwalts, nahm in ihren todestrunkenen Gedichten das eigene Ende vorweg.

In der Rockmusik gab es jede Menge Vorbilder der ritualisierten Selbstzerstörung, von Janis Joplin über Jimi Hendrix und Jim Morrison bis zu Keith Moon. Kultsongs wie »The End« von den Doors, in dem der Vatermord beschworen wird, oder später »Ashes to Ashes« von David Bowie waren Hymnen der Todessehnsucht. Und das schon etwas ältere »My Generation« von The Who gab die zeitlos gültige Losung aus: *Hope I die before I get old* – Hoffentlich sterbe ich, bevor ich alt werde. Die britische Band Black Sabbath machte Rock zum Fürchten; sie zählt zu den Vorläufern der Musikrichtungen Death Metal und Doom Metal, deren brachiale Klanggewitter alle Arten von Untergangsgefühlen und Vernichtungswünschen bedienen. Das Rendezvous mit dem Tod, melancholische Düsternis, okkulte Angstlust und apokalyptisches Sehnen sind Ingredienzen der jugendlichen Popkultur.

Ich kam der Grenze zur Drogenabhängigkeit manchmal bedenklich nahe, überschritt sie aber nie. Denn ich sah, wie das Gift die Leute verblödete. Nach wilden Ausschweifungen verspürte ich stets den Wunsch nach einem klaren Kopf, schließlich galt es, gegen das kapitalistische System und seine Konsum- und Bewusstseinsindustrie zu kämpfen – der Geist wehte links. Wir arbeiteten uns in der bayerischen Diaspora an Franz Josef Strauß und den Ewiggestrigen ab, demonstrierten gegen den Atomstaat und prangerten in Flugblättern die Unterdrückung und Ausbeutung in den Entwicklungsländern an. Meine Leitbilder waren die Revolutionäre in aller Welt, Che Guevara, Bernadette Devlin, Angela Davis, Malcolm X, Nelson Mandela, Salvador Allende. Als Jungsozialist klebte ich Plakate für Willy Brandt, sammelte beim SPD-Ortsverein Geld für den bewaffneten Widerstand in Chile, feierte die Nelkenrevolution in Portugal und bewunderte die Todesverachtung der IRA-Kämpfer. Und in der Phase der dogmatischen Verblendung hielt ich auch die Mörderbande der RAF lange, allzu lange für eine ehrenwerte Befreiungsbewegung, die nichts anderes anstrebte als ihre Genossen in der Dritten Welt. Wenn es einen erwischte, trat der Tod genau in jener Gestalt auf, in der ich ihn eigentlich verachtete: als Heldentod. Umgekehrt sah ich das Schicksal der Opfer nur als Kollateralschaden, nach den niederträchtigen Attentaten auf Jürgen Ponto und Hanns Martin Schleyer verspürte ich sogar die klammheimliche Freude des Sympathisanten – es handelte sich ja nur um »Charaktermasken des Kapitals«. Deutschland im Herbst 1977. Ich empfand kein Beileid für den bleichen jungen Mann, den Sohn des ermordeten Arbeitgeberpräsidenten, der bei der Trauerfeier in Stuttgart vollkommen verloren neben Bundeskanzler Helmut Schmidt saß.

An keinem anderen Ort wird diese Zeit so eindringlich vergegenwärtigt wie im Museum of Modern Art in New York. Die Seerosenteiche von Monet, Picassos *Les Demoiselles d'Avignon*, Matisse, Malewitsch, Pollock, Warhol, man wandelt durch die faszinierendste Kollektion der Moderne – und ahnt die Düsternis nicht, die einen am Ende des Rundgangs verschlingt, im Raum Nr. 24. Da hängen fünfzehn Gemälde, alle schwarz-weiß-grau, der Zyklus *18. Oktober 1977* von Gerhard Richter. Presse- und Polizeifotos dienten ihm als Vorlagen der Grisaille-Bilder, sie zeigen RAF-Terroristen, tot oder lebendig: ein Porträt der jungen Ulrike Meinhof; die erhängte

Gudrun Ensslin; Andreas Baader im Blutbad; der Plattenspieler, in dem seine Selbstmordwaffe versteckt war; das Begräbnis der Häftlinge. Die Personen und Szenen wirken verwischt, verschleiert, geradezu verklärt, wir sehen sie unscharf wie durch die Membran eines Dracheneis, und gerade durch die visuelle Distanz tritt uns der mörderische Wahn in eisiger Klarheit vor Augen. Die bleierne Zeit, ein Memento mori aus der späten Bundesrepublik Deutschland – unendlich fern, unerträglich nah.

In der Nacht zum 18. Oktober 1977 hatten sich drei führende RAF-Mitglieder in den Isolationszellen des Hochsicherheitsgefängnisses Stammheim das Leben genommen. Am nächsten Tag wurde die Leiche von Hanns-Martin Schleyer gefunden. Drei Jahrzehnte später habe ich seinen Sohn Hanns-Eberhard Schleyer persönlich kennengelernt. Seine Tochter und mein Sohn wurden in Berlin gemeinsam eingeschult, in ihrer Klasse war auch der Neffe einer Ex-Terroristin. Eigentlich wollte ich seinerzeit beschreiben, wie meine Generation, in der nicht wenige mit der RAF sympathisierten, von den Ungeheuern der Geschichte eingeholt wird. Als ich aber Hanns-Eberhard Schleyer erstmals gegenübersaß, wagte ich nur anzudeuten, wie ich damals, im deutschen Herbst, dachte. Es war eine menschenverachtende, von niederen Gewaltfantasien getriebene Verirrung, für die ich mich heute abgrundtief schäme. Bei einem gemeinsamen Abendessen unserer Familien blieb mein Blick immer wieder an einem Kunstwerk im Esszimmer der Gastgeber hängen: ein Stück Wüste, fixierter Sand aus Namibia, in dem sich eine feine Linie abzeichnete, ein Engramm der belebten Natur – die Kriechspur einer Schlange.

Die Eiserne Jungfrau
An der Schwelle des Todes

Wir saßen gelangweilt unter den kühlen Laubengängen im Eiscafé Venezia und wussten nicht viel anzufangen mit uns und dem sonnigen Maitag. Lisa träufelte gerade Schlankheitstropfen in ihren Eistee, Antiadipositum X112, als der Fremde an unseren Tisch trat. Gedrungene, korpulente Gestalt, zusammengekniffene Augen, unsteter Blick, strenger Schweißgeruch. Der Mann war vielleicht Mitte dreißig, aber der ungepflegt wuchernde Vollbart ließ ihn viel älter wirken.

»Ich mecht mich zu eich setzen«, sagte er, und schon saß er. Woher? Wohin? Er komme aus dem Osten, »von drieben rieber«, heimatvertrieben aus dem Sudetenland. Jetzt lebe er in einem Bauernhof unweit von G. Er sei Botaniker, Fachmann für versunkenes Wissen. Pantherpilz, Engelstrompete, Tollkirsche, er könne uns da einige Geheimnisse verraten. Lisa kannte den Mann schon, Ludwig und ich hielten ihn für einen esoterischen Spinner und trauten ihm zunächst nicht. Aber nach dem dritten Bier wurde die Neugier stärker als unsere Bedenken, und wir beschlossen, den Tag gemeinsam fortzusetzen.

Es war der Beginn einer Reise, von der wir beinahe nicht zurückgekehrt wären.

In Ludwigs klapprigem Peugeot 204 rumpelten wir die Spitzkehren der Innleite hinunter, fläzten uns ans Flussufer, blinzelten in die Frühlingssonne, tranken, rauchten Gras. Der Mann, nennen wir ihn Tanner, erzählte Pflanzenlegenden. Von der Einsamkeit der blauen Wegwarte. Von der heidnischen Hoffart der Espe, die ewig und drei Tage zittern müsse. Von der im Bilsenkraut schlummernden Herrlichkeit. Es wurde Abend, wir kehrten noch in einigen Biergärten ein und waren schon ziemlich angetrunken, als wir Tanners Hof erreichten. Das Anwesen sah leicht heruntergekommen aus, im Obstgarten, zwischen blühenden Mirabellenbäumen, rostete ein Schwadenrecher vor sich hin. Auf einem morastigen Tümpel zirkelten Enten. In der Wohnstube fielen zuerst die vielen Einweckgläser mit Samen aller Art auf. An den Wänden hingen Kräuterbüschel, in einem Regal lagen neben einem botanischen Lexikon getrocknete Pilze und Gräser. Am Tisch hockten zwei alte Frauen, die uns mit argwöhnischen Blicken empfingen. Tanner verscheuchte sie. Meine Mutter und eine Tante, sagte er so geringschätzig, als müsse ihre Existenz entschuldigt werden.

Wir setzten uns und staunten über Tanners Lapidarium. Nach etlichen Schnapsrunden, es ging bereits auf Mitternacht zu, nahm er ein verstaubtes Marmeladenglas von der Anrichte und füllte drei oder vier Löffel des Inhalts in ein Teesieb. Kleine graue Kügelchen, ungefähr so groß wie Cannabis-Samenkörner. Ludwig wollte gehen, als Tanner nach einer halben Stunde das Gebräu von der Herdplatte nahm, in drei Tassen goss und versprach, dass es uns in zwanzig Minuten wieder nüchtern machen werde. Lasst es uns doch versuchen, drängte Lisa. Der Kräutersud schmeckte säuerlich-bitter, Tanner selbst trank nicht.

Die Tassen mit dem lehmbraunen Aufguss sind beinahe leer, als plötzlich die Wände anfangen, sich zu bewegen. Sie dehnen und strecken und biegen sich wie Plastilin. Die Teetasse zerrinnt auf dem Holztisch. Auch die anderen Gegenstände im Raum scheinen ihre Aggregatzustände zu wechseln, das Mobiliar verflüssigt sich, die Luft erstarrt zu einer zähen Melasse. Das Haus, es zittert, es wellt, es wankt, es bebt. Ich stürze hinaus in die Dunkelheit, stolpere, falle in den Schlamm des Ententeichs. Um meinen Brustkorb schließt sich eine Schraubzwinge, enger und enger. Es sind Erstickungsgefühle, als befände ich mich in einer Eisernen Jungfrau. Eine noch nie verspürte Angst droht mich zu überwältigen. Jetzt nur nicht das Bewusstsein verlieren, tief atmen, alle Willenskraft bündeln, die Angst bezwingen. Vermutlich bin ich dem Tod noch nie so nah gewesen wie in diesen Minuten. Das wahre Ausmaß der Vergiftung sollte mir aber erst später bewusst werden.

Ich sehe phosphoreszierende Lichtkaskaden, rasende Spiralen, Wendeltreppen, Gitternetze, eine Doppelhelix, die sich aus dem

Farbenmeer schraubt. Und immer wieder Strudel und aberwitzige geometrische Gebilde, ineinander verschachtelt, übereinanderliegend, auseinanderdriftend und zu neuen Strukturen verschwimmend. Im nächsten Moment fliege ich durch ein Labyrinth von tausend Kammern, durch einen Fernseher im Fernseher im Fernseher, und am Ende der tunnelartigen Unendlichkeit wabern Mandalas, Blütenteppiche, Chrysanthemenmuster.

Wo bin ich? Warum liege ich hier? Wie spät ist es? Das Quaken einer Ente schwillt zum Fanfarenstoß an, ein römischer Legionär in bronzenem Brustpanzer steht in einem Kampfwagen jenseits des Teichs. Ich schaue genauer hin, das Bild verschwebt, zerfällt, setzt sich neu zusammen. Der Schwadenrecher … der Tee … Tanner! Lisa! Ludwig! Ich wanke zurück ins Haus, um die anderen zu suchen. Die Stube ist leer, aus der Nebenkammer dringt gedämpftes Gekeife. Ich setze mich an den Tisch. Im Sud der Einweckgläser gründeln graubraune Präparate, Ringfische, Egel, Nattern. Mein Herz rast, der Mund ist völlig ausgetrocknet, die Zigarette schmeckt metallisch. In den Ohren rasselnde Kuhketten, sphärisches Gebrabbel, Blechgeschepper, Äolsharfenklänge. Und auf dem Augengrund wieder diese Farberuptionen, durchzuckt von stroboskopischen Lichtblitzen. Ein purpurner Schleier umflort die Konturen der Anrichte. Ich will klar sehen, sortieren, ordnen. Versuche mich zu erinnern an Don Juan Matus, den indianischen Medizinmann vom Stamme der Yaqui, dessen spirituelle Lehren der halbseidene Ethnologe Carlos Castaneda in zwei Büchern aufgezeichnet hat. Ich muss den »Weg des Kriegers« gehen, muss Don Juan folgen, um aus dieser Parallelwelt, in der Angst und Tod herrschen, herauszufinden – es ist ja nur eine andere Wirklichkeit, irgendwo muss der Ausgang sein, sage ich mir. Doch der Lauf der Gedanken ist so schnell, so wirr, sie verlieren sich im eigenen Hirnlabyrinth. Sturm im Kopf. Ein Schrei, Furcht, die wie ein Stromschlag in die Glieder fährt. Es ist mein Name, der gerufen wird. Dann Stille, leises Wimmern. Ich folge den Lauten. Ein kahles Zimmer, Tisch, Stuhl, Kleidertruhe, Bett. Ludwig liegt neben Tanner, an die Wand gekeilt, zusammengerollt. Nein! Bitte, nein! Hör auf! Brüllt er. Ludwigs Kleider liegen neben dem Bett. Tanner arbeitet unter der

Decke an ihm. Ich zerre an Tanner, ein fleischiger, glitschiger Seeelefant, seine Unterhose ist gespannt. Werfe mich zwischen den Koloss und Ludwig. Dann ein Riss – schwarze Schlunde, lichtschnelle Seelenfahrt ins Innere der Dinge, kristalline Gesichter. Auflösung. Vergessen.

Es ist helllichter Tag, ich bin allein im Raum. Sehe mich hinter mir selbst durch die Stube laufen. Die zwei alten Weiber zerren an meiner Jacke. Erreiche das Auto. Lisa kauert auf dem Beifahrersitz. Sie kratzt mit einem himmelblauen Eislöffelchen Insekten von den Armaturen. Winzige Käfer, Millionen und Abermillionen, wispert sie. Ludwig kommt angerannt, die nackten Beine blutverschmiert. Wir fahren los, Ludwig auf dem Rücksitz. Ich sehe sein Bild im Innenspiegel. Unversehens ist es verschwunden. Oder verdampft. Wie die Zeit zwischen jetzt und dort. Schnitt. Wir sitzen wieder unter den Arkaden vor dem Eiscafé Venezia, irgendwer trägt Gedichte vor, Herbsttau, Liebeskitsch, unerträglich. Ich renne davon, quer über den Marienplatz. Auf der Schattenseite des Rathauses wartet Max. Wir setzen uns auf die Stufen der Marienkirche und reden. Ich schaue ihn an, doch Max ist gar nicht da. Reine Einbildung.

Der Körper fliegt durch die Koordinaten wie ein Astralleib, korpuskular, nicht Welle, nicht Wesen, und beides zugleich. Ortswechsel, Zeitsprung. Welte wieder. Bin im Haus unserer Wohngemeinschaft. Bereite das Frühstück, Kaffeebecher, Nutella, Quittengelee. Auf dem Herd kochen fünf Eier für die fünf Mitbewohner. Sie sind schon aufgestanden. Ihre Köpfe wachsen aus den Blumentöpfen auf den Fensterbrettern. Ich frage Erwin, dessen Gesicht über einer Agave schwebt: das Ei vier Minuten, fünfunddreißig Sekunden, wie immer?

Kein Mensch war im Raum. Max saß nicht auf den Treppen der Marienkirche, sondern an seinem Büroschreibtisch im Finanzamt. Die Terroristen mit Schnellfeuergewehren, die Lisa im Schlüsselloch ihrer Haustür sah, existierten ebenso wenig wie die Geheimagenten, die durch Ludwigs Badezimmerfenster spähten, während ihn seine verstörte Mutter zu beruhigen suchte. Aber die Risswunden an seinen Armen und Beinen gab es; er war im Morgengrauen, auf der Flucht von Tanners Hof, in einen Stacheldraht gerannt, in seiner Verwirrung mehrmals hintereinander. Unsere anhaltende Angst, die war auch real. Ich traute mich acht Tage lang nicht, allein zu schlafen. Stets musste jemand neben mir liegen, jemand, den ich kannte, der leibhaftig anwesend war und die Nachtmahre verscheuchte. Der sich nicht verwandelte oder auflöste im violetten Flor der Dunkelheit. Die Furcht, echte und eingebildete Personen nicht mehr unterscheiden zu können, lähmte mein Denken. Die Sinne waren ihrer Gewissheiten beraubt, Merkwelt und Wirkwelt verschränkten sich. Ludwig ging nicht mehr aus dem Haus. Lisa stand wochenlang unter Schock. Der Alp wollte nicht weichen.

Die Kripo kam, Drogendezernat Rosenheim. Vernehmungen, Protokolle, klappernde Schreibmaschinen. Der Bauernhof wurde durchsucht, ein Marmeladeglas mit Samen beschlagnahmt, Tanner verhaftet.

Im Herbst der Prozess vor der Zweiten Strafkammer des Landgerichts Traunstein.

Wie viele Löffel wurden abgefüllt? Waren es Teelöffel oder Esslöffel? Wer trank wie viel? Was geschah im Bett des Angeklagten Tanner? Wer war nackt? Aus zittrigen Zeugenworten, unscharfen Erinnerungen, Gedächtnisfetzen wird eine Mainacht zusammengestückelt. Vielleicht … möglicherweise … unter Umständen … es könnte so gewesen sein. Oder doch nicht? Sind es nur Vexierbilder, in denen Wahngebilde und Wirklichkeit untrennbar verklumpen?

Tanners flackernde Augen, der Tee, die Eiserne Jungfrau – beklemmende Erinnerungsfenster öffnen sich. Dazu die unerträgliche Nähe des Angeklagten: Karl Wilhelm Tanner, von Beruf Gärtner, geboren 1942, wohnhaft in G. Im Zuschauerbereich Mutter und Tante, alte, zerknirschte Weiblein. Draußen der porzellanblaue Herbsthimmel über den Alpen. Die beiden Frauen zucken zusammen, roboterhaft, gleichgeschaltet von der Furcht vor den Zahlen und Folgerungen, vor der nüchternen Rechenhaftigkeit des Gerichtsmediziners, vor seiner kalten Bürokratenstimme.

Größe der Samenkörner, Alter und Lagerungszeit, Giftgehalt, Volumen der Löffel, Brühzeit. Es handle sich um das Gift von *Datura stramonium*, einer weitverbreiteten Pflanze, die auf Schutthalden,

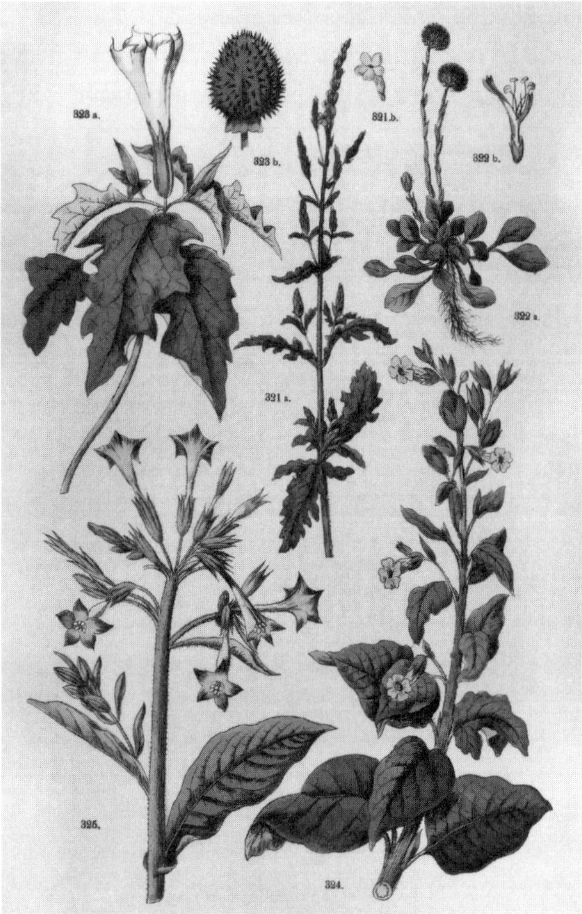

Glückswonnen oder Höllenängste: Datura stramonium,
der gemeine Stechapfel

Brachen und in Kiesgruben gedeiht und im Volksmund Stechapfel oder Donnerkugel genannt wird. Ein Nachtschattengewächs wie Bittersüß, Engelstrompete oder Alraune. Seine weißen Blütenkelche verströmen in der Finsternis einen magischen Duft, ein Todesparfüm. Stechapfel ist eine Visionspflanze, die seit Menschengedenken von Schamanen, Sehern und Naturheilkundigen verwendet wird; Hildegard von Bingen erwähnt erstmals ihre Heilkraft. Alle Teile der

Stechapfelpflanze erhalten Hyoscyamin und Scopolamin, hochtoxische Alkaloide, die Glückswonnen oder Höllenängste heraufbeschwören. Sie hemmen bestimmte Neurotransmitter im Gehirn und lösen schon nach kurzer Zeit schwerste Vergiftungserscheinungen aus: Sprach-, Seh- und Schluckstörungen, Psychosen, Atemnot und Erstickungsattacken, Herzrhythmusstörungen, komatöse Zustände, schließlich Atemlähmung, die zum Tod führen kann.

Wie hoch ist die letale Dosis? Fragt der Staatsanwalt. Schwer zu definieren, antwortet der Sachverständige, es komme auf die Konstitution an, Körpergewicht, Blutdruck, Absorptionsvermögen des Magens, je nachdem; Dosen über hundert Milligramm können für Erwachsene tödlich sein. Der Gutachter schätzt, dass die Gesamtmenge des uns dreien verabreichten Tees »zwischen hundertsechzig und vierhundert Milligramm beider Alkaloide« enthalten habe. Womöglich hätte in unserem Fall schon ein halber Löffel mehr genügt. Und wären die Samen frischer gewesen, hätte uns bereits die getrunkene Menge töten können.

Alles nicht wahr, ruft Tanner. Er bestreitet, verdreht Fakten, Orte, Abläufe, sucht Wege aus dem Gestrüpp der Anschuldigungen, geht zum Gegenangriff über. Er nennt Ludwig einen Waffenhändler und mich einen Drogendealer. Dann, zweiter Teil der Tateinheit, die Sache mit dem sexuellen Missbrauch. Wir treten in alphabetischer Abfolge in den Zeugenstand, die Befragung ist eine Qual. Tanner wirft mir böse Blicke zu, ich wage nicht, ihn anzusehen. Mehrmals ruft er erzürnt dazwischen, der Vorsitzende Richter droht ihm Ordnungsstrafen an. Der Erste Staatsanwalt blättert in seinen Dokumenten. Der Angeklagte sei diesbezüglich schon aktenkundig und bereits einschlägig vorbestraft, wegen sexueller Nötigung von Jugendlichen, ein ähnlicher Fall. Ein Wiederholungstäter also. Er müsse entsprechend bestraft werden, schließt der Staatsanwalt seine Erläuterungen.

Das Urteil klirrt in den Saal. Im Namen des Volkes: schuldig. Tanner habe die schwere Intoxikation der drei jungen Leute mutwillig in Kauf genommen. Darüber hinaus habe er ihren Verwirrungszustand ausgenutzt, um gegen ihren Willen sexuelle Handlungen vorzunehmen. Der Richter verurteilt den Angeklagten wegen Giftverabreichung und sexueller Nötigung zu sechs Jahren Gefängnis ohne Bewährung. Die Verhandlung ist geschlossen. »Hör doch auf!«, schreit Tanner. Der Staatsanwalt beantragt eine zusätzliche Ordnungsstrafe von einer Woche. Tanner lacht hysterisch. Er wird im Gerichtssaal in Handschellen gelegt und zur Justizvollzugsanstalt abtransportiert.

Der Prozess machte Schlagzeilen in der Landeshauptstadt, und als das Urteil rechtskräftig wurde, verkündete die Münchner *Abendzeitung* in großen Lettern auf Seite eins: »Kräuterprofessor als Sexgangster verurteilt. Mit einem ›Tee‹ machte er seine Opfer willenlos.«

Ich sehe Tanner durch das Bauerndorf schleichen, einen jämmerlichen, alten, wirren Sonderling. Rieche den Argwohn, die Mutmaßung, den Hass, der ihn und die alten Frauen umwohnt. Giftmischer! Faucht es von den Geranienbalkonen. Perverse Sau! Flüchtling, nichtsnutziger!

Ein paar Wochen später beantragte Tanners Verteidiger Revision beim Bundesgerichtshof. Am 28. April 1981 verwarf der 1. Strafsenat auf Antrag des Generalbundesanwalts und nach Anhörung des Beschwerdeführers die Revision, »da die Nachprüfung des Urteils auf Grund der Revisionsrechtfertigung keinen Rechtsfehler zum Nachteil des Angeklagten ergeben hat. Die Akte 1 StR 173/81 wird geschlossen.«

Unter Geiern
Kriegsberichterstatter und die Faszination des Todes

Wer fährt nach Rumänien? Ausgerechnet über die Weihnachtstage? Keiner meldet sich. Die Familienväter wollen mit ihren Kindern unter dem Tannenbaum feiern, einige Kollegen haben ihre Skiferien fest gebucht, und die älteren Redakteure verspüren ohnehin keinen Drang, diese beschwerliche und riskante Dienstreise anzutreten. In Rumänien tobt ein Volksaufstand gegen den Despoten Nicolae Ceauşescu, die Nachrichtenagenturen berichten von schweren Kämpfen und zahllosen Toten. Dezember 1989 – wir befinden uns in der Zeit einer welthistorischen Wende, in Berlin ist die Mauer gefallen, die kommunistischen Regime Osteuropas wanken, Rumänien wird nach der DDR die erste Diktatur sein, die kollabiert. Wer würde also hinfahren, um darüber zu schreiben? Ich melde mich freiwillig, das jüngste Mitglied der politischen Redaktion, das von Rumänien ungefähr so viel Ahnung hat wie vom Mars. Aber eine solche Mission ist genau nach meinem Geschmack: endlich unterwegs als Reporter, um über ein dramatisches Ereignis zu berichten, endlich ein richtiges journalistisches Abenteuer!

Ungarisch-rumänische Grenze, ein heiterer Wintertag an der Kontrollstelle Nagylak. Im Morgenlicht schimmert ein kleiner See, durch die Schilfinseln kämmt eine kühle Brise, Stockenten zirkeln auf dem Wasser, in den Pappeln am Ufer haben sich Dohlen versammelt. Ihr Gekrächze verstummt für einen Augenblick, und nun kann man es deutlich hören: Hinter dem Kirchlein jenseits des Sees knattert eine Maschinenpistole. Die Zollbeamten warnen uns vor den blutigen Gefechten, allein in Temeswar sollen bereits zwölftausend Menschen getötet worden sein. »Schauen Sie genau hin«, rät ein Deutschrumäne, der auf dem Weg zu seinen Verwandten in Hermannstadt (rumänisch Sibiu) ist, um sie mit Lebensmitteln zu versorgen, »grasgrün sind die

Uniformen der Soldaten, graugrün die der Securitate. Verwechslungen sind tödlich.« Die Securitate ist der berüchtigte Geheimdienst, die Killertruppe Ceauşescus. »Nein, um alles in der Welt, dieses verdammte Land betrete ich nicht!«, ruft der Dolmetscher, den wir in Budapest angeheuert haben. Er kehrt am Schlagbaum um. »Passen Sie gut auf sich auf«, sagt er zum Abschied, und »Frohe Weihnacht«. Und so sind wir nur noch zu zweit, als wir uns mit dem Leihwagen auf den Weg machen, ein Sonderkorrespondent der *dpa* und der Reporter der ZEIT. Wir befestigen die Fetzen eines Bettlakens an der Autoantenne, unsere weiße Fahne der Neutralität.

Rovine, Pecica, die ersten Siedlungen. Bauerndörfer, durchfurcht von schlammigen Wegen, alte Leute vor verwahrlosten Katen, bettelnde Kinder, Armut. Manchmal grüßen die Menschen mit dem V-Zeichen. *Victory!* Die Revolution hat gesiegt! An einer Straßensperre vor Arad schauen wir in die Gewehrmündungen der Volksmiliz. Wir werden gefilzt und wieder eindringlich gewarnt: »Die Geheimpolizisten sind wie Hyänen. Kehrt vor Einbruch der Dunkelheit zurück!« Im Zentrum von Arad wird geschossen, wir umfahren den Stadtkern weiträumig. Mein Wagemut schwindet. Nicht dass mich die Angst gepackt hätte oder gar die Todesfurcht. Es ist eher ein unheimliches Gefühl, als schlitterte man auf dünnem Eis über einen weiten See. Über den Fluss Mureş führt die Teerstraße durch angeblich befreites Hinterland, fettglänzender, schwarzer Boden, die Äcker des Banat. Irgendwann zeichnen sich die Betonsilos von Temeswar am Horizont ab. Wir fahren im ersten Gang in die Stadt hinein. Zerstörte Gebäude, von Kugeln zersiebte Fassaden, zertrümmerte Schaufenster, davor getrocknete Blutlachen. Die Kreuzungen werden von Aufständischen kontrolliert, von jungen Männern mit Sturmgewehren und Molotowcocktails, manche sind nur mit Eisenstangen, Holzknüppeln oder Äxten bewehrt. Die Hauptverkehrsadern ins Zentrum sind menschenleer, Panzerwagen rasen auf und ab, Schüsse bellen. Auf den Dächern lauern Scharfschützen der Securitate, sie richten ihre Zielfernrohre auf alles, was sich bewegt.

Wir erreichen die Clinicile Noi, das neue Krankenhaus. Im Hof steht ein roter Renault mit dem Kennzeichen FHR-41 B, den die

Geheimpolizei vorgestern um Mitternacht unter Feuer genommen hatte. Ein 7.62-Millimeter-Projektil durchschlug die Beifahrertür; es drang John Tagliabue knapp neben der Wirbelsäule in den Rücken. Der Reporter der *New York Times* hat überlebt, zwei Kollegen wurden seit Beginn des Aufstands getötet. Zusammen mit schwerverletzten Revolutionskämpfern liegt Tagliabue in einem stickigen, kahlen Raum zwischen Infusionsgalgen – die Intensivstation des Hospitals. Zum ersten Mal in meinem Journalistenleben treffe ich einen verwundeten Kriegsberichterstatter, einen berühmten Kollegen, der hilflos auf einem Stahlrohrbett liegt, und der erste Gedanke, der mir durch den Kopf schießt, ist vermutlich der, den alle Reporter bei solchen Begegnungen haben: Mir kann, mir wird so etwas nicht passieren! »I was fuckin' lucky«, sagt Tagliabue mit einem gequälten Grinsen. Schwein gehabt. Können wir etwas für dich tun? »Nein, alles okay. Lasst ein paar Zigaretten da.«

Der Chefarzt schickt uns zum Cimitirul Saracilor. »Schaut euch die Verbrechen der Securitate an!« Im Geleit eines Schützenpanzers fahren wir hinaus zum Friedhof der Armen. Hätten wir geahnt, was uns dort erwartet – vermutlich wären wir auf der Stelle umgekehrt.

Die Schaulustigen, die gerade den Gottesacker verlassen, sind kreidebleich. Gleich am Eingang springt uns ein furchtbares Bild an. Aus einem Erdloch ragen, halb ausgegraben, Leichenteile, Schädel, Brustkörbe, Knochen liegen kreuz und quer im Dreck. Angefaultes Fleisch beginnt sich von den Gebeinen zu lösen. Der Blick wendet sich voller Ekel ab – und fällt auf tote Körper, die ein paar Meter links von diesem Massengrab ins Gras gebettet wurden: siebzehn Menschen, nach allem, was man bisher weiß, zu Tode gequält in den Folterkellern der Securitate. Unerträglicher Gestank steigt in die Nase. Die kaum verwesten Leiber tragen Spuren bestialischer Torturen: abgerissene Fingernägel, ausgestochene Augen, aufgeschlitzte Bäuche, verbrühte und verstümmelte Gliedmaßen. Auf dem geöffneten Bauch einer Frau krümmt sich ein erschlagener Säugling in Embryonalstellung. In der Mitte des Friedhofs, zwischen Dornenstauden, wucherndem Unkraut und schiefen schmiedeeisernen Kruzifixen, erhebt sich ein kleines Gebäude, das einst als Leichenschauhaus gedient haben mag. Darin haben die Bürger von Temeswar einen weiteren Leichnam aufgebahrt. Dem Mann wurde an einigen Körperpartien die Haut abgezogen, er liegt da wie ein Gekreuzigter, den man eben vom Kreuz genommen hat. Seine Beine sind mit grobem Draht zusammengezurrt; in den schmerzgekrümmten Fingern symbolisieren zwei brennende Kerzen die Henkersnägel, auf der Brust ist das fünfte Wundmal angedeutet: Christus kam bis nach Temeswar.

Auschwitz, der Archipel Gulag, die Killing Fields von Kambodscha – die Gräuel des Jahrhunderts schießen einem beim Anblick dieses geschundenen Menschen durch den Kopf. Man will das, was man wie durch einen Schleier historischer Ahnungen soeben wahrnimmt, verbannen in finstere Vergangenheit. Doch ein Graffito auf der Außenmauer des Häuschens beendet den Verdrängungswunsch. Da prangt in dicken schwarzen Lettern »AC/DC« – eine rasch hingeschmierte Hommage an die australische Hardrock-Band.

In der zweiten Kammer des Gebäudes steht ein blutverklebter Betontisch. Unter dem Tisch läuft der abgeschrägte Boden auf einen Trichter zu, auf dessen Grund ist ein Gulli eingelassen: ein Raum für Schlächter. Herein kommt ein Anwohner. Er zeigt auf ein Tafelmesser, das umgekehrt im Abflussloch des Tisches steckt. »Damit«, sagt er, »haben die Schweine die Menschen abgemetzgert.«

Plötzlich zerreißen Schüsse die Stille. *Armat! Armat!* Ein Angriff! Schreit der Mann im Leichenhaus und läuft in panischer Angst ins Freie. Vom Eingang des Friedhofs ruft uns ein Soldat zu: »Schnell weg hier, wir sind unter Beschuss!« Geduckt rennen wir aus dem Friedhof und suchen Deckung hinter dem Panzerwagen. Keiner weiß, woher die Kugeln kommen. Ein paar Minuten späten nutzen wir eine Feuerpause, um ins Auto zu springen und mit Vollgas diesen Ort zu fliehen.

Am Heiligen Abend, zurück in Budapest, schrieb ich die Reportage nieder, aus der ich hier zitiere. Am ersten Weihnachtstag, kurz vor 15 Uhr Ortszeit, wurden in der Hauptstadt Bukarest der Diktator Nicolae Ceauşescu und seine Frau Elena von einem Hinrichtungskommando des Militärs erschossen. Am 29. Dezember 1989 erschien meine Geschichte aus Temeswar in der ZEIT. Kurz nach dem Jahreswechsel rief mich die deutsch-rumänische Schriftstellerin Herta Müller in der Hamburger Redaktion an; sie war erzürnt über meinen Bericht. In der Zwischenzeit gab es nämlich eine Reihe von Indizien dafür, dass die Volkserhebung in Temeswar durch eine geschickt orchestrierte Palastrevolte gegen den »Conducâtor« Ceauşescu in Bukarest ausgelöst worden war. Und dass wir, die ausländischen Medienvertreter, an der Nase herumgeführt worden waren. »Wie konnten Sie nur annehmen, dass das, was Sie sahen, der Realität entspricht?«, rügte Herta Müller, als ich sie in ihrer Wohnung in Hamburg-Altona besuchte. Die systematische Desinformation gehöre zum Wesen der Tyrannei, erklärte sie, die Menschen sollen nicht mehr zwischen Wahn und Wirklichkeit, Fakten und Fiktionen unterscheiden können. Herta Müller wurde vom rumänischen Geheimdienst verfolgt und denunziert, die Lüge, die Täuschung, die Verwirrung unter despotischen Verhältnissen gehören zu ihren großen Themen, die Nobelpreisträgerin hat sie so gründlich seziert wie keine andere Schriftstellerin.

Zu meiner Entlastung konnte ich mich damals nur an einem Nebensatz in meiner Reportage festhalten: »Siebzehn Menschen, *nach allem, was man bisher weiß*, zu Tode gequält in den Folterkellern der Securitate«. Eine Relativierung, ein vorsichtiger Zweifel, mehr nicht. Die Leichen, die wir naiven Journalisten für Folteropfer hielten, wurden von einer Putschistenfraktion »arrangiert«, um den Volkszorn gegen den Geheimdienst zu steigern. Sie waren aus der Leichenkammer des Kreiskrankenhauses gestohlen oder aus frischen Gräbern des Armenfriedhofs ausgegraben worden; in der Mehrzahl handelte es sich um arme Menschen, um Stadtstreicher, Trinker, psychisch Kranke, deren Leichen Gerichtsmediziner obduziert hatten. Ein halbes Jahr später fuhr ich noch einmal nach Temeswar, um den Dingen auf den Grund zu gehen. Im Leichenschauhaus des Kreises Arad stieß ich auf die Autopsie-Unterlagen über die Toten. Der Säugling in Embryonalstellung hieß Christina Steleac, ein zwei Monate altes Mädchen, 3550 Gramm schwer, laut Aktenblatt 938/A eines natürlichen Todes gestorben. Die Frau, auf deren Bauch es lag, war nicht seine Mutter, sondern die am 8. November 1989 verstorbene Zamfira Baitan; sie hatte 4,3 Promille Alkohol im Blut. Schließlich jener rätselhafte, in Christusstellung aufgebahrte Leichnam, der nie identifiziert werden konnte. Man hatte ihn am 8. Dezember in einem unterirdischen Wärmeschacht an der Ecke Stefan Plavat/Boulevard dul Suduli tot aufgefunden.

Der erste Auslandseinsatz lehrte mich zwei Lektionen. Erstens: Traue in Kriegs- und Krisengebieten deinen Augen nicht, zweifle, wenn du Tote siehst, frage nach, suche nach weiteren Quellen und Zeugen. Zweitens: Wir Journalisten sind fehlbar, wir können immer nur nach bestem Wissen und Gewissen recherchieren und versuchen, der Wahrheit so nah wie möglich zu kommen. – Jenseits dieser Erkenntnisse blieben die grausigen Bilder aus Temeswar haften: die entstellten Leichen, ihre verzerrten Gesichter, die Würdelosigkeit, in der sie aus dem Leben schieden. Die Menschen starben elendiglich, der Tod hat sie nicht erlöst, sondern gequält bis zum letzten Atemzug. Und dann mussten ihre Leichname auch noch der Lüge dienen.

*

Drei Jahre später, im Januar 1993, wurde ich als Korrespondent nach Afrika entsandt, und der Tod sollte hinfort zu einem ständigen Begleiter werden. Der Kriegstod. Der Hungertod. Der Foltertod. Der Erschöpfungstod. Der Armutstod. Der Katastrophentod. Der Seuchentod. Manchmal kam ich mir vor wie jener Prototyp des Afrika-Chronisten, den der Medienwissenschaftler Lutz Mükke »Journalist der Finsternis« genannt hat. Berufsmotto: *Good news are no news.* Nachrichtentauglich sind in der Regel nur Kriege, Krisen, Unglücke, Gewaltexzesse. Ein ehernes Mediengesetz, das uns alle zu Voyeuren macht. Und deshalb gehörten stets auch der Skrupel und der Selbstzweifel zu meinen Begleitern – und ein Merksatz des schwedischen Schriftstellers Henning Mankell: »Journalisten schreiben immer nur über den Tod in Afrika und nie über das Leben.«

*

In den Jahren 1993 bis 2000 war ich in Johannesburg stationiert, um über die historische Wende am Kap zu berichten, über den Untergang der Apartheid und den Triumph von Nelson Mandelas Befreiungsbewegung African National Congress (ANC), die das Land in die Demokratie führte. Johannesburg, die Wirtschaftsmetropole Südafrikas, trug damals das Etikett »Mordhauptstadt der Welt«, und es gehörte zu den klassischen Reportagen eines Korrespondenten, die Flying Squad zu begleiten, eine Spezialeinheit zur Bekämpfung der ausufernden Kriminalität. Gemeinsam mit einem Fotografen war ich eine Nacht lang per Streifenwagen unterwegs. Das erste schwere Verbrechen sahen wir bereits am frühen Abend im Stadtteil Kensington. Auf dem Trottoir vorm Steakhaus »Spur« in der Queenstreet 128 lag ein Mann mittleren Alters zusammengekrümmt in einer Blutlache, ein Schwarzer. Der Patrouille gelang es nach kurzer Verfolgungsjagd, den Täter festzunehmen: einen jungen Burschen, einen Weißen, der aus einem fahrenden Auto heraus dem harmlosen Stadtstreicher mit einem Hartgummiknüppel den Schädel eingeschlagen hatte. *Kaffir bashing*, Nigger aufmischen, nannte die weiße Jugend diesen Freizeitsport im alten Südafrika.

Wie wenig auch im neuen Südafrika das Leben eines Schwarzen wert war, sollten wir in dieser Nacht noch einmal vorgeführt bekommen. Um halb zwei Uhr nachts meldete der Polizeifunk einen Raubüberfall im Stadtteil Orange Grove. Zehn Minuten später bremste der Streifenwagen vor einem freistehenden Wohnhaus in der Achten Straße, das einer Festung glich. Im Wohnzimmer wurden die Beamten von einem verstörten älteren Ehepaar empfangen, am Rahmen der Schlafzimmertür lehnte ihr Schwiegersohn. Er hatte die Pistole noch in der Hand. »Ich habe einfach draufgehalten. Wenn Sie wissen, was ich meine«, erklärte er ungerührt und zeigte auf eine links neben dem Ehebett liegende Leiche. Aus dem Brustkorb sickerte Blut. Ein junger Afrikaner, keine zwanzig Jahre alt, in flagranti erwischt und an Ort und Stelle erschossen. »Guter Schuss«, lobte der Sergeant, »direkt ins Herz.« Für ihn handelte es sich ganz eindeutig um einen Fall von Notwehr. Nach meiner laienhaften Einschätzung deuteten einige Indizien auf eine kaltblütige Hinrichtung hin, aber die Frage, ob der

Hausherr den unbewaffneten Mann nicht hätte stellen und der Polizei übergeben können, wurde gar nicht erst aufgeworfen. Es gab keine Vernehmung, kein Protokoll, keine Spurensicherung, nichts. Der Tod eines schwarzen Straftäters – eine Banalität. Im Korridor hatte der Einbrecher das Diebesgut abgestellt, eine alte Stereoanlage von geringem Wert. Nebenan, im Kinderzimmer, standen säuberlich aufgereiht zwei Dutzend Paar Schühchen der zweijährigen Tochter des Schützen.

In dieser Einsatznacht sahen wir drei Raubüberfälle, einen verhinderten Bankraub, einen versuchten Totschlag, mehrere Schwerverletzte und einen Toten. Als wir im Morgengrauen aus dem Streifenwagen stiegen, kam es mir vor, als seien wir durch ein Paralleluniversum gefahren, das neben unserem ganz normalen Großstadtalltag existiert. Das Bild der Leiche des Einbrechers sollte mich monatelang verfolgen, es ragte gleichsam hinein in meine Lebenswelt, denn ich wohnte damals ebenfalls in Orange Grove, vier Straßenzüge vom Tatort entfernt. Der Tod war zum Nachbarn geworden.

*

Das dicke rote Buch: Wachstumssollwerte sind darin verzeichnet, Ernährungskoeffizienten und Tagesrationen. Man kann sich zunächst recht wenig vorstellen unter den Zahlen und Fakten. Aber dann tritt man vom Dienstzimmer der Kinderschwester hinaus in den Innenhof des Klosters von Nambuma in Malawi – und die Namen und Statistiken werden zu Schicksalen. Das dicke rote Buch ist ein Diarium des Hungers.

Vor zwei Tagen hat die Schwester die Daten der kleinen Caroline eingetragen. Sie sitzt auf dem Schoß ihrer Mutter, schwer atmend, lethargisch vor sich hin dämmernd. Ihr Körper ist stark aufgedunsen, die Lider sind so dick, dass sie nicht mehr aus den Augen schauen kann. Das Haar: rotblonder Flaum. Die Haut: knittrig wie Pergament, stellenweise aufgeplatzt. Die Symptome schwerster Unterernährung. Das Mädchen ist fünfundzwanzig Monate alt. Wird es überleben? Oder werden bald auch hinter seinem Namen die Großbuchstaben DEAD stehen – wie bei den anderen Kindern, die bereits verhungert sind?

»Die Lage wird jeden Tag schlechter«, sagt Modesta Chilembwe, die Oberin des Klosters. Sie führt uns zu den Neuzugängen, die heute früh aus den Dörfern des Umlands eingetroffen sind. Neunzig Mütter, erschöpft vom Fußmarsch, in ihren Tragetüchern Säuglinge mit Kwashiorkor-Bäuchen, viele Kleinkinder nur noch Haut und Knochen. Die meisten haben nicht mehr die Kraft, zu schreien. Sie wimmern, während sie gewogen, gemessen, eingestuft werden. »Ich habe keine Milch mehr«, klagt Ruth Chinyama. Chipiliro, der Jüngste, saugt an ihrer schlaffen Brust. Das Kerlchen wiegt 3,2 Kilogramm – weniger als bei seiner Geburt vor einem knappen Jahr. »Die Ernte war schlecht. Wir mussten sogar unser Saatgut aufessen«, erzählt die Mutter. »In unserem Dorf hungern alle.«

Ruth Chinyama und ihr Sohn – zwei von Millionen und Abermillionen Afrikanern, die von einer Hungersnot heimgesucht wurden. Ich habe im Laufe der Jahre immer wieder diese Bilder gesehen: ausgedorrte Landstriche, kahle Äcker, leere Kornspeicher, darbende Menschen, sterbende Kinder. In Äthiopien. In Somalia. Im Sudan. Im Kongo. In Guinea. Die Ursachen dieser biblischen Plage – Bürgerkrieg, Dürre, Misswirtschaft – sind vielfältig, doch die Opfer sehen immer gleich aus, und jedes Mal erfüllt mich ihr Schicksal mit Zorn und Trauer und Scham. Verhungernde Kinder – das ist in meinen Augen die unmenschlichste, sinnloseste Gestalt, in welcher der Tod auftritt, denn ihr Schicksal ließe sich vermeiden. Der Hungertod entstellt seine Subjekte; sie wirken wie Wesen von einem anderen Stern, wie Aliens, doch sie verkörpern eine *conditio humana* unseres Zeitalters: die Sterbenswelt der Ärmsten. Der viel zu schwere Kopf auf dem ausgezehrten Körper, der Brustkorb, auf dem sich die Rippen skelettartig abzeichnen, die dünnen Storchenbeine mit Kniegelenken, groß wie Billardkugeln, die Vogelkrallenhändchen, die dünne, schlaffe Haut, die riesigen Augen, der gebrochene Blick, das Greisengesicht, in das sich kurze, qualvolle Lebensmonate eingeschrieben haben wie ein ganzes Menschenalter im Zeitraffer – es ist ein Anblick, der uns in unseren menschlichen

Grundfesten erschüttert. Da hilft auch der Glaube nicht mehr. Warum lässt Gott, wenn es ihn gibt, so etwas zu? Oft kamen mir die Tränen, wenn ich sterbende Kinder sah, die im Alter meines Sohnes Leo waren.

*

»Sie müssen selbst entscheiden. Wir schicken Sie nicht da rein«, sagte der Kollege am Telefon. Da rein: nach Mogadischu. Im Jahre 1993. Die Hauptstadt von Somalia befand sich im Ausnahmezustand, die Soldaten der Vereinten Nationen lieferten sich heftige Feuergefechte mit einheimischen Milizen. Die Operation »Restore Hope«, hollywoodreif von amerikanischen Elitetruppen inszeniert, sollte dem Land Brot und Frieden bringen – und verschärfte den Bürgerkrieg. Die chaotische Lage war für Berichterstatter lebensgefährlich geworden, vier Kollegen wurden bereits getötet. Sollte ich mich freiwillig diesem Risiko aussetzen? Ich saß in einer Bar in Nairobi und überlegte hin und her. Am anderen Morgen, früh um fünf, hatte ich einen Flug auf einem Hilfstransporter der UN nach Mogadischu gebucht. Niemand in der Zentrale wollte die Verantwortung auf sich nehmen und sich im Ernstfall den Vorwurf anhören müssen, mich ins Verderben gejagt zu haben. Ich trank noch einen Whiskey und entschied spätnachts: hinfliegen.

Mogadischu sei einmal eine schöne, mediterran anmutende Metropole gewesen, erzählen die Alten, eine helle, weiße Stadt voller Arabesken. Zwei Jahre nach dem Sturz des Regimes von Siad Barre erinnert sie eher an Berlin im Jahr 1945: ein riesiges Trümmerfeld, in dem Hunderttausende ums Überleben kämpfen. Wir befinden uns im Süden der Stadt, im Territorium des Kriegsfürsten General Mohammed Farah Aidid. Hier wütet seine Soldateska, hier treiben sich Mordgesellen und Plünderer herum, die Mogadischu das Gesetz der Anarchie aufzwingen. Die Menschen, die die Blauhelme der Vereinten Nationen einst mit Begeisterung empfangen hatten, nehmen sie nur noch als Kriegspartei wahr, als Feinde, die sie kolonisieren, christianisieren und kommerzialisieren wollen, wie es in einem Flugblatt heißt.

Nachts rauben ihnen Kampfhubschrauber den Schlaf, am Tage rasseln weiße UN-Panzer durch die Straßen. Und immer wieder geraten sie bei Feuergefechten in die Schusslinie.

Wer in dieser Ruinenlandschaft herumfährt, schwebt in ständiger Lebensgefahr und kann sich nicht ohne Leibwächter bewegen. Wir heuern einen Geländewagen mit vier bewaffneten Männern an und fahren zum Hotel, dessen Name seinen Zweck verrät: *Al Sahafi*, der Journalist. Hinter seinen Mauern hat sich die Weltpresse verschanzt. Wir beziehen zwei von Kakerlaken bewohnte Zimmer und fahren anschließend zum Hauptquartier der UNOSOM, um uns zu akkreditieren. Es sind nur zweitausend Meter, aber in Mogadischu ist das eine unendlich lange Strecke. Der Fahrer entsichert seinen Revolver und drückt aufs Gas. Die Leibwächter halten ihre schussbereiten Kalaschnikows aus dem Fenster. In den verwinkelten Gassen, die von der Afgoye-Straße wegführen, auf den Flachdächern ausgebrannter Häuser, im Gewirr der Marktbuden – überall können *snipers*, Heckenschützen, lauern.

Endlich liegt das Heerlager der Blauhelme vor uns, und man versteht sofort, warum die Bevölkerung es spöttisch *Château UN* nennt, Schloss der Vereinten Nationen. Ein hermetisch abgeriegeltes Gelände, Wachtürme, dicke Mauern, Wälle aus Sandsäcken, Stacheldrahtgestrüpp. Hier stand einmal die stolze Universität Mogadischu, geblieben sind nur noch Gebäudereste. Wir tragen uns im Register des Akkreditierungsbüros ein. Über meinem Namen steht: »Kraus, Hansjoerg, ap, Presscard 076«. Der deutsche Fotograf, der vor vierundzwanzig Stunden ums Leben kam. Bei einem Luftangriff der UN auf ein vermeintliches Verschwörernest waren zahlreiche unschuldige Menschen getötet worden. Kraus und drei Kollegen wollten das Blutbad dokumentieren – und wurden vom aufgebrachten Mob gelyncht. Der Tod kam als kollektiver Furor über sie: hasserfüllte Blicke, fanatisches Geschrei, hagelnde Steine, unzählige Hände, die ihre Körper regelrecht zerfetzten.

Wir interviewen UN-Offiziere, Nothelfer, gefangene Milizionäre. Dann jagen wir zurück zum Al Sahafi. Wieder dieses beklemmende Gefühl, lebende Zielscheiben im Visier von Heckenschützen zu sein. Was ist da los? Fünfzig Meter vor uns ein Menschenauflauf, Kleinbusse und Eselskarren stehen quer. Ein Hinterhalt? Umkehren oder weiterfahren? Die Devise des Chauffeurs lautet: Augen zu und durch. Nach einem abenteuerlichen Slalom sehen wir den Grund des Staus: eine friedlich trabende Kamelherde. Direkt vor dem Hotel, dort, wo die Somalier gestern demonstrativ ein Dutzend fliegenübersäter Leichen – Opfer der UN-Luftattacke – abgekippt hatten, wurde vor fünf Minuten der Landrover italienischer Kollegen von einer bewaffneten Bande gekidnappt.

Punkt 22.15 Uhr Ortszeit detoniert die erste Granate. Angriff der Aidid-Miliz. Wir rennen aufs Dach des Hotels. Unter den tiefhängenden Wolken blitzt und donnert es. Dumpf krachen die Abschüsse der Mörser, Maschinengewehre hämmern, Leuchtspurgeschosse ziehen tödliche Bahnen durch die Nacht. Die UNOSOM-Basen werden unter Feuer genommen. Vom Flughafen steigen gefechtsbereite Helikopter auf.

Die CNN-Reporterin robbt heran, eine *reality show*, direkt aus dem »Schlachthaus«, wie sie Mogadischu nennt. Es ist Christiane Amanpour, die höchstbezahlte Journalistin der Welt. Nachdem ich sie vor vier Jahren in Temeswar, Rumänien, gesehen hatte, ist es meine zweite Zufallsbegegnung mit ihr. Sie trägt Splitterschutzweste und Stahlhelm. In diesem Augenblick wünscht man sich, auch über derartiges Gerät zu verfügen. Denn knapp über unseren Köpfen schwirren Kugeln. Die Milizen haben das Journalistenhotel unter Beschuss genommen. Ich hechte hinter ein schützendes Mäuerchen. Was mir in diesen Sekunden durch den Kopf ging, weiß ich nicht mehr, ich erinnere nur dieses Kribbeln, das wohl jeden Kriegsreporter in höchster Gefahr erfasst: Jetzt bist du mittendrin!

Nach einer halben Stunde ist das Wetterleuchten des Krieges vorbei. Die Waffen schweigen. Nur noch der Lärm der Cobra-Hubschrauber dröhnt durch die Finsternis – und ein merkwürdiges Knattern, das aus dem zerschossenen Gebäude gegenüber des Hotels kommt. Ich hebe vorsichtig den Kopf und traue meinen Augen nicht: Da hocken junge Männer in einem Zimmer ohne Dach und schauen in aller Ruhe einen Kriegsfilm an, einen Vietnam-Streifen im italienischen Originalton. Sie johlen, als Vietcongs abgeknallt werden. Der Tod: eine virtuelle Figur, ein Schauspieler im absurden Theater Mogadischu.

*

Meine goldene Regel bei Einsätzen in Kriegs- und Krisengebieten heißt: Wenn geschossen wird, den Rückwärtsgang einlegen. Nicht näher heranpirschen, wie das junge Fotografen tun, auf der Suche nach der absoluten Kriegsikone à la Robert Capa; der Gründer der legendären Agentur Magnum gab auch das Berufsmotto vor: »Wenn deine Bilder nicht gut genug sind, dann warst du nicht nah genug dran.« Kein Chefredakteur ist das eigene Leben wert, lieber lässt man sich einen Feigling schimpfen. Dafür kehrt man auch nicht in einem Plastiksack heim. Ich habe die Maxime des Zurückweichens spätestens bei den blutigen Unruhen in Südafrika gelernt, beim Übergang von der Apartheid zur Demokratie in den frühen neunziger Jahren, als die Kämpfe zwischen rivalisierenden Fraktionen in den Townships und Bantustans, in die man die schwarze Bevölkerung gesperrt hatte, nahezu fünfzehntausend Menschenleben kosteten.

Es gab damals Kollegen, die sich genau umgekehrt verhielten: Rein in die Schlacht! Die verwegenste Truppe nannte sich Bang Bang Club, sie bestand aus vier Fotografen: Greg Marinovich, Kevin Carter, João Silva und Ken Oosterbroek. Ihre Bilder, abgedruckt im *Time Magazine*, in *Newsweek* und allen maßgeblichen Blättern rund um den Globus, bescherten ihnen über Nacht Weltruhm. Sie räumten die begehrtesten Fotopreise ab und wurden als Helden bewundert. In der gewalttätigsten Phase zwischen Januar und April 1994 zogen sie jeden Tag hinaus in die Townships, um das blutige Geschehen zu fotografieren: Adrenalin-Junkies, bewaffnet mit ihren Leica M3-Kameras. *Professional thrill* nennen es Marinovich und Silva in ihrem Buch *The Bang-Bang Club. Snapshots from a Hidden War*. Es waren in der Tat Schnappschüsse, spektakuläre Momentaufnahmen, denn die Hintergründe dessen, was die Bilderjäger da ablichteten, beschäftigten sie nicht übermäßig.

Ich bin nur widerwillig hinaus in die Township Thokoza gefahren und hatte bei jeder Recherche ein mulmiges Gefühl, vor allem bei den Fahrten durch die Khumalo Road, die seinerzeit »Allee des Todes« genannt wurde. Sie trennte die Einflusszonen der Bewegungen, die um die Vormacht in den Slums kämpften: hier die Krieger der rechten Inkatha Freedom Party, angeführt vom erzreaktionären Chief Mangosuthu Buthelezi, dort die »Selbstverteidigungseinheiten«, die im Namen von Nelson Mandelas ANC töteten, und im Hintergrund die sogenannte *Third Force*, die Sicherheitskräfte des weißen Regimes, die den vermeintlichen »Stammeskrieg« der Schwarzen schürten, um die Wende zu verhindern. Es verging kein Tag, an dem nicht irgendwo im Johannesburger East Rand Tote zu beklagen waren. Die Bang-Bang-Fotografen trieb eine Art Soldatenlust aufs Schlachtfeld, die prickelnde Erfahrung von Gewalt, gemischt mit Abenteurertum und ein bisschen Aufklärungsdrang – der Rest der Welt sollte die Grausamkeiten in den Ghettos der Schwarzen sehen. Aber viel wichtiger noch war den Fotografen, zu beweisen, was für harte, furchtlose Kerle sie waren und welche Mutproben sie bestanden. *Stand-ups* gehörten zu ihren obligatorischen Übungen: Sie gingen bei Feuergefechten aus der Deckung, richteten sich auf und schossen ihre Bilder. Natürlich war es verpönt, dabei Splitterschutzwesten zu tragen, das war etwas für Hasenfüße. Manchmal liefen sie quer durchs Schussfeld, um aus einem Kiosk auf der gegenüberliegenden Straßenseite Getränke zu holen. Das Spiel mit dem Tod gab ihnen den ultimativen Kick.

I hope I die with the best fucking news pic of all time on my neg. It wouldn't really be worth it otherwise, notierte Ken Oosterbroek in seinem Tagebuch. Ich hoffe, ich sterbe mit dem besten verfickten Nachrichtenbild aller Zeiten auf meinem Negativ – andernfalls wär's die Sache nicht wert. Oosterbroek war der Erste aus dem Bang Bang Club, den es erwischte. Er starb am 18. April 1994, neun Tage vor den ersten freien Wahlen in der Geschichte Südafrikas, bei einem *shooting* in der Todeszone von Thokoza. Ken war mit einer Friedenstruppe unterwegs gewesen, die die Kämpfe in der Township beenden sollte. Als die unerfahrenen Soldaten unter Beschuss gerieten, ballerten sie

Engramm des Todes: Der letzte Filmstreifen von Ken Oosterbroek

wild um sich. Oosterbroek befand sich an vorderster Front, er wurde aus kurzer Distanz von hinten getroffen. Das Projektil kam aus dem Gewehr eines Soldaten, den Angst und Panik erfasst hatten. In der Tageszeitung *Star*, deren Bildredaktion Ken Oosterbroek leitete, erschien ein Nachruf: »Er war ein brillanter Fotograf, der für sein Werk lebte – und starb.«

Ich hatte Ken mehrfach getroffen, in Harare, in Soweto, in Thokoza, ein wortkarger Kollege, schwarze Mähne, Cargo-Hose, Militärweste, stets betont lässig auftretend und manchmal auch so, wie Marinovich die Bang-Bang-Jungs charakterisiert: arrogant, elitär, höchst kompetitiv. Einmal machten wir eine Magazingeschichte über die traditionellen Kriegsrituale der Zulu. Ein Bild von Ken, das eine weinende schwarze Frau zwischen brennenden Hütten zeigt, hing in meinem Johannesburger Büro. Eine grandiose Anklage der Gewalt, eines der besten *fucking news pics*, das ich kenne. Für dieses Meisterwerk hatte Ken eine Woche vor seinem Tod den begehrten Ilford Award erhalten: »South African Press Photographer of the Year« – zum dritten Mal in sechs Jahren.

Von Kens Witwe Monica erhielt ich eine Kopie der Bilder auf der letzten Filmrolle, die er an jenem 18. April eingelegt hatte, während die Soldaten wahllos um sich schossen. Er sollte noch acht Aufnahmen machen. Bild Nummer 7 zeigt ein schwarzes Quadrat. Womöglich ist das blinde Negativ genau in dem Augenblick entstanden, da den Fotografen das tödliche Geschoss traf. Ken drückte noch einmal auf den Auslöser. Bild Nummer 8. Darauf sind nur noch Wischspuren zu erkennen. Als wäre eine unsichtbare Hand mit einem groben Pinsel übers Zelluloid gefahren. Ein Engramm des Todes, die geronnenen Bruchteile jener Sekunde, in der Ken niedersinkt. Heute erinnert eine Gedenkstätte an der Khumalo Road an die Toten von Thokoza. Ken Oosterbroek ist einer der 688 Namen, die in eine schwarze Marmortafel eingraviert wurden.

Kevin Carter war der Zweite, der sich aus dem legendären Quartett verabschiedete. Er hatte im Sudan ein unwiderstehliches Motiv aufgenommen, das ihm just in diesen Apriltagen des Jahres 1994 den Pulitzer-Preis für Fotografie eintrug: ein halbverhungertes, zu Tode erschöpftes, in sich zusammengesunkenes Mädchen, hinter dem ein Aasgeier lauert. Vor der Preisverleihung in New York stellte eine Radioreporterin eine Frage, die Carter fortan wie ein Alp verfolgen sollte: Was haben Sie getan, um das Kind zu retten? Der soeben als weltbester Fotograf Geehrte befand sich in einem moralischen Dilemma und gab ausweichende Antworten. Die Essensausgabe einer Nothilfeorganisation war in Sichtweite vom Schauplatz entfernt, doch er tat nichts, um dem Kind zu helfen. Er überließ es seinem Schicksal. Kurz danach verlor Carter seinen besten Freund und Kollegen Ken Oosterbroek. Exzessiver Alkohol- und Drogenkonsum verstärkten seine *déformation professionnelle*. Am 27. Juli 1994 wurde er frühmorgens in seinem Pritschenwagen unweit seines Elternhauses in Johannesburg tot aufgefunden; er hatte sich mit Kohlenmonoxid vergiftet.

»Einige unserer Gefühle, die Verletzlichkeit, die Empathie, die uns zu Menschen machen, gehen jedes Mal, wenn wir die Kamerablende auslösen, verloren«, schreibt Greg Marinovich in seinem Buch. Das ist der Preis der Ruhmessucht, dachte ich, als ich die Nachricht vom Suizid Kevin Carters erfuhr. Heute würde ich mir nicht mehr anmaßen, über den an sich selbst gescheiterten Kollegen zu richten. Denn auch mein Tag sollte kommen, an dem ich als Journalist funktionierte – und als Mensch versagte.

João Silva, den Dritten im exklusiven Bang Bang Club, ereilte das Schicksal im Herbst 2010. Der 44-Jährige war als *embedded journalist* unterwegs mit einer Einheit der 4. US-Infanteriedivision, die in der afghanischen Provinz Kandahar Jagd auf die Taliban machte. Er trat auf eine Tellermine und trug schwerste Verletzungen davon. Das Erste, was er nach der Detonation machte: Er zündete sich eine

Zigarette an und fotografierte seine zerfetzten Beine. Silva leidet bis heute unter den Folgen der Verwundungen, weitere Einsätze in Kriegsgebieten sind unwahrscheinlich.

Greg Marinovich rührt angeblich keine Kamera mehr an. In dem selbstkritischen Rückblick, den er zusammen mit Silva geschrieben hat, bekennt er: »Wir fühlten uns wie Geier.« Das Buch wurde verfilmt – ein kitschiges *action movie*, das den Mythos des Bang Bang Club stellvertretend für alle Kriegs- und Krisenkorrespondenten zementiert: Sie haben einen der härtesten Jobs der Welt. Sie sind todesmutig. Sie enden tragisch. Dass die Realität hinter den Bildern sie bis in ihre Träume verfolgt oder dass sie im Augenschein des menschlichen Wahnsinns zu Zynikern werden, blendet der Film gänzlich aus.

Kriegsreporter sind oft der magischen Anziehungskraft erlegen, die Krieg und Gewalt ausüben, sie werden regelrecht süchtig danach. »Das ganze Schlachtfeld, ein zauberhaftes Schauspiel«, schwärmte schon Theodor Fontane über die preußischen Gemetzel. Der Krieg fördert wie kein anderes Ereignis das Böse im Menschen zutage, die blinde Aggression, die Mordlust und Vernichtungswut, den Todestrieb. Er bietet dem Augenzeugen eine existenzielle Grenzerfahrung, die Nähe des Todes wird als höchstmögliche Steigerung des Lebensgefühls empfunden, keiner hat das so wortgewaltig beschrieben wie der Kriegsanbeter Ernst Jünger in *In Stahlgewittern*.

*

William Howard Russell, Winston Churchill, Ernest Hemingway, Henri Huet, Arturo Pérez-Reverte, James Nachtwey – alle namhaften Kriegsberichterstatter haben sich in ihren Texten und Bildern Denkmäler gesetzt. Auch ihre Kolleginnen heroisieren sich gerne selbst, und das Publikum bewundert sie umso mehr, weil sie im Revier der tollkühnen Haudegen »ihren Mann stehen«. Man lese nur die chauvinistischen Depeschen einer Alice Schalek aus dem Ersten Weltkrieg; sie schrieb so enthusiasmiert über das Mordgeschehen, dass Karl Kraus ihr in seinem Theaterstück *Die letzten Tage der*

Menschheit bescheinigte, den Krieg zu verherrlichen. Auch Martha Gellhorn, eine der Lebensabschnittsbegleiterinnen von Ernest Hemingway, die über den Spanischen Bürgerkrieg und den Zweiten Weltkrieg berichtete, hat die Faszination des Todes gelegentlich mitgerissen. Heutzutage tritt Christiane Amanpour als Jeanne d'Arc des Katastrophenjournalismus auf. Oder die kapriziöse Österreicherin Antonia Rados. Oder die streitbare Giuliana Sgrena. Oder die jüngeren Kolleginnen, die genauso berühmt werden wollen; sie dramatisieren ihre flotten Reportagen mit Tiefsinnigkeiten von Brecht oder Hölderlin und werfen sich, heimgekehrt von den Schlachtfeldern, in Berliner Szenecafés in existenzialistische Pose. *Ich* habe in tausend Fratzen des Todes geblickt, und niemand wird je das Grauen nachvollziehen können. *Ich* kämpfe für die Verdammten dieser Erde. *Ich* verleihe durch meine Augenzeugenschaft den Sprachlosen eine Stimme. Und wieder ist uns eine Heroine geboren, die das ganze Leid der Welt auf ihren Schultern trägt. Wenn man selbst in Kriegsgebieten gearbeitet hat, findet man die Selbstbeweihräucherung und das humanitaristische Pathos ziemlich peinlich. »Die schreckliche Wahrheit ist, dass für diese Journalisten der Krieg nicht die Hölle ist. Er macht Spaß«, schreibt die amerikanische Drehbuchautorin und Regisseurin Nora Ephron über *war correspondents*. Sie bezog es auf die Männer in dieser Zunft. Es gilt uneingeschränkt auch für die Frauen.

Marie Colvin hat aus zahlreichen Brennpunkten zwischen Tschetschenien und Sri Lanka berichtet und wurde gefeiert als journalistische Amazone, die weder Tod noch Teufel scheut. Seit sie durch die Explosion einer Panzerfaust in nächster Nähe ihr linkes Auge verloren hatte, trug sie eine schwarze Augenklappe und genoss durch ihre martialisch wirkende Erscheinung regelrechten Kultstatus. Sie sprach des Öfteren von ihrer »moralischen Mission« – und überhöhte sich dabei gerne. »Es ging ihr ums Adrenalin«, sagt ihr letzter Lebensgefährte. Marie Colvin starb am 22. Februar 2012 in der syrischen Stadt Homs. Am Abend vorher hatte sie per Telefon Berichte an CNN, BBC und andere Sendeanstalten durchgegeben und die dramatische Lage beschrieben: Es sei der schlimmste

Konflikt, den sie je erlebt habe. Ein Konflikt, der ihr zum Verhängnis wurde. Das syrische Militär hatte offenbar über die Funksignale des Satellitentelefons ihren Standort ermittelt und bombardierte das Gebäude am nächsten Tag. Marie Colvin war zweifellos eine mutige und engagierte Journalistin, in Ost-Timor rettete sie durch ihre aufrüttelnden Berichte eineinhalbtausend Flüchtlinge vor einer tödlichen Belagerung durch die indonesische Armee. Dafür bewundere ich sie. Doch zugleich bedauere ich die Kollegin. Zwei geschiedene Ehen, keine Kinder, rastlos, einsam, Alkoholprobleme, Panikattacken, oft in Lebensgefahr, schwer verletzt, behandelt wegen posttraumatischer Belastungsstörungen – wenn ich ihr Bild mit der Augenklappe betrachte, schaut mich eine verwüstete Seele an. Eine Kriegsreporterin, die Krieg gegen sich selbst führte.

*

Im Jahre 1988, während des Bürgerkriegs in Äthiopien, begleitete ich einen Konvoi der tigrinischen Befreiungsbewegung vom Sudan hinauf ins Hochland von Abessinien; Lastwagen, vollbeladen mit Hirse, Reis und Speiseöl, um die Bevölkerung in den abgelegenen Dürregebieten vor dem Hungertod zu bewahren. Wir waren nur nachts unterwegs, kurz vor dem Morgengrauen hielt der Zug an, die Fahrzeuge wurden unter Bäume rangiert und mit Astwerk getarnt, um sie vor Angriffen der äthiopischen Luftwaffe zu schützen. Auf dem Rückweg nach Kassala, einer Grenzstadt im Sudan, machte ich in einem kleinen Gebirgsort Rast. Plötzlich waren sie da, man hat sie nicht kommen sehen: drei MiG-27, sowjetische Kampfjets, die blitzschnell aus den Bergen am Horizont stachen und in vielleicht fünfzig Meter Höhe über die Blechdächer donnerten. In den Straßen brach Panik aus, die Menschen rannten schreiend in ihre Häuser, Ziegen und Hühner stoben auseinander. Ich stand wie angewurzelt da. Das infernalische Getöse der Stahlvögel, die endlosen Schrecksekunden, die lähmende Ungewissheit – werden sie Bomben abwerfen? An diesem Tag ganz am Anfang meiner Korrespondentenzeit in Afrika hätte ich so enden können wie die Kollegin Marie Colvin. Ich hatte aber einen starken Schutzengel dabei. Das Städtchen blieb verschont, eine der üblichen Scheinattacken, um die Menschen zu terrorisieren. Die Schatten der Düsenjäger huschten über die Blechdächer und verschwanden hinter den Hügeln auf der anderen Seite des Talkessels. Es waren die Schatten des Todes.

Die Gräber sind noch nicht voll

Der Tod als Völkermörder in Ruanda

Im »Garten der Erinnerung« am Stadtrand von Kigali: 700 Tote. Unter der Kirche von Ntarama: 5000 Tote. Auf dem Friedhof von Nyamata: 20 000 Tote. In der nationalen Gedenkstätte in Gisozi: 250 000 Tote. Es ist Sonntag in Ruanda, und man muss die Fahrt zu den Massengräbern mit dem fröhlichen Eric beginnen, denn sonst würde man den Glauben an das Gute im Menschen verlieren.

Eric trägt eine zerschlissene Hose und ein Ringelhemd, dazu Flip-Flops in schrillem Neonorange. Er ist laut und lebhaft und kobolzt so ausgelassen durch die Botanik, wie das alle Jungen in seinem Alter tun. Eric wohnt in Ntarama, gleich neben der Kirche. Er hat oft gehört, dass sich hinter den Backsteinmauern grauenhafte Dinge zugetragen haben, aber was dort tatsächlich geschehen ist, weiß er nicht, und das ist auch besser so. Eric ist zehn Jahre alt. Er wurde im April 1994 geboren, während der *Itumba,* der Zeit des schweren Regens, als sein Land im Blut versank. Damals wurden in hundert Tagen 800 000 Menschen ermordet. Noch nie in der Geschichte haben so viele Menschen in so kurzer Zeit so viele Mitmenschen umgebracht. Die Weltgemeinde sah angewidert weg – sie weigerte sich, zu intervenieren. Es war ja nur einer dieser archaischen Stammeskriege in Afrika, gegen die man ohnehin nichts unternehmen kann.

Eric ist gewissermaßen ein Kind des Völkermords, und deshalb hat ihn seine Mutter Rucyamubicyika getauft, »der, der Schlimmes überstanden hat«. Dancilla Nyirabazungu, die Mutter, führt uns in die Kirche. An der Rückwand, unter einem ausgebleichten Plakat von Papst Johannes Paul II., sind Hunderte von zertrümmerten Schädeln aufgereiht. Zwischen dem Gestühl, um den Altar, unter dem Tabernakel liegen Kleiderfetzen, Sandalen, Kämme, Löffel, Rosenkränze, Blechteller – ärmliche Utensilien des afrikanischen Alltags. Dazwischen Gebeine, Knochensplitter, Zähne, Fingerglieder, Rippen, Wirbelknochen. An der sechsten Bankreihe bleibt Dancilla Nyirabazungu stehen. »Hier haben sie meinen Mann ermordet.« Nicht weit von dieser Stelle lag sie selbst, geschützt durch die Körper der Toten und Sterbenden, im Bauch den kleinen Eric. Den Ehemann, zwei Kinder und fünfzehn Verwandte hat sie verloren.

Wer in Ntarama durch Kugeln oder Handgranaten starb, dem war das Schicksal gnädig. Viele Opfer wurden mit Buschmessern geschlachtet wie Vieh, manche wurden langsam zu Tode geschunden. Ihre Peiniger schnitten ihnen die Sehnen durch, um sie an der Flucht zu hindern, und brachten sie erst am nächsten Tag um. Lustvolles Morden, im Schichtwechsel, in einem erzchristlichen Land. Wo war damals eigentlich Gott? »Er war in der Kirche«, antwortet Dancilla Nyirabazungu. »Sonst hätte ich nicht überlebt.« Zum Dank hat sie Eric einen dritten Namen gegeben: Hakizimana, »Gott, der alleinige Retter«. Tonlos, sachlich kühl erzählt die Fünfzigjährige, und wären da nicht diese Augen, man könnte meinen, ihre eigene Geschichte ließe sie völlig unberührt. Es sind Augen, in die sich der Schrecken geätzt hat, unauslöschlich. Die Mörder leben nebenan, im Dorf oder auf dem nächsten Hügel. Man grüße sich, sagt Dancilla Nyirabazungu. »Sie haben um Vergebung gebeten. Wir haben vergeben.« Es fällt schwer, ihr das zu glauben.

Es fällt noch schwerer, wenn man sich mit einem Nachbarn unterhalten hat, den die Frau im Kreise der Schlächter gesehen haben will. Ungefähr einen Kilometer Luftlinie von der Kirche entfernt, zwischen Maisäckern und Bananenhainen, finden wir seine Hütte. Der Mann ist achtundvierzig Jahre alt und hat schlohweißes Haar. Ein Hutu, verheiratet mit einer Tutsi. Seinen vollen Namen will er nicht veröffentlicht sehen, Rumfakarengane (oder so ähnlich), das müsse genügen. Wo waren Sie am 15. April 1994, als das Massaker begann, Monsieur R.? »Ich war dabei, das stimmt. Ich habe mich nicht gut verhalten.« Rumfakarengane hat zwei Morde gestanden. Er deutet hinunter zur Talsenke und erzählt, wie er einen Nachbarn, einen alten Tutsi, mit der Machete totgeschlagen hat. Es hört sich an, als rede er von einem Verkehrsdelikt. Er sei zum Töten gezwungen worden, beteuert Rumfakarengane, vom Massenmord in der Kirche habe er indes nichts gewusst. Das sagt der Assistent des Bürgermeisters von Ntarama, eine der Amtspersonen, die den Genozid auf kommunaler Ebene organisierten. Nein, er habe keine Erklärung für die Verbrechen. »In einer Gesellschaft kann alles passieren.«

Niemand hat eine Erklärung, weder die Opfer noch die Täter. Dies seien eben Phänomene animalischer Urgewalt, konserviert in Afrika, im »Herzen der Finsternis«, raunt es aus jenen Breiten, die sich für zivilisiert halten.

Aber die Finsternis ist in Ntarama nicht schwärzer als in Auschwitz, My Lai oder Srebrenica.

Die ersten Fernsehbilder vom Massenmord waren so ungeheuerlich, so unbegreiflich, dass die Außenwelt von einer »Verirrung der Natur« sprach. Französische Kommentatoren schrieben von der *maladie de tuer*, der »Krankheit des Tötens« – als wäre der Genozid wie ein Virus über Ruanda gekommen. Aber dieses Menschheitsverbrechen war nicht das Werk steinzeitlicher Chaosmächte, sondern einer modernen, gebildeten Elite, die sich aller Instrumente eines hochorganisierten Staatswesens bediente: des Militärs, der Polizei und der Milizen, des Verwaltungsapparates, der Bildungseinrichtungen, des Gesundheitssystems und der Massenmedien. Die Täter waren keine Dämonen. »Sie waren Menschen, die sich entschieden hatten, Böses zu tun«, bilanziert Alison Des Forges, die die erste große Untersuchung zum Völkermord geleitet hat. In allen Phasen ist jene mörderische Besessenheit und kaltblütige Perfektion zu erkennen, die auch die Organisatoren des Holocaust angetrieben hat. Der Geist der Täter, das Tatschema, das Ziel – es war, als seien die Nationalsozialisten im Zentrum Afrikas auferstanden. Théoneste Bagosora kam dabei die Rolle eines »schwarzen Heydrich« zu; in seinem Hause fand sich ein Terminkalender, in dem er die Grundzüge der ruandischen Endlösung entworfen hatte. Oberst Bagosora stand an der Spitze einer Clique von Offizieren, die nach der mysteriösen Ermordung von Präsident Habyarimana am 6. April 1994 die Kontrolle des Militärs und der Zivilverwaltung an sich gerissen hatten. Zahlreiche Amtsdokumente belegen, dass die Mordaufträge mit geradezu preußischem Bürokratenfleiß ausgeführt wurden. Ein Demagoge rühmte die bei Joseph Goebbels gelernten Lektionen. Sie wurden vor allem im Hetzsender Radio Milles Collines verbreitet: Rottet die Tutsi aus, ehe sie uns ausrotten! Es sind *inyenzi*, Kakerlaken! Arbeitet weiter, die Gräber sind noch nicht voll!

Die Hutu-Diktatur wollte die Minderheit der Tutsi auslöschen und zugleich die demokratische Opposition innerhalb der eigenen Volksgruppe; es starben Hunderttausende Tutsi und – was häufig unterschlagen wird – Zehntausende Hutu. Im aufgehetzten Volk, unter den verarmten, ungebildeten Bauern, fanden sich genug Helfer. Der Streit um knappes Land in einem übervölkerten Agrarstaat, Neid und nackte Gier steigerten sich zu mörderischem Hass. Tötet! Tötet! Tötet! Schrien die Präfekten, Bürgermeister und Dorfältesten, die Parteifunktionäre, Professoren und Popstars, ja sogar die katholischen Priester. Und viele Hutu, erzogen zu blinder Autoritätshörigkeit, folgten willig den Befehlen.

Ich habe alle wichtigen Studien über die Ursachen des Völkermords gelesen, und dennoch kann ich bis heute nicht begreifen, wie Menschen zu Mordmaschinen mutieren. Wie kommt es, dass ein Arzt seine Patienten im Krankenbett umbringt? Dass Lehrer ihre Schüler zerstückeln? Dass Pfarrer ihre Gläubigen mit Benzin übergießen und anzünden? Dass Familienväter Embryos aus den Leibern von Schwangeren reißen? Was ging im Physikprofessor vor, der eine Mordliste seiner Kollegen erstellt hat? Wie konnten die katholischen Nonnen Gertrude und Maria 5000 Tutsi des Klosters von Sovu verweisen und sie, wie vorher abgesprochen, in die Messer ihrer Mörder treiben?

»Das ist lange her«, sagt Gaspard Musonera, der Bürgermeister von Nyamata, »lassen Sie uns lieber über die Zukunft reden.« Sein Handy schrillt ununterbrochen. Er wimmelt die Anrufer ab und zählt die ehrgeizigen Entwicklungsprojekte in seiner Region auf: Ein internationaler Flughafen soll gebaut werden, ins Agrarbusiness und in den Tourismus will man investieren. Und natürlich soll auch der Fußballverein wieder an die alten Erfolge anknüpfen. Musonera deutet auf den funkelnden Silberpokal im Wandregal über seinem

Schreibtisch. Bugesera Sport hat ihn gewonnen. Heute heißt die Mannschaft Nyamata FC. Nicht einmal mehr der Name soll an die Grausamkeiten erinnern, die mit diesem Club in Verbindung gebracht werden.

Bugesera Sport war ein starkes Team, das sich zwei Spielzeiten lang sogar in der ersten Liga Ruandas halten konnte, eine gemischte Mannschaft, Hutu und Tutsi. Ihre Heimspiele boten die einzige vergnügliche Abwechslung in einer Welt des Mangels, und die Zuschauer vergaßen für neunzig Minuten ihre ethnischen Obsessionen. Es gab zwar des Öfteren Reibereien, aber der Ehrgeiz schweißte die Spieler zusammen. Gemeinsam feierten sie Siege und ärgerten sich über Niederlagen. Sie soffen nach den Spielen in denselben Kneipen. Sie teilten die gebratenen Ziegen, die sie von Geschäftsleuten spendiert bekamen. Und sie reichten die Groupies weiter. Im Laufe der frühen neunziger Jahre, als die Diktatur der Hutu immer offener gegen die Minderheit der Tutsi hetzte, wurde auch das Team infiziert und die Eintracht zersetzt. Man kann diese Geschichte nachlesen in dem erschütternden Buch *Zeit der Macheten*, das Jean Hatzfeld geschrieben hat, ein französischer Journalist, dessen jüdische Eltern vor den Nationalsozialisten nach Madagaskar geflohen waren. Hatzfeld hat sich lange mit Evergiste Habihirwe unterhalten, dem Star der letzten Elf. Der wollte eigentlich gar nichts mehr vom Fußball wissen, jede Erinnerung an Bugesera Sport ist eine Seelenqual. Aber irgendwann brach es aus ihm heraus. »An manchen Tagen verließen die Hutu-Spieler das Training früher, um an den Kundgebungen teilzunehmen. Wenn sie zurückkamen, bekamen wir böse was auf die Knöchel. Auf dem Platz dann verdrängte das ruppige Spiel den schönen Fußball.« Der Teamgeist schwand, die Elf spielte schwächer und schwächer. Das letzte Spiel gegen die Rivalen im sechzig Kilometer entfernten Gashora fand im Februar 1994 statt. In der Elf standen fünf Hutu, fünf Tutsi und ein »Mischling«.

Als zwei Monate später das große Morden begann, floh Habihirwe, ein Tutsi, zu seinem besten Freund Ndayisaba, einem Hutu. Ndayisaba war der linke Verteidiger von Bugesera Sport. »Als ich auf seinen Hof kam, hatte er die Machete noch in der Hand, mit der er bereits zwei Kinder in Stücke gehauen hatte.« Von Todesfurcht gepackt, versteckte sich Habihirwe in einem angrenzenden Hirsefeld. »Ich hörte, wie meine Mitspieler aus der Mannschaft um mein Haus herum Jagd auf mich machten. Es waren die, denen ich vorher die Bälle zugespielt hatte … Die Fußballspieler waren die hartnäckigsten, wenn es darum ging, andere Fußballspieler zu zersäbeln. Sie trugen die Wildheit, mit der sie dem Ball nachjagten, im Herzen.«

Ob und wo die Leichen der massakrierten Fußballer bestattet wurden, weiß niemand. Ihre Gebeine könnten ebenfalls in den Gruften der örtlichen Kirche liegen, unter den 20 000 Opfern, die ihre Schlächter nicht mehr als Menschen sahen, sondern als *inyenzi*, Kakerlaken, so wertlos wie das Exemplar, das gerade versucht, auf den glatten Fliesen der Grabkammer ans Licht zu krabbeln. Doch das Insekt rutscht immer wieder zurück ins modrige Dunkel. Man könnte sie einfach platt treten, diese Kakerlake, sich den Modergeruch der Gruft aus der Nase reiben und alles, was man in der Kirche von Nyamata gesehen hat, aus der Erinnerung löschen: die zerschmetterten Schädel, das blutgetränkte Altartuch, die Kugel in der gipsernen Madonna, die die Mörder wegen ihrer schmalen Nase als Tutsi-Göttin ansahen. Man könnte sich hinknien und einen Psalm beten, gegen das eigene Entsetzen: Herr, Du erneuerst das Angesicht der Erde.

*

Der Genozid im April und Mai 1994 wurde durch die Invasion der Tutsi-Rebellen unter der Führung des heutigen Präsidenten Paul Kagame beendet. Hunderttausende Hutu flohen aus Angst vor der Rache der Sieger hinüber ins Nachbarland Zaire, unter ihnen zahlreiche *génocidaires*, Massenmörder. Binnen zwei Wochen entstand nahe der Grenzstadt Goma ein Notlager von der Größe Münchens, eine Siedlung mit 1,2 Millionen »Einwohnern«. Ihre Stadt hatte keinen Namen, keine Infrastruktur. Sie war auf keiner Landkarte eingezeichnet. Es gab weder Straßen noch Verkehrsmittel. Kein Wasser, keinen Strom, keine Aborte, nichts. Nur Angst, Siechtum und Tod. Es war eine Frage der Zeit, wann die Cholera ausbrechen würde, diese archaische Seuche, die oft in einem Atemzug mit der Pest genannt wird.

Ich kam am 29. Juli nach Goma und übernachtete auf einem Feldbett im Militärcamp französischer Fallschirmjäger. Die Franzosen waren die wichtigsten Verbündeten der Hutu-Despotie, sie hatten Militärberater entsandt, beim Aufbau des Geheimdienstes geholfen, Waffen geliefert; die letzte Charge traf rechtzeitig vor dem Völkermord ein. Nach der Tragödie gebärdeten sich die Brandstifter als Feuerwehrleute und bildeten einen *Cordon sanitaire*, in dem die Täter über die Grenze nach Zaire (heute Demokratische Republik Kongo) entweichen konnten.

Am Abend sprach ich mit Kollegen, die aus den Flüchtlingslagern zurückkehrten. Selbst hartgesottenen Katastrophenreportern stand der Horror ins Gesicht geschrieben. Am nächsten Morgen brach ich zusammen mit dem Fotografen Rainer Unkel Richtung Katala auf, und was wir auf den nächsten fünfzig Kilometern sehen sollten, war so unwirklich und unfasslich wie die Szenen auf dem Gemälde *Triumph des Todes* von Pieter Brueghel dem Älteren, das mir in der Kindheit das Grauen einjagte. Es war der Blick in die Vorhölle, in eine apokalyptische Landschaft, in der der Tod wütet. Der Herr der Finsternis reitet auf einem fahlen Pferd, das einen Schädelkarren zieht, und seine Schergen köpfen, erstechen, erwürgen, erschlagen, ersäufen oder erhängen Abertausende von Menschen. Manche Gerippe tragen Ordenstracht, braune Skapuliere und pechschwarze Kapuzen, oder weiße Überwürfe aus Leichentüchern. Über die Berge und Täler prozessieren Totenheere, der Horizont steht in Flammen, davor ragen Galgen, Baumskelette und Wagenräder auf langen Stangen in den Himmel, in deren Speichen geräderte Menschen verrecken.

Mir ist, als führe ich in dieses Gemälde hinein, als sähe ich eine Wirklichkeit gewordene Version des *Triumph des Todes*. Zahllose Leichen säumen die Straße, manche wurden in Bastmatten oder Tücher geschlagen, manche sind nackt, weil sie offenbar keine Angehörigen mehr hatten, die sie hätten verhüllen können. An einigen Stellen hat man die frischen Leichen auf Haufen toter Körper geworfen, die seit Tagen verwesen, weil die Räumkommandos nicht mehr nach-

Goma, Juli 1994: Die sterbende Mutter und ihr Kind

kommen. Dazwischen die Moribunden, schreiende Kinder, verzweifelte Menschen, die auf den scharfkantigen Lavafeldern herumirren.

Auf halber Strecke halten wir an einem Abhang. Der Fotograf steigt aus dem Geländewagen, überquert den Straßengraben und tritt ganz nah an eine jenseits des Grabens zusammengebrochene Frau heran. Sie fleht: »Wasser! Wasser! Ich sterbe!« Der Fotograf nimmt das Letzte, was sie hat – das Bild von ihrem Tod. Auf dem Foto wird später ihr schmerzverzerrtes Gesicht zu sehen sein, das zerschlissene gelbe Kleid mit den roten Blumen, der verrotzte kleine Junge, der seinen Kopf kaum noch halten kann und sich weinend an seine Mutter lehnt. Fünf Meter neben ihr und dem Kind liegt ein nackter Mann. Er ist mit blutigem Kot beschmiert. »Mein Magen! Mein Magen!«, schreit er. Die Cholera zerfrisst ihn, auch er wird bald sterben. Der Fotograf wischt sich den kalten Schweiß von der Stirn. Er steigt aus dem Straßengraben und murmelt: »Irgendwann wird uns der liebe Gott für diesen Voyeurismus strafen.«

Kurz hinter der Ortschaft Kibumba das nächste Leichenfeld, zwei Dutzend Körper, verstreut im Busch, einige mit Macheten verstümmelt. In den leeren Augenhöhlen eines Toten krabbeln Schmeißfliegen. Ein verwaistes Mädchen kauert schluchzend daneben, niemand kümmert sich um das Kind, die Menschen ziehen gleichgültig an den Toten und Sterbenden vorbei, mit letzter Lebenskraft auf der Suche nach Wasser, Essen und Medikamenten. An einem Tümpel drängen sich Frauen mit gelben Kanistern, Fäkalien treiben auf dem braunen Wasser, im Uferschlamm stehen Rinder. »Das Wasser aus dieser Kloake wird dich töten«, warne ich eine Frau, die gerade ihren Kanister füllt. »Ich weiß, da drin ist die Cholera. Aber sag mir, was ich tun soll! Ich muss fünf Kinder durchbringen. Sollen sie alle verdursten?«

Wir erreichen die Cholera-Station bei Katala. In einem Versorgungszelt der Hilfsorganisation Ärzte ohne Grenzen hängen einhundertzwanzig Flüchtlinge an Infusionstüten mit »Hartmann's solution«, einer salzhaltigen Lösung, die das innere Austrocknen verhindern soll. Die Patienten wimmern und wehklagen und winden sich im Schmerz. Oder sie liegen ganz still und starren zur Zeltplane hoch. Manche haben verdrehte Pupillen, manche glasige Blicke. Das Flüchtlingskommissariat der Vereinten Nationen schätzt, dass im Katastrophengebiet um Goma jede Minute ein Mensch an Cholera stirbt. Einige Hochrechnungen gehen bis zu dreitausend Toten am Tag. Den Menschen draußen vor dem Zelt kann niemand mehr helfen. Sie liegen zwischen Erbrochenem, Schleimhaufen, eitrigen Auswürfen, blutigen Kotlachen. Der Unterschied zwischen Leben und Tod lässt sich nicht mehr feststellen, sodass die freiwilligen Leichenträger manchmal irren. Sie tragen scheinbar erstarrte Körper weg, die plötzlich zucken oder aufstöhnen.

Im Abschnitt Katala sind rund vierhunderttausend Flüchtlinge gestrandet. Die Gegend gleicht einem Heerlager, bis zum Horizont sieht man blaue und grüne Plastikplanen, unter denen sich die Menschen verkrochen haben. Beim Anblick der Fahnen und Schilder der humanitären Organisationen, die wie Feldzeichen in der Schlacht gegen den Tod wirken, kommen mir die aufgestelzten Wagenräder im Schreckensgemälde von Brueghel in den Sinn. Der flämische Meister hatte es 1562 gemalt, es war ein Warnbild, das die Bestrafung der sündigen Menschheit durch den Tod illustriert. Geradezu zwanghaft dieser christlichen Denkfigur folgend, übertrage ich seine Allegorie auf das Inferno in Goma. War es nicht auch ein furchtbares Gottesgericht, das den Völkermördern nun wiederfuhr, eine Form höherer Gerechtigkeit? Auge um Auge, Zahn um Zahn? Ich fühle den alttestamentarischen Rachegedanken in mir aufsteigen.

Stau auf dem Rückweg ins Lager der Franzosen, ein Lastwagen versperrt den Weg. Männer mit Atemschutzmasken und Gummihandschuhen räumen einen Leichenberg ab. Auf selbstgezimmerten Holzbahren schleppen sie die Körper zum Lkw und kippen sie über die Toten, die schon auf der Ladefläche liegen. Wir folgen dem Transporter. Er biegt links ab und erreicht nach einem Kilometer Feldweg eine Art Straßenbaustelle. Sie liegt gleich neben einer Bananenplantage, die Erde ist hier weicher als auf den Vulkanfeldern. Löffelbagger und Schubraupen reißen den Boden auf. Die Rinnen sind etwa fünfzig Meter lang, zweieinhalb Meter tief und so breit wie ein Lkw. Der Leichenlaster stößt rückwärts in einen der Gräben. Die Hydraulik wird angeschaltet, langsam stellt sich der Kipper im 45-Grad-Winkel auf. Die Ladung rutscht herunter und plumpst in die Grube. Mehlfeines Kalkpulver wirbelt auf. Als sich vorhin, bei einer anderen Entladung, die Staubwolken über die Leichname gelegt hatten, entdeckte ein französischer Offizier einen kleinen Jungen im Massengrab. Er lebte noch und wurde Angelo getauft, Engel. Der Soldat will ihn adoptieren.

Man beobachtet, notiert, fotografiert, interviewt. Man tut seinen Job. Man funktioniert bei solchen Einsätzen geradezu automatisch, als wäre man in Trance versetzt worden, in einen abgekapselten Zustand, in dem man das Grauen nicht an sich heranlässt. Das Unheimliche dabei ist, dass man die Einzelschicksale nicht mehr wahrnimmt, man sieht nur noch das Gesamtereignis, die Hekatomben der unbekannten Opfer, deren Individualität vollkommen ausgelöscht ist, als hätten sie keine Namen, keine Gesichter, keine Lebensläufe mehr. Der Tod erscheint als ultimativer Gleichmacher.

Die Anonymisierung der Opfer ist eine Abwehrfunktion, ansonsten würde der Berichterstatter nicht ertragen, was er sieht. Er muss einen dicken Panzer anlegen. Er darf sich emotional nicht berühren lassen. Er soll so distanziert bleiben wie der Chirurg gegenüber dem

Patienten auf dem Operationstisch. Diese Verhaltensregeln kann man für Belege der *déformation professionnelle* halten, aber es sind eben auch präventive Maßnahmen. Sie wirken wie der natürliche Schutzmechanismus, den der Schockzustand auslöst; es ist eine physiologische Reaktion des Körpers, die den Blutdruck stabilisiert, ein Notprogramm, das Alarmhormone ausschüttet und verhindert, dass der Schwerstverletzte den lebensbedrohlichen Grad seiner Verletzung realisiert.

Sobald aber aus der Masse ein Einzelschicksal heraustritt, zerreißt dieser schützende Schleier, und der Tod besetzt mit existenzieller Wucht unsere Vorstellungen. Dann trägt er plötzlich das rote Mäntelchen des Mädchens, von dem ein Zeuge beim Eichmann-Prozess 1961 in Jerusalem berichtete. Der Zeuge hieß Martin Földi, ein ungarischer Jude, der Auschwitz überlebt hatte. Er erzählte, wie seine Familie an der Rampe selektiert wurde und seine Frau und die beiden Kinder Richtung Gaskammer gingen. Das Mäntelchen der Tochter habe aus der Kolonne herausgeleuchtet, ein roter Fleck, der kleiner und kleiner geworden sei und sich in der Ferne aufgelöst habe. »So verschwand meine Familie aus meinem Leben.«

Die gleiche traumatische Erfahrung beim Auseinanderreißen der Familie schildert der Historiker Otto Dov Kulka, der als Zehnjähriger nach Auschwitz deportiert worden war. Das leichte Sommerkleid seiner Mutter verwandelte sich in einen winzigen Punkt, der allmählich dem Blick entschwand. Im Weggehen, »in dem verzweifelten Versuch, den Hades von Auschwitz zu verlassen«, habe sie sich nicht umgedreht. Dieser letzte Augenblick habe in ihm den archetypischen Mythos von Orpheus und Eurydike heraufbeschworen, schreibt Kulka. »Vielleicht fürchtete sie im Wahnsinn dieses Schmerzes, dass, hätte sie sich zu mir, zu meinem Vater und mir umgewandt, wir alle umgekommen wären.«

Meine Furcht vor dem Besuch in Auschwitz, die durch die Anschauungen des ruandischen Völkermords noch größer geworden war, konnte ich erst im Herbst 2010 überwinden. Ich hatte mit meinem Freund Martin ein paar Tage in Warschau verbracht, unser Rückweg nach Wien führte über Oświęcim. Es regnete in Strömen, als wir durch den Torbogen mit der Aufschrift »Arbeit macht frei« traten. Anfangs tauschten wir noch unsere Wahrnehmungen aus, doch im Laufe des Rundgangs durch die Lagerkomplexe verloren wir die Sprache. Auschwitz lässt sich nicht beschreiben, ich habe jedenfalls keine Worte, die dem Grauen angemessen wären.

Otto Dov Kulka hat diese Worte gefunden. In seinem Buch *Landschaften der Metropole des Todes. Auschwitz und die Grenzen der Erinnerung und der Vorstellungskraft* betrachtet er die Wirklichkeit des Lagers mit den Augen des staunenden Kindes. Es schaut in der einbrechenden Dunkelheit auf die Krematorien, »die still und stetig brannten«, auf die meterhohen Flammen, die aus den Schornsteinen schossen, auf den Rauch, und er beschreibt die Unentrinnbarkeit, die er als Knabe dabei empfand: Der Tod erschien ihm als »einzige Gewissheit, die die Welt regiert«, und es sei »die Ordnung des unabänderlichen Gesetzes des Großen Todes« gewesen, »eine Unabänderlichkeit … jenseits derer nichts ist«.

In stummer Fassungslosigkeit stand ich vor den Vitrinen, sah Abertausende von Brillengestellen, sah bergeweise Kinderschuhe, sah den Haufen aus Koffern, las die Adressen der Ermordeten. Als ich schließlich die Bauschen der Menschenhaare erblickte, die ich zunächst für Heu oder Stroh gehalten hatte, brach der in Ruanda eingeübte Verdrängungsmechanismus in sich zusammen. Hier war kein Einzelschicksal dokumentiert, sondern der massenhafte Tod, das industrialisierte Vernichtungswerk, im Zuge dessen die Körper der Opfer verrohstofflicht wurden. Sie lieferten Zahngold, Seife, Menschenfett, Lampenschirmhaut, Bademattenfasern.

In der rekonstruierten Gaskammer trafen wir auf eine Gruppe Jugendlicher aus Israel und machten eine Erfahrung, die viele Deutsche bei KZ-Begehungen machen: Voller Scham achteten wir darauf, nicht als *Germans* erkannt zu werden. Wie betäubt gingen wir durch das eiserne Haupttor hinaus und drehten uns nicht mehr um. Unterdessen war die Dämmerung angebrochen, es goss immer noch in Strömen. Eigentlich wollten wir in Oświęcim übernachten, doch nach einem miserablen Abendessen in der Bahnhofsgaststätte Skorpion beschlossen wir, die Stadt unverzüglich zu verlassen. Wir flohen regelrecht und fuhren, ohne anzuhalten, bis nach Brünn in Tschechien durch. Und mit uns fuhr die Botschaft Otto Dov Kulkas, die alles andere in sich trägt: »dass die Welt, nachdem die Metropole mit ihrem unabänderlichen Gesetz des Todes gewesen ist, sich nie mehr von deren Da-Sein wird befreien können«.

*

Das rote Mäntelchen in der grauen Prozession der Todgeweihten – es ist eine Figur des Todes, die in meiner Vorstellung des Unvorstellbaren herausragt. In Goma trug er ein gelbes Kleid mit roten Blumen. Wir hielten nicht an, als wir auf der Rückfahrt von Katala wieder an der Stelle vorbeifuhren, an der wir am Morgen zum ersten Mal stehen geblieben waren. Der Mann war tot, die Mutter bewegte sich nicht mehr. Das Kind kniete wimmernd neben ihr, zum Schreien hatte es keine Kraft mehr. Wir fuhren im Schritttempo vorbei, die Farben des Kleides wurden allmählich vom Dunst verschluckt, je weiter sich unser Geländewagen wegbewegte.

Als ich schlaflos auf dem Feldbett lag, überfielen mich die Zweifel an meinem Beruf, das Unbehagen, zur Meute der Weltpresse zu gehören, zu den Katastrophenreportern, die zwischen den Leichenbergen herumrennen und die globale Sensationslust stillen. Habe ich als Mensch versagt, weil ich als Journalist funktionierte? Hätte ich nicht meinen Auftrag, dieses Inferno zu beschreiben, vergessen müssen, um zu helfen? Warum habe ich den verzweifelten Jungen nicht einfach mitgenommen und zum Waisenheim von Ndosho gebracht? Das Bild dieses Kerlchens lässt mich bis heute nicht mehr los. Ich habe versucht, den Tod hinter mir zu lassen – und bin vor dem Leben davongelaufen.

Ende 1994 fuhr ich wieder nach Goma, um über das Orpheliat in Ndosho zu berichten, ein Heim für 2300 Waisenkinder, die der Völkermord und die Seuche hinterlassen hatten. In der Mitte des Zeltlagers standen drei Holzhäuser, schnell zusammengenagelte, ärmlich ausgestattete Krankenhütten. Sanitätshelfer trugen gerade fünf kleine hellblaue Plastikbündel aus der mittleren Hütte – die Toten der letzten Nacht, hingerafft von der Cholera. Ich sah auf das Heer der Kinder und dachte an den kleinen Jungen, dem ich nicht geholfen hatte. Insgeheim hoffte ich, sein Gesicht zu erkennen.

Beim nächsten Besuch begleitete mich meine Frau Antje. Wir hatten ein paar Tausend Dollar dabei, die Spenden von ZEIT-Abonnenten, die meinen Bericht über Ndosho gelesen hatten. Bei der Übergabe kam ich mir vor wie der reuige Katholik, der Ablass zahlt, um sein schlechtes Gewissen zu entlasten. Nachdem wir das Geld übergeben hatten, begleiteten uns Hunderte von singenden Kindern zum Ausgang, der kleine Junge war nicht darunter. Wir saßen über Silvester in Goma fest, da alle Rückflüge nach Nairobi aus unerfindlichen Gründen ausgefallen waren, und mussten die Nacht im Hotel du Lac verbringen, einer schäbigen Absteige mit verwanzten Betten. Wir waren die einzigen Gäste, immerhin bekamen wir ein spezielles Feuerwerk geboten: Betrunkene Soldaten ballerten auf der Veranda mit ihren Kalaschnikows in den Nachthimmel.

Am Neujahrstag, auf dem Weg zu den Massengräbern der Cholera-Opfer am Stadtrand, liefen wir einem bewaffneten Kerl in einer zerlumpten Armee-Uniform in die Arme. Die angebotene »Besuchsgebühr« war ihm zu gering. Er richtete seine Maschinenpistole auf uns. Wir verhandelten. Er drohte mit Geiselnahme. Wir verhandelten weiter. Er bellte: »J'arrête la Madame!« Ich gab ihm zehn Dollar und sagte energisch: »Genug! Schluss jetzt!« Wir drehten uns um und gingen langsam weg. Es sind die Situationen, in denen man in Afrika damit rechnen muss, erschossen zu werden. Aber in diesem Augenblick war mir das vollkommen egal.

Der globalisierte Tod
Aids und die Rückkehr der vormodernen Krankheitserfahrung

Der Sarg fiel zuerst ins Auge, als ich die kleine Fischersiedlung am Victoriasee erreichte: eine Holzkiste, zusammengenagelt aus billigen Brettern. Sie stand mitten im Dorf, im Schatten eines Mangobaums. Sonntagsstille lag über den Hütten, außer dem gleichförmigen Plätschern der Wellen, dem Gackern einer Bruthenne und dem Tschilpen ihrer Küken war nichts zu hören. Dann dieser dumpfe, unheimliche Ton. Eine überreife Frucht war auf den Holzdeckel des Sarges geplumpst. In einem kleinen Laden ein paar Schritte neben dem Mangobaum lag die Tote, umgeben von Waschpulvertüten, Speiseöl-Kanistern, Sardinendosen, Zuckersäcken und anderen Lebensmitteln. Sie war kurz vor Sonnenaufgang verschieden. Am Kopfende der Matratze kauerte der Vater und betete, neben ihm die Mutter, die Kinder, Nachbarn. Der Leichnam war spindeldürr, nur noch Haut und Knochen. Die Angehörigen hatten die Kinnlade der Verstorbenen mit einer Mullbinde hochgebunden. Ihren richtigen Namen wollten sie nicht sagen, nennen wir sie Frau Mwila. Man hatte ihren Tod seit Monaten erwartet. Sie wurde 34 Jahre alt und hinterließ vier Kinder.

Frau Mwila war die erste Aids-Tote, die ich in Afrika sah. Das Wort »Aids« gebrauchten die Menschen in dem ugandischen Fischerdörfchen noch nicht, sie sprachen aufgrund der Symptome von *slim desease*, von der Suppenkasperkrankheit. Vor dem Abstecher an den Victoriasee war ich in der Hauptstadt Kampala gewesen und hatte Marble Magezi getroffen, die Sprecherin der Gesundheitsorganisation Taso. »Dreißig Prozent der Ugander sind infiziert. In diesem Land ist fast jede Familie irgendwie betroffen«, erklärte sie. 30 % – ich kritzelte die Zahl in mein Notizbuch und machte ein großes Fragezeichen dahinter. Damals, im März 1995, gehörte ich noch zu jenen Korrespondenten, die die Statistiken für maßlos übertrieben hielten.

Meine Skepsis war ein Abwehrreflex gegen die Formel, aus der die Horrorgeschichten destilliert wurden: Aids = Afrika = Apokalypse. So einfach konnte, so katastrophal durfte es nicht sein. Die Stille und die Leere in den Dörfern, in denen nur noch Alte und Kinder lebten, schrieb ich seinerzeit ganz anderen Phänomenen zu. Der Landflucht vor allem, aber auch der Malaria. Diese Krankheit war bis dahin die schlimmste Plage der Tropen – sie kostet pro Jahr bis zu zwei Millionen Menschen das Leben.

Aber der Archivordner mit der Aufschrift »HIV/Aids« wurde dick und dicker, die Epidemie weitete sich zu einer Pandemie aus, ihre Folgen ließen sich nicht mehr verdrängen oder bagatellisieren. Noch nie in der Menschheitsgeschichte, die Hekatomben der Pestzeit und des Zweiten Weltkriegs ausgenommen, hat der Tod so flächendeckend zugeschlagen. Weltweit sind bereits fünfunddreißig Millionen Menschen an den Folgen der Immunschwäche gestorben, Mitte 2012 waren vierunddreißig Millionen infiziert. In früheren Epochen brauchten Seuchen relativ lange, um auf andere Kontinente überzuspringen und sich über die Welt auszubreiten. In der Gestalt von Aids trat erstmals ein gleichsam globalisierter Tod auf. Die HI-Viren bewegen sich um die Erde wie Düsenjets, Datenströme, Finanzflüsse, Satellitenbilder oder Migrationswellen, sie sind schnell, entgrenzt, unwägbar.

Die Anthropologen Jean und John Comaroff sprechen von der »emblematischen Pandemie unserer Zeit«.

Auf keinem anderen Erdteil sind die Folgen so verheerend wie in Afrika. Ich besuchte Kliniken, Kirchengemeinden, humanitäre Projekte und Forschungslabors; sprach mit Aids-Kranken, Prostituierten, Ärzten, Epidemiologen und Fachwissenschaftlern; begleitete Aktivisten bei ihren Aufklärungskampagnen durchs Hinterland; berichtete über Konferenzen und Gerichtsverhandlungen; interviewte Politiker, die die Ausmaße der Pandemie verharmlosten oder gar die Existenz der HI-Viren leugneten. Die Recherchen führten mich nach Nigeria, Kenia, Tansania, Äthiopien und Uganda, nach Brasilien und zur Zentrale von UNAIDS in New York, und immer wieder in die Länder des südlichen Afrika, nach Swasiland, Sambia, Südafrika,

Simbabwe oder Lesotho, wo die weltweit höchsten Ansteckungsraten registriert werden. Manchmal kam ich mir dabei vor wie ein Aids-Korrespondent.

Die Immunschwächekrankheit, das *Aquired Immune Deficiency Syndrome*, war im letzten Jahrzehnt des vorigen Jahrhunderts ein großes Thema, sämtliche Leitmedien widmeten ihm alarmistische Berichte und stimmten in einen gespenstischen Grabgesang ein. Der Schwarze Tod aus Afrika. Ein Erdteil stirbt. Afrika in Agonie. So mancher Kollege kam zu dem Schluss, demnächst werde sich wohl auch das Problem der Bevölkerungsexplosion erledigen – als wäre die Seuche durch ein biologisches Programm ausgelöst worden, mit dem sich der Planet gegen den schlimmsten Schädling, den Menschen, wehrt. Susan Sontag hat in dem brillanten Essay *AIDS and Its Metaphors* die Kriegsmetaphorik in der Aids-Debatte analysiert. Die Pandemie wird demnach wie ein militärischer Großangriff beschrieben, die Viren erscheinen als tückische Waffe, als Massenvernichtungsmittel, die Wissenschaftler und Mediziner werden zu Gesundheitskriegern in der Abwehrschlacht gegen die Invasoren.

In der Alpenfestung Bayern wurden besondere Schutzmaßnahmen gegen die virale Attacke erwogen. 1987 forderte der CSU-Scharfmacher Peter Gauweiler die Erweiterung des Bundesseuchengesetzes, um Risikopersonen Zwangstests zu unterziehen und HIV-Infizierte zu isolieren. Sittsame Bürger konnte das nicht empören. Die Krankheit traf ja immer nur die anderen, die Schwulen, Drogensüchtigen, Prostituierten, die Armen und Gescheiterten, und natürlich die Afrikaner, die die Erreger, wie man an den Stammtischen hören konnte, eingeschleppt hatten. Und trugen diese Leute durch unmoralischen Lebenswandel, abartige Sexualpraktiken und enthemmte Triebhaftigkeit nicht selbst Schuld an ihrer Malaise? Die Bevölkerung zeigte zunächst wenig Verständnis für die Erkrankten, im Gegenteil, sie wurden stigmatisiert. Der soziale Tod gehe dem physischen Tod voraus, schreibt Susan Sontag, die Betroffenen machen eine »vormoderne Krankheitserfahrung« wie in den Zeiten der Pest. Auch damals glaubte das Volk, der Tod dringe von außen ein, aus dem Osten, aus Asien; er werde durch Fremde, Heiden und Falschgläubige übertragen, insbesondere durch Juden; und die Siechen hätten ihr Los durch ihr liederliches Treiben selbst heraufbeschworen – der Schwarze Tod wurde als Gottesurteil gewertet.

So nimmt es nicht wunder, dass neben dem Krieg die Pest zur bevorzugten Metapher in den Berichten über Aids wurde – auch in meinen eigenen. »Am Ende wird es still in den Dörfern Afrikas, so still wie in Europa während der Pestzeit«, schrieb ich einmal und zitierte Petrarca: »Man hört keine Stimmen, kein Weh, keine Schmerzensrufe, kein Weinen mehr.« Der 1304 geborene italienische Dichter und Humanist schildert seine Eindrücke aus Verona, in einer Epoche der Seelenverfinsterung, in der ganz Europa vergiftet zu sein schien und die Todesfurcht zur kollektiven Grundstimmung wurde. In jenem 14. Jahrhundert, als die ersten großen Pestwellen den Kontinent heimsuchten, verbreitete sich auch die mechanische Räderuhr – die unberechenbare Pandemie und der messgenaue Regulator erinnerten den Menschen gleichermaßen an die Flüchtigkeit der Zeit und die Vergänglichkeit des Lebens.

Aus eurozentrischer Sicht schien die Aids-Seuche zunächst an einem anderen Ort in einer anderen Zeit zu wüten, ein unfassliches, ja geradezu unwirkliches Geschehen im fernen Afrika, das in einem prämodernen Entwicklungsstadium gefangen war. Und weil nach Albert Camus' *Die Pest* ein toter Mensch nur dann etwas wiegt, wenn man ihn tot gesehen hat, waren Millionen in der Geschichte verstreute Aids-Leichen »nichts als Rauch in der Einbildung«.

*

Flache, schmucklose Zweckbauten, im Garten purpurne Bougainvilleas, Astern, Gemüserabatten. An der Pforte eine Gipsfigur, die Himmelskönigin im azurblauen Mantel. »Heilige Maria, bitte für uns!« Aus einem Trakt dringt Rosenkranz-Gemurmel. Wir besuchen das Mutter-Teresa-Heim in Sambias Hauptstadt Lusaka. Schwester Vincenca öffnet die Tür zum Männerflügel. Der Tod schaut uns aus hundert Gesichtern an. Glasige, stumpfe Blicke, gekrümmte, abgemagerte Körper auf Stahlrohrliegen, schnarrender Husten, Ventilatoren, die die medikamentengeschwängerte Luft quirlen. Hier liegen Aids-Kranke im finalen Stadium ihres Leidens. »Jeden Monat kommen neunzig Neuzugänge«, sagt die Nonne, »und jeden Monat sterben bis zu fünfzig Menschen.«

Es ist beeindruckend, was die katholischen Ordensfrauen in diesem Hospiz leisten. Sie pflegen und trösten und tun alles Menschenmögliche, damit die Todkranken in Würde sterben können. Man kann von den Nonnen sehr viel über das Leben nach dem Tod lernen. Schwierig wird es, wenn wir versuchen, mit ihnen über das Leben vor dem Tod zu reden, über die Ursachen der Pandemie, über Armut, Unwissenheit und Aberglauben, über verheerende Gebräuche und Sexualpraktiken, über das Ausmaß der Vergewaltigungen und die Verantwortungslosigkeit der afrikanischen Männer. Oder über den Mangel an Präservativen, deren Gebrauch die Seuche zumindest eindämmen würde. Das sind heikle Themen, zu denen die katholischen Schwestern lieber nichts sagen. Die Mauern des Pflegeheims und die Dogmen des Vatikans schirmen sie von der Realität ab.

Aids? Eine Lustseuche! Kondome? Teufelszeug! Seid enthaltsam! Bleibt treu! Sündigt nicht! Aus solchen Geboten spricht ein zeitloser Fundamentalismus. Um ihn zu verstehen, müssen wir auf seine geistigen Wurzeln zurückgehen, auf die Lehren der frühchristlichen und scholastischen Denker, insbesondere auf den Kirchenvater Augustinus, der vermutlich mehr Einfluss auf die christlich-abendländische Weltanschauung hatte als jeder andere Theologe. Der heilige Augustinus, 354 in Numidien (heute Algerien) geboren, war von der grundsätzlichen Sündhaftigkeit des Körpers überzeugt. In seinen Augen sei die rebellische Natur der Triebe ein Sinnbild für die Verderbtheit des Menschen, für seine Auflehnung gegen Gott, die schließlich zur Vertreibung aus dem Paradies geführt habe, befindet der englische Philosoph Simon Blackburn in seinen *Betrachtungen über die Wollust*. Augustinus sah im Geschlechtsakt die Erbsünde des Menschen fortwirken. Erlaubt ist er nur im Bund der Ehe, wo er allein dem Zwecke der Fortpflanzung zu dienen hat. Der Beischlaf wird zur Sünde, sobald hinzukommt, was eigentlich seine Voraussetzung ist: das Begehren. Alle abrahamitischen Religionen teilen diese Lust- und Leibfeindlichkeit, auch im Judentum und im Islam wird die Sexualität als etwas Unreines, Tierhaftes verworfen, als nacktes, dummes Wirken der Natur, das den menschlichen Geist erniedrigt. Doch keiner drückt diesen Ekel so derb aus wie der frühchristliche Vordenker Augustinus: *Inter faeces et urinam nascimur* – Zwischen Kot und Urin sind wir geboren.

Im Hochmittelalter knüpfte der Scholastiker Thomas von Aquin nahtlos an die Tradition der Verklemmung an. Der Dominikanermönch verband den Geschlechtsverkehr mit den Attributen *immunditia* (Schmutzigkeit), *foeditas* (Abscheulichkeit), *turpitudo* (Schändlichkeit), *deformitas* (Entartung), *corruptio* (Verderbtheit). Sei gewarnt, lüsterner Mensch: Gibst du der Versuchung nach, so holen dich Tod und Teufel! Im Rausch der Lust sind wir nahe dem Tod, wir vergessen uns selbst, wir lösen uns auf und treiben willenlos im Strom Eros dahin. Die sexuelle Leidenschaft ist eine Zwillingsschwester der religiösen Ekstase, man kann das nachlesen in den Meditationen der heiligen Teresa von Ávila, einer Mystikerin des ausgehenden Mittelalters, die 1970 von Papst Paul VI. in den erlauchten Kreis der Kirchenlehrer aufgenommen wurde. Die Nonne aus Kastilien schildert den »Liebesverkehr mit Gott«. Ihre *arrobamientos*, Verzückungen, versetzen sie in einen transitorischen Zustand, während dessen sie sich einbildet, den leiblichen Tod zu erleben. Sie verwendet dabei Begriffe, die aus dem Wörterbuch der modernen Sexualkunde stammen könnten: das Vorspiel, die Hingabe, der Akt. Zunächst verspürt sie einen ungeheuerlichen Schmerz, der sich schließlich in unendlicher Süßigkeit auflöst – die Glaubenslust. Sie schaut einen Engel, einen Jüngling, der mit einem flammenden Pfeil ihr Herz bis ins Innerste durchbohrt – die Penetration. Sie fühlt im »Liebesaufflug«, wie die ewige Herrlichkeit sie überschwemmt – der Orgasmus. Eine großartige Anschauung dieser *Unio mystica* ist in der Kirche Santa Maria della Vittoria in Rom zu bewundern, Berninis Marmorskulptur *Die Ekstase der heiligen Teresa*, deren Enthüllung um das Jahr 1652 herum beim Klerus Stirnrunzeln verursacht haben soll: Die Heilige versinkt in der Sinnenglut und schaut so erregt drein wie eine Frau aus Fleisch und Blut auf dem Höhepunkt der sexuellen Wonne.

Bei meinem letzten Besuch der Gnadenkapelle zu Altötting, jenem Ort, an dem einst die Gottesmutter erschienen sein soll, erlebte ich eine abgemilderte Form dieses spirituellen Koitus. Vor dem Abbild der Schwarzen Madonna rasselte ein Pfarrer die Mittagsmesse herunter, ein fettleibiger Mann mit Gnomengesicht und Knödelbacken, der so selbstherrlich auftrat wie ein afrikanischer Fetischeur. Im Oktogon, wo die einbalsamierten Herzen von Heiligen und Hochadeligen in Silberurnen aufbewahrt werden, hatten sich die Wallfahrer versammelt, Leute vom Land, darunter zwei Althippies in wallenden Batikgewändern, Sandalen und Schafwollsocken. Links neben mir kniete eine kleine, dünne, wachsbleiche Frau, in der alle Körperlichkeit verdorrt zu sein schien. Ihr Äußeres erinnerte mich an Fräulein J., unsere Schreibmaschinenlehrerin, aber die hatte wenigstens noch einen prallen Busen, an dem wir verklemmten Schüler uns ergötzen konnten. Die Frau neben mir betete so laut und sang die Marienlieder so hingebungsvoll mit, dass es mich peinlich berührte. Sie beendete ihre Sätze mit einem leisen Stöhnen, ihre gefalteten, senkrecht erhobenen Hände ließen mich an eine Glaubenserektion denken, und während sie aufschaute zur Madonna Negra mit dem Kindlein, streichelte sie mit den Fingerkuppen über ihre welken Lippen. Ich kam mir angesichts dieser bigotten Verzückung, dieser schamlos zur Schau gestellten Inbrunst vor wie der unfreiwillige Zeuge eines pornografischen Geschehens.

Die Sublimation erotischer Energien, die Verschwisterung des Todes und der Lust, begegnet uns in vielen sakralen Fresken, Bildern und Skulpturen, zum Beispiel in den Gemälden Tizians zur Zeit der Hochrenaissance oder in den manieristischen Versuchungs- und Erlösungsszenen von Barockmalern wie Bernardo Cavallino; er malte mit voyeuristischer Detailgenauigkeit die Todesekstase der heiligen Agatha, der sadistische Peiniger beide Brüste abgeschnitten hatten. Besonders augenfällig wird die sexuelle Aufladung in den Darstellungen des heiligen Sebastian. Beim Rundgang durch die Abteilung Altitalienische Malerei im Louvre wird ersichtlich, dass kein anderer Märtyrer häufiger porträtiert wurde, und ich erinnerte mich an die seltsame Empfindung, die sich meiner bemächtigte, wenn ich sein Abbild in unserer Pfarrkirche betrachtete. Da krümmte sich ein Jüngling von gottähnlicher Schönheit über dem Seitenaltar, in seinem schneeweißen Körper steckten fünf Pfeile, er schaute mit schmachtendem Blick in den Himmel und war fast nackt, das locker um seine Hüften geschwungene Tuch drohte jeden Moment abzurutschen. Auch wenn am Ende der Tod triumphiert, so ist der Eros doch stärker als die Furcht vor ihm. Sankt Sebastian war der Schutzheilige gegen die Pest, er sei von Pfeilen durchbohrt worden wie die Menschheit von der Epidemie, schreibt Philippe Ariès. »Die Gewaltsamkeiten erregen die Zuschauer und wühlen elementare Kräfte auf, deren sexuelle Natur heutzutage offensichtlich ist.« Ich ahnte diese elementaren Kräfte, in denen sich die Lust und der Tod vereinen. Der heilige Sebastian, der Inbegriff männlicher Schönheit – im Zeitalter von Aids rufen ihn schwule Katholiken als Schutzpatron an.

*

Paracelsus lehrte, der Allmächtige habe die Syphilis auf die Menschheit herniedergeschleudert, um sie für ihre Lasterhaftigkeit und Geilheit zu strafen. Im 16. Jahrhundert war das. Fünfhundert Jahre später verkündigen christliche Eiferer immer noch die gleiche Weisheit, man muss nur das Wort »Syphilis« durch »Aids« austauschen. Beide Krankheiten werden in der Regel durch sexuelle Akte übertragen, beide liegen an der Schnittstelle der wichtigsten Machtsphären der katholischen Kirche: Fortpflanzung und Ableben, Werden und Vergehen, Geburt und Tod. Es gibt keine anderen Bereiche, in denen sie sich mehr moralische Autorität anmaßt, bis unter die Bettdecke und ins Grab hinein macht sie ihren Mitgliedern Vorschriften. Wer sie nicht befolgt, wird verstoßen und fällt der ewigen Verdammnis anheim. Der Freitod und die aktive Sterbehilfe sind schwerste Versündigungen. In der Frage der künstlichen Geburtenregelung gilt uneingeschränkt das Verhütungsverbot der Enzyklika *Humanae Vitae* von Papst Paul VI. aus dem Jahre 1968; das 1997 erschienene *Vademekum für Beichtväter* unterstreicht die Unumstößlichkeit dieser Festlegung: »Die Kirche hat stets gelehrt, dass die Empfängnisverhütung, das heißt jeder vorsätzlich unfruchtbar gemachte Akt, eine in sich sündhafte Handlung ist.

Diese Lehre ist als definitiv und unabänderlich anzusehen.« Eine dogmatische Verfügung, von greisen Kirchenmännern als gottgewollt ausgesprochen. Zu den künstlichen Kontrazeptiva, die für Katholiken tabu sind, gehört das Kondom; es ist bekanntlich das einzige Hilfsmittel, das beim sexuellen Akt den Austausch von Körperflüssigkeiten wirksam verhindern kann. Diese Regelung zielt zwar lediglich auf die Weitergabe des Lebens, wirkt sich aber zwangsläufig auf den Schutz vor tödlicher Ansteckung aus. Durch das Kondomverbot nimmt die katholische Kirche den Tod billigend in Kauf.

Wenn vor der Abfahrt aus dem Hamburger Hauptbahnhof etwas Zeit blieb, ging ich manchmal hinüber zur Kreuzigungsgruppe vor der Dreieinigkeitskirche im Stadtteil St. Georg. Das grandiose Werk eines unbekannten Meisters entstand um 1490. Besonders beeindruckend sind die hingerichteten Verbrecher zu beiden Seiten des Gottessohnes; laut den Akten des Prozesses, der ihm von Pontius Pilatus gemacht wurde, handelt es sich um Dismas und Gestas. Auf Letzteren fährt die Krallenhand des Teufels hernieder. Über dem reuigen Dismas zur Rechten Jesu schwebt ein Engel. Der Erlöser in der Mitte sieht nicht so aus, als könne er über den Tod triumphieren.

Einmal trat ich auf dem Trottoir der Dreieinigkeitskirche zufällig in einen »Denkraum«, den der Künstler Tom Fecht in Kooperation mit der Deutschen AIDS-Stiftung geschaffen hat. In jeden Pflasterstein ist ein Name eingraviert, zur Erinnerung an Bürger der Hansestadt, die an den Folgen der Immunschwäche starben. Die evangelisch-lutherische Gemeinde hält in der Kirche Aids-Gottesdienste ab und bietet Aids-Seelsorge an – sie zeigt, dass man als Christ auch ganz anders mit der Pandemie umgehen kann, einfühlsam, barmherzig, solidarisch. So, wie Jesus mit Dismas umging: Er hat dem Sünder im Angesicht des Todes vergeben.

Eigentlich hatte ich die Hoffnung längst begraben, dass auch die katholische Amtskirche dazu fähig sei. Doch dann hörte ich in Kapstadt eine Predigt, die die Hoffnung wiedererweckte. Auf der Kanzel stand ein Priester, der freimütig über das heikle Thema Aids sprach und die radikale Botschaft Jesu beim Wort nahm: »Was ihr dem geringsten meiner Brüder angetan habt, das habt ihr mir angetan.«

Stefan Hippler hieß der Seelsorger, er sollte mir eines Tages ein Wiedereintrittsformular vorlegen und mich, den abtrünnigen Sohn, zurückführen in den Schoß der römisch-katholischen Kirche. Hippler hatte HOPE Cape Town aufgebaut, eine Hilfsorganisation, die in den Slums vor den Toren der Stadt Aids-Projekte unterstützte und sich nicht um die Vorgaben aus Rom scherte – die Mitarbeiter verteilten jeden Monat Tausende von Kondomen. In der Annahme, dass sich Vernunft und Glaube versöhnen lassen, verfassten wir gemeinsam das Buch *Gott Aids Afrika*, eine Streitschrift, die eine neue Diskussion über die katholische Sexualmoral und Sündenlehre anstoßen sollte, deren Dogmen nach wie vor von den frühchristlichen Vorgaben des heiligen Augustinus bestimmt sind. Wir schickten Papst Benedikt XVI. ein Exemplar, erhielten aber nie eine Antwort. Die Amtskirche verweigerte jede Debatte. Gegen Stefan Hippler wurde inoffiziell ein Maulkorberlass verhängt, er durfte bei Androhung der Demission nicht an Lesungen oder Talkshows teilnehmen. Wie einfältig war mein Wunschdenken gewesen, der Vatikan würde sich wenigstens in einer Frage, in der es um Leben und Tod geht, bewegen! Er bewegt sich keinen Millimeter. Die Kirchenfürsten fürchten in diesen gottfernen Zeiten, dass der »Relativismus der Moderne« die Fundamente ihres Glaubens annagen könnte. Sie sind gefangen im jahrhundertealten Starrsinn und bringen nicht einmal die Demut auf, die jüngsten Verbrechen ihrer Priester und Ordensleute zu bekennen, den tausendfachen sexuellen Missbrauch von ihnen anvertrauten Kindern und Jugendlichen.

*

Der Aids-Tod hält weiterhin reiche Ernte in Afrika. Wir lesen von überfüllten Leichenhallen und endlosen Beerdigungszügen, von ausufernden Friedhöfen und Waisenkinderheeren. Das leidende Individuum verschwindet, es wird zum namenlosen Teil einer Todesmasse. Erst wenn unser Blick sich auf den Einzelmenschen richtet, wenn er wie auf den Pflastersteinen in Hamburg heraustritt aus der Anonymität, nehmen wir Anteil an seinem Schicksal. Ich habe in Kapstadt

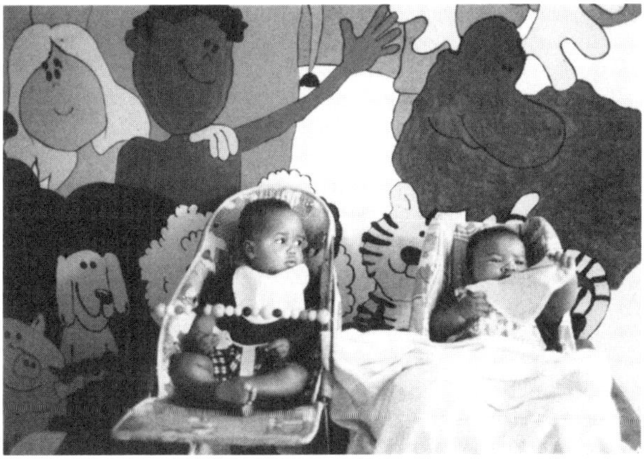

Gerettet aus dem Müll: Aids-Waisen in der Township Crossroads

mehrfach über ein Kinderheim in der Township Crossroads berichtet. Es hieß *Beautiful Gate*, »Schöne Pforte«, eine Wendung aus der Apostelgeschichte. Ehe die infizierten Kinder durch die Pforte in den Tod gingen, sollte ihnen ein bisschen Liebe und Menschenwürde zuteilwerden. Sie wurden abgeschoben oder ausgesetzt. Oder einfach auf den Müll geworfen wie verdorbenes Fleisch. In ihrer elenden Gestalt begegnet uns der *Homo sacer* des italienischen Philosophen Giorgio Agamben, der auf das nackte, billige, bedeutungslose Leben reduzierte Wegwerfmensch, der straffrei getötet werden darf. An der Stirnwand des Speisesaals hingen acht Kinderporträts, darunter die Namen: Asive, Sweetness, Siphanathi, Johannes. Lachende, vergnügte Gesichter, Momentaufnahmen aus einem kurzen Leben. Keines der Kinder wurde älter als vier Jahre. Der nächste Todeskandidat hieß Sikelela: ein Winzling, dreizehn Monate jung, vollkommen entkräftet, in der Nase ein Schlauch zur künstlichen Ernährung. Der Junge kam HIV-positiv zur Welt. Vielleicht hätte sein Leben gerettet werden können, wenn er mit antiretrovialen Medikamenten versorgt worden wäre. Aber diese teuren Arzneien aus dem wohlhabenden Teil der Welt konnte sich das Kinderheim nicht leisten. Sikelela starb am 16. März um 12.20 Uhr. Der Tod fügte den Bildern am Wandbrett ein neuntes hinzu.

Der Tod, ein Fest fürs Leben
Streifzüge im afrikanischen Ahnenreich

I am nearing my end.
I want to sleep till eternity with a smile on my face.
NELSON ROLIHLAHLA MANDELA

Alle drei Jahre suchen die Toten Sakété heim. Seid vorsichtig, sie sind unberechenbar! Sie richten üble Dinge an, und manchmal reißen sie Menschen in ihr Schattenreich hinunter. Wir haben die Warnungen im Kopf, als wir die Provinzstadt im Süden Benins erreichen. Zunächst wirkt sie ziemlich verschlafen, wie paralysiert unter der Tropensonne, aber das ändert sich auf dem Weg ins Zentrum. Dort gleicht Sakété einem Tollhaus, das von unheimlichen Invasoren besetzt wurde. Sie hocken auf Bäumen und Dächern, lauern an Hausecken, springen durch Hinterhöfe, sie jagen schreiende Kinderscharen vor sich her und knattern auf Mopeds durch die Straßen. Sie keckern, knurren und brabbeln, machen obszöne Gesten, prusten grasgrüne Brühe. Manche brüllen, als litten sie die Qualen des Fegefeuers. Wie Perchten, Buschgespenster oder Scharfrichter sehen sie aus. Ihre sackleinenen Gewänder schmücken Katzenfelle, Affenschädel, Schlangenhäute, Fetischpüppchen, blutgetränkte Federn, rostige Schlüssel, kleine Kalebassen mit Zauberelexieren. Niemand kennt sie, keiner weiß, wer sich unter den Kesselhauben verbirgt. Die Lebenden fürchten diese wilden Gestalten. Es sind *revenants,* Wiedergänger aus dem Jenseits.

Neunzehn Tage lang belagern sie die Stadt, schlechte Zeiten für die Hähne von Sakété. Der Feticheur, der den französischen Fotografen Pascal Maître und mich eingeladen hat, der Zeremonie beizuwohnen, reißt einem Gockel nach dem anderen den Kopf ab und lässt das Blut in eine Lehmkuhle tropfen. Er ist ein Priester des Vodún-

Kultes; seine Aufgabe ist es, den Untoten Opfer darzubringen, um sie zu besänftigen. Ein Dutzend Wiedergänger haben sich vor seiner Hütte versammelt; sie drehen grimmige Kreisel, rumpeln gegen die Fenster, deuten auf die Inschrift über dem Türsturz – die Strukturformel für Methylalkohol. Was hat das zu bedeuten? Der Zeremonienmeister lächelt nur sibyllinisch und macht dem nächsten Hahn der Garaus. »Ihr steht jetzt unter dem Schutz der Götter«, sagt er, »euch kann da draußen nichts mehr passieren.«

Am Rande des Vorplatzes peitschen sich junge Burschen mit Gerten wechselseitig die nackten Waden blutig – ein Ritual der Mannbarkeit, vollzogen unter den Augen der Ahnen. Plötzlich rennt ein Wiedergänger mit gesenktem Gehörn auf mich zu und fordert Tribut, bevorzugt Geld, aber auch die Armbanduhr wäre willkommen oder wenigstens ein Kugelschreiber. »Wir sind die Toten von Sakété«, ruft er in recht irdisch klingendem Französisch. »Im Jenseits ist es langweilig. Heute wollen wir *plaisir,* saufen, fressen, tanzen, Motorrad fahren, Leute schrecken!« Und hin und wieder Erdlinge verdreschen, geizige, korrupte, lasterhafte.

Die Epiphanie der Toten ist ein Akt der sozialen Kontrolle, der mitunter recht gewalttätige Auswüchse annehmen kann. Im bayerischen Voralpenland wurde vor nicht allzu langer Zeit noch ein vergleichbares Brauchtum gepflegt, das Haberfeldtreiben. Auch dabei übten maskierte Gestalten Selbstjustiz an Zeitgenossen, die gegen moralische Regeln verstoßen hatten. Überhaupt fühlte ich mich bei den animistischen Ritualen in Afrika oft an den heimatlichen Katholizismus erinnert. Das Treiben der *revenants* von Sakété kam mir wie ein tropisches Allerseelen vor, wobei jedoch die Beziehung zwischen den Lebenden und Toten genau umgekehrt war. An Allerseelen, begangen am 2. November, erhalten die Verstorbenen Beistand von den Lebenden, ihre Fürbitten sollen helfen, den im Purgatorium zwischengelagerten armen Seelen die Auffahrt in den Himmel zu erleichtern. Der Friedhofsbesuch fand schon am Vortag statt, an Allerheiligen. Auf den frisch gemachten Gräbern flackerten die Ewigen Lichter, und der Pfarrer trug blütenweißes Ornat, denn Allerheiligen ist eigentlich ein frohes Fest, ein Totengedenken im österlichen

Rückkehr aus dem Reich der Toten: Die Wiedergänger von Sakété

Auferstehungsgeist. Ich habe den Gräbergang stets als düsteres Ereignis empfunden; mich verfolgte geradezu zwanghaft der Gedanke, dass sich die Gräber auftun und die Ahnen aus ihren Erdlöchern heraussteigen könnten. Ich malte mir aus, wie sich ihre zerzausten Seelen auf den kahlen Bäumen neben den Nebelkrähen niederlassen. Zum Glück ist dieses Mysterium nie eingetreten.

In Sakété fühlte ich mich wie beim Gräbergang. Die kindliche Vorstellung, dass die Toten unter uns sind, war zurückgekehrt. So erging es mir oftmals bei religiösen und spirituellen Ritualen in Afrika, wo die meisten Völker ihre Ahnen verehren. Man hat sich die Vorfahren nicht als tote Seelen vorzustellen, sondern als wirkmächtige, real existierende Wesen, die die Welt zwischen Diesseits und Jenseits bevölkern und von dort aus in den Alltag der Lebenden hineinregieren. Sie hüten die soziale Ordnung, das überlieferte Recht, den Anstand und die Sitten, sie helfen den Hinterbliebenen oder strafen sie. Man muss sich gut mit ihnen stellen, muss sie anbeten, beschwichtigen und versorgen, indem man ihnen auf den Asen, den Altären, Speise- und Trankopfer darbringt. »Die Ahnen sind die Garanten des Lebens«, erklärt der protestantische Missionswissenschaftler Johannes Triebel. »Nur über sie partizipiert die Gemeinschaft am Lebensstrom … wer die Beziehung zu den Ahnen vernachlässigt, gefährdet das Leben der Gemeinschaft.« Ich habe häufig beobachtet, dass Afrikaner vor dem Genuss von Palmwein oder Hirsebier einen Mundvoll auf die Erde schütten – es ist der Schluck für die Ahnen. Weil sie den Lebenden viel näher stehen als etwa einem europäischen Christen, ist die Ehrfurcht vor ihnen viel größer. In Afrika fürchtet man die Toten mehr als den Tod. Ein Gedicht des Senegalesen Birago Diop, »Le Souffle des Ancêtres«, drückt ihre Mächtigkeit aus.

Erlausche nur geschwind
Die Wesen in den Dingen
Hör sie im Feuer singen
Hör sie im Wasser mahnen
Und lausche in den Wind:
Der Seufzer im Gebüsch
Das ist der Hauch der Ahnen.

Im traditionellen Ahnenkult markiert der Tod nicht das Ende des Lebens, sondern den Beginn eines neuen Daseins, in dem die Verstorbenen oft mehr Macht ausüben als zu ihren Lebzeiten. Totenfeiern sind opulente Feste, zu denen die erweiterte Familie, zahlreiche Clanmitglieder, Arbeitskollegen, Freunde und Nachbarn erscheinen. Die Trauergemeinde feiert tagelang, trinkt Unmengen von selbstgebrauten Rauschgetränken, verzehrt Ochsen, Ziegen, Hühner. Die Prozessionen mit dem Sarg, begleitet von Musikkapellen oder Lautsprecherwagen, muten wie ausgelassene Happenings an. Die Hinterbliebenen lassen sich solche Veranstaltungen viel Geld kosten, sie sollen ihren sozialen Status repräsentieren und das Ansehen der Familie mehren. Was würden denn die Leute denken, wenn man sich nur einen billigen Sarg und eine windige Zeremonie leisten könnte? Ein Schande wäre das, die vor allem einer nicht verzeihen würde: der Tote. Man sorgt vor und zahlt lebenslang in die Kasse eines Beerdigungsvereins ein, um ein möglichst prunkvolles Finale finanzieren zu können. Dennoch stürzen die enormen Begräbniskosten viele Familien in den Ruin.

Wer sich in Ghana von Paa Joe einen Sarg zimmern lässt, muss bis zu achthundert Dollar hinblättern – das ist mehr als ein durchschnittliches Jahreseinkommen. Paa gehört zu den berühmten Sargmachern, die in den Fischervororten der Hauptstadt Accra angesiedelt sind. Sie nageln nicht etwa gewöhnliche Holzkisten zusammen, sondern stellen Designermodelle her, knallbunte und ebenso luxuriöse wie kuriose Särge, die je nach Erwerbstätigkeit oder persönlicher Vorliebe angefertigt werden, maßgeschreinert sozusagen. Als ich vor Jahren in Paas Werkstatt vorbeischaute, hatte er eine abenteuerliche Kollektion im Angebot: einen Truck für den Lastwagenfahrer, ein Huhn für die Bäuerin, eine Spritze für den Herrn Doktor, eine Kakaoschote für den Pflanzer, einen Sportschuh für den Fußballer, eine Bierflasche für Trinkfreudige. Er bot mir auch gleich eine standesgemäße Ausführung an, einen Sarg in der Gestalt eines Füllfederhalters, »nur siebenhundert Dollar, extra für den Journalisten«. Ich könne schon mal eine Anzahlung leisten, die Ware werde im Bedarfsfall auch nach Übersee geliefert. Ich lehnte mit dem Hinweis, noch ein paar eckige Runden drehen zu wollen, dankend ab.

Die figürlichen Särge wurden in Kunstausstellungen in Europa und Amerika gezeigt. Sie bezaubern uns nicht nur wegen ihrer ästhetischen Qualität, sondern weil sie mit dem Tod eine andere Botschaft verknüpfen: Er erscheint nicht als totale Katastrophe, als tragisches Ende oder fürchterliche Kapitulation, sondern als unvermeidliche Endstation auf der Lebensbahn. Der Kunstsarg ist eine heitere, ja geradezu humoreske Ausschmückung des Abschieds, er leuchtet heraus aus einer betrüblichen Veranstaltung, die in afrikanischen Kulturen als Fest inszeniert wird. Die Ghanaer nennen Beerdigungen »schwarze Hochzeiten«, bei denen der ewige Bund mit den Ahnen geschlossen wird. Sie zählen zu den wichtigen sozialen Ereignissen, man trifft sich und pflegt den Geist der Gemeinschaft, man betet, tanzt und singt, man zeigt seine prächtigsten Kleider, geht auf Brautschau, tauscht Anekdoten über den Toten aus, man schließt nebenbei Geschäfte ab, betrinkt sich und feiert das Leben.

Im vormodernen Europa soll es auch einmal so gewesen sein, man kann das in Ariès' *Geschichte des Todes* nachlesen. Bis zum Ende des 19. Jahrhunderts waren der Tod und die mit ihm verbundenen Rituale öffentliche Ereignisse; wenn zum Beispiel der Priester das Viatikum zum Sterbenden trug, folgten ihm wildfremde Leute von der Straße. Der Friedhof war nicht nur letzte Ruhestätte, sondern öffentlicher Raum, er wurde genutzt als Marktplatz, politisches Forum, Gerichtsstätte, Versammlungsort und Promenade. Heutzutage ist der Tod reine Privatsache, befindet Ariès, er sei in unserer technizistischen Zivilisation aus dem Alltagsleben verbannt und medikalisiert, also von der Medizin vereinnahmt worden. Der Historiker spricht vom »gezähmten Tod«, der im Verborgenen stattfinde, in Krankenzimmern und auf Intensivstationen, in Hospizen und Altersheimen, wo heutzutage achtzig Prozent der Menschen sterben. Wenn ich in Deutschland eine dieser kalten, betongrauen Institutionen sehe, denke ich an das wunderliche Spektakel, das den Tod in Afrika begleitet.

*

Es dunkelt bereits, als wir Sanga erreichen. Sanga liegt im Land der Dogon, im Süden Malis. Es thront wie ein Adlerhorst auf dem Hochplateau, das durch die Felsenkette von Bandiagara begrenzt wird. Auf der Suche nach einer Unterkunft hören wir merkwürdigen Lärm: Schüsse, blechernes Scheppern, Klagegesang, unterbrochen von kriegerisch anmutendem Gejohle. Was ist da los? Ein Totenspiel, beruhigt uns ein Bauer, der gerade von den Zwiebelfeldern heimkehrt.

Im Schein von Strohfackeln strömen Menschen aus nah und fern herbei. Wir sehen tanzende Schatten, die dunkle Silhouette eines Vorsingers, der auf dem Flachdach einer Hütte steht. Alte Frauen schippen mit Kürbisschalen Sand über ihre Schultern – die Hirse, die der Verstorbene geerntet hat. Angehörige schwenken Kalebassen – die Gefäße, aus denen er getrunken hat. Männer stürmen mit Speeren auf sein Haus zu, führen Scheinkämpfe auf, feuern aus rostigen Flinten. Die Schüsse sind die Tränen der Toten, sagt der Volksmund. Und das ekstatische Ringen zeichnet ihren Schicksalsweg nach. Eine furiose Zeremonie, seltsam frohsinnig anmutend. Das

Gebrause geht Stunde um Stunde, wird lauter, verstummt, hebt wieder an, ebbt allmählich ab und verliert sich nach dem letzten Crescendo in der Stille der Nacht.

Ich liege längst unter freiem Himmel auf dem Dach unserer Herberge und sinke, begleitet von der fernen Kakophonie aus Trommeln, Rasseln, Trillerpfeifen und Gesängen, in tiefen, traumlosen Schlaf.

Anderntags steigen wir hinunter ins Dorf Tireli am Fuße des Felssturzes. Auch dort ist vor ein paar Tagen ein Mann gestorben, und heute soll die *dama* beginnen, der Tanz der Masken, der seine Seele in die Welt der Ahnen befördert. Männer, Frauen und Kinder, exakt nach Sektoren und Himmelsrichtungen getrennt, drängeln um den ovalen Platz in der Dorfmitte. Auf Felsnasen stehen Rufer, die die Masken herbeibitten. Sie schweben aus dem Labyrinth der Lehmhäuser: Affengesicht, Stierschädel, Gazellenkopf, vieläugige Fratzen, die Krankheitsmaske mit dem enormen Kropf, Echsenmasken, dem Lothringer Kreuz ähnlich. Sie sammeln sich auf dem Platz, hüpfen, kreiseln, fetzen herum wie entsprungene Fohlen. Mittendrin eine fünf Meter hohe, schmale Planke: *sirige*, die Schlangenmaske. Die Masken werden getragen von barfüßigen Männern in rosafarbenen Baströcken und strohgelben Armquasten – es sind die Faserkleider der Termite und der Ameise, der beiden Frauen des Gottes Amma. Stelzengänger mit Irokesenschopf, ledernen Spitzbrüsten und schwerem Schneckengepränge staksen aus dem Hintergrund. Schwirrhölzer singen, Trommeln dröhnen. Die Masken ringen, drohen, tanzen, leichtfüßig, scheinbar improvisierend, dann wieder figural, mechanisch wie ein Uhrenspiel. Am Ende neigt sich die Schlangenmaske in akrobatischem Pendelschwung auf die Totentücher nieder. Sie nimmt *nyama* auf, die Seele des Verstorbenen, jene Urkraft, die die gesamte Schöpfung durchpulst, Menschen, Tiere und Pflanzen, selbst die Steine. Wird diese Energie nach dem Tod nicht gebunden, irrt sie über die Dörfer und richtet Unheil an.

Als wir am Spätnachmittag wieder über die Felsen hinaufsteigen, gießt die Abendsonne honiggelbes Licht über Tireli, und die jungen Triebe der Baobabbäume leuchten wie Smaragde. Unter uns singt und tanzt das ganze Dorf. Sogar die Zipfeldächer der Kornspeicher scheinen sich im Rhythmus zu wiegen. Man würde nie auf die Idee kommen, dass dort unten einem Toten das letzte Geleit gegeben wird.

Der Tanz der Masken, vielfach gedeutet, nie wirklich verstanden. Der französische Ethnologe Marcel Griaule hat sich schon in den dreißiger Jahren daran abgearbeitet, vergeblich, und später bekamen die Ethnopsychologen von den Dogon zu hören, dass die Weißen viel zu viel denken würden, um ihre Kosmogonie zu begreifen. Das Todesritual bleibt ein Rätsel, in dem sich die Alltagswelt und das Reich der Geister verschwistern. Wie lange wird es diese Tradition noch geben? Der aggressive Islam, das bekehrungswütige Christentum und der Tourismus nagen an der animistischen Kultur der Dogon. Vermutlich wird der Maskentanz schon bald zu einer folkloristischen Show verkommen, und die neuen Götter werden Sanga erobern: BMW, Nike, Apple, Facebook.

*

In meinen dreißig Jahren in Afrika ist mir der Tod in vielerlei Erscheinungsformen begegnet, zumeist war er schrecklich anzuschauen und oft so grausam und gnadenlos, dass man den Glauben an die Menschlichkeit verlieren könnte – wenn es nicht die anderen Bilder des Todes gegeben hätte, die Gegenbilder aus Sakété, Sanga, Tireli und all den Orten, in denen im Tod eine unsterbliche Lebenslust aufschien. Den Höhepunkt dieser tröstlichen Erfahrung sollte mir ein Ereignis in Ghana im Jahre 1999 schenken.

Die Botschaft braucht keine Zeitung, kein Radio, kein Telefon. Sie fährt auf Buschtaxis und Eselskarren, sie fliegt durch die Dörfer und Märkte, sie eilt über die Waldhügel, hinaus auf die Savanne, in die staubigen Ebenen Nordghanas. Sie erreicht uns fünfhundert Kilometer vor Kumasi, als wir gerade die Grenze aus Togo überqueren: Der Asantehene ist tot.

Kumasi, in normalen Tagen ein hektisches Handelszentrum im Herzen Ghanas, ist nicht wiederzuerkennen. Viele Läden sind geschlossen, in den Werkstätten ruhen die Hämmer. Das Gelächter in den Kneipen und das Gefeilsche auf dem Markt wirken gedämpft. Die Straßen sind blitzblank, kein Müll, nirgendwo. Kumasi trauert um Otumfuo Opoku Ware II., den König der Asanti. Aus allen Winden ziehen endlose Prozessionen hinauf zum Palasthügel. Die Menschen tragen Togas aus feingewobenem Kente-Stoff, anthrazitschwarze oder dunkelviolett gefärbte Tücher, dazu rote Stirnbinden. Über ihren Häuptern schweben Trommeln, bauchig wie Bierfässer, dazu breite scharlachrote Schirme und Seidenbaldachine. Die dunklen Ströme münden in das Menschenmeer vor dem Manhyia-Palast, in dem der Asantehene aufgebahrt ist.

Die Fürsten thronen unter den Sonnenschirmen, schöne, stolze, ernste Gesichter, umlagert von schwarzbehelmten Clanführern und Notabeln in hufeisenförmigen Trauben, wie Bienenschwärme, die sich um ihre Königin schließen. An der linken Flanke die Trommler und Hornbläser. Rechts die Träger der Zepter mit den vergoldeten Symbolen der jeweiligen Gemeinschaft, Panther, Widder, Ananasfrüchte, Drillingsköpfe. In der Mitte die Wächter, alte Vorderlader abfeuernd oder mit ihren Säbeln rasselnd.

Die Freifläche vor dem Palast ist unterdessen so voll, dass kein Durchkommen mehr ist. Dreihunderttausend Menschen, in einer Nacht und einem Tag herbeigeströmt, ein Querschnitt der Völker Ghanas: Mole-Dagomba aus dem Norden, Ga von der Küste, Gondja, Ewe. Und sämtliche Ethnien der Akan, deren größte die Asanti bilden. Es ist ihr Herrscher, der zu den Ahnen geht. Hauteng drängen sie sich auf dem Platz, Körper an Körper, zur Einheit verschmolzen, gebändigtes Chaos, ein herrliches, ein furchterregendes Panorama von Masse und Macht.

Fünf Jahre vor dem Tod des Königs durfte ich einer Versammlung seines Hohen Rates beiwohnen und ein paar Höflichkeitsfloskeln mit ihm austauschen. Otumfuo Opoku Ware II. befand sich damals im Zenit seiner Macht. Er repräsentierte eine intakte altafrikanische Demokratie, die die Stürme der Modernisierung überdauert hat. Die Herrschaft des Asantehene wurzelt in einer feinverästelten Hierarchie von Paramount-Chiefs, Häuptlingen und Obmännern, sie wird aber durch *Asantemanhyiamu,* das Konzil der Ältesten, kontrol-

Der König der Asanti ist tot: Massengeleit ins Dorf der Ahnen

liert und in einem matrilinearen Auswahlverfahren von der Asantehemaa, der Königinmutter, bestimmt. Alle Untertanen sind in das strikte Militärwesen eingebunden, ein jeder befolgt das überlieferte Gewohnheitsrecht; es bricht im Zweifel sogar staatliches Gesetz. Auf großen Freuden- oder Trauerfesten werden die Bande zwischen Distrikten, Dörfern, Clans und Individuen gestärkt.

Ein scharfes Zischen über meinem Kopf. Ich drehe mich um – und werde schlagartig von einem kalten Schauer ergriffen. Da wächst ein pechschwarzer Hüne mit einer noch schwärzeren Perücke aus dem Boden. Er springt fuchsteufelswild herum, fuchtelt mit einem Säbel, rollt mit den Augen, klemmt die Waffe zwischen die Zähne, lässt sie krachend in die Scheide fahren. Ich muss dagestanden haben wie der kleine weiße Bub vor dem großen schwarzen Mann. Eine Hand fasst mich an der Schulter. »Sie sollten nicht seinen Weg kreuzen. Er ist einer der Abrafoo«, erklärt eine zierliche Frau. »Das sind die Erzwinger des Gesetzes. Sie köpfen in den Trauernächten junge Männer aus der königlichen Sippe. Der Asantehene soll nicht allein ins Dorf der Ahnen heimkehren.«

Die Frau heißt Nana Yaa Ofori-Atta, ist eine Adelige und kennt die Überlieferung ziemlich genau. Das Wissen um die Menschenopfer in früheren Zeiten – man spricht von bis zu dreitausend, die ihrem

König in den Tod folgen mussten – erfüllt die Asanti mit abgründiger Furcht. Auch Nana Yaa ist sich nicht ganz sicher: »Dieser Kult wurde vor vielen Jahren verboten, aber man weiß nie …« Der Abrafoo, eine afrikanische Gestalt des Todes, ein schwarzer Sensenmann.

Wir trinken lauwarmes Wasser, das in Plastiktüten verkauft wird, und Nana Yaa entziffert die Zeichen um uns herum. Die geflochtenen Halskränze aus Immergrün, getragen von den Blutsverwandten des Königs. Die Helme der Chiefs, verbrämt mit grazilen Flinten, Musketen, Säbeln, Sinnbilder der Kampf- und Feuerkraft. Die Schwertknäufe, Schirmspitzen, Pulverhörner und Talismane, blitzendes Gold, Ursprung allen Reichtums. Hinter jedem Würdenträger steht ein Gehilfe. Er richtet den Umhang, stützt seine Arme, trocknet den Schweiß, weist ihn herum. Unsichtbar müssen die Leibdiener, Schirmträger, Luftfächler und Lobsänger wirken, sie sind Werkzeuge ihres Gebieters, die keinen Schatten werfen. Manchmal erheben sich die Chiefs, tanzen kryptische Figuren, setzen sich wieder auf kleine Schemel, Nachbildungen der *sikwada*, des goldenen Urstuhls, der einst vom Himmel fiel. Dieses geheiligte Sitzmöbel symbolisiert die Unbezwingbarkeit der Monarchie und den Geist, der die Nation der Asanti eint. 1874 warfen die Briten ihren Aufstand nieder, eroberten Kumasi und schleiften den Königspalast. *Sikwada* aber, ihren Gral, haben sie nie berührt. »Unsere Vorfahren foppten sie mit einer billigen Replik«, erzählt Nana Yaa.

Die Menschenschlange ist unterdessen auf viele Kilometer angewachsen. Sie windet sich die Palasttreppen hoch, durch den Portikus, vorbei an der Bahre. Der Asantehene in ewiger Ruhe, übersprüht mit Goldstaub, auf Samt und Seide gebettet. Es ist verboten, stehen zu bleiben und in das bleiche Antlitz zu starren. Ich verneige mich unter dem beifälligen Nicken der Wächter. Ein weißer Mann erweist ihrem König die letzte Ehre. Wie benommen trete ich aus dem Palast ins Freie und schaue über das wogende Menschenmeer. Die Totenfeier in Kumasi – ein rauschendes Fest fürs Leben.

*

So war es auch in Südafrika, als Nelson Mandela heimging. Er starb im Alter von 95 Jahren am 5. Dezember 2013, kurz vor 9 Uhr abends. Am nächsten Morgen versank das ganze Land in Trauer. Fünfzig Millionen Südafrikaner, schwarze, weiße und farbige, fühlten sich noch einmal im Verlustschmerz vereint – und gleichzeitig sangen und tanzten und feierten sie. Es war eine kollektive Euphorie, wie sie die Kap-Republik seit dem Untergang der Apartheid nicht mehr erlebt hatte. »Madiba gibt uns zum Abschied dieses wunderbare Gefühl der Regenbogennation zurück«, sagte eine junge schwarze Frau, die ich an der Ecke 14th Avenue/4th Street traf, zwischen den Blumenbergen vor Mandelas Villa im Johannesburger Stadtteil Houghton. »Heute zählen die Hautfarbe, die Herkunft und das Geschlecht nicht mehr. Heute sind wir alle Südafrikaner!«

Mandelas Leiche wurde aufgebahrt vor den Union Buildings, dem pompösen Bau der südafrikanischen Regierung, den einst die britischen Kolonialherren hoch über der Hauptstadt Pretoria errichtet hatten. Das Amphitheater, der Wandelgang mit den ionischen Kapitellen, die Statuen griechischer Titanen – steinerne Symbole ihres Imperiums. Und mittendrin die sterblichen Überreste des Mannes, der die weiße Herrschaft in Afrika beendet hat. Dies ist der historische Schauplatz, an dem Nelson Mandela im Mai 1994 als erster schwarzer Präsident Südafrikas inauguriert wurde. Irgendwann danach sind die Uhren an den beiden Glockentürmen des Gebäudes stehen geblieben, um 1.17 Uhr die rechte, um 2.44 Uhr die linke. Es war gleichsam der Beginn einer neuen afrikanischen Zeitrechnung.

Nelson Rohihlahla Mandela hat das Wunder vollbracht, sein hasszerfressenes Land gewaltfrei von der Apartheid in die Demokratie zu führen und den Rassenwahn zu überwinden. Er war für die Südafrikaner, was Simón Bolívar für die Lateinamerikaner, Mahatma Gandhi für die Inder oder Martin Luther King für die Afroamerikaner war: ein Freiheitskämpfer, der wie eine Lichtgestalt aus der Finsternis kam. Sein Charisma strahlte weit über Afrika hinaus; er löste die größte Menschenrechtsbewegung aller Zeiten aus, die globale Kampagne gegen die Apartheid. Mandela war eine Projektionsfigur, in der die Menschheit ihre universellen Ideale erkannte, die Gleichheit aller Menschen, die Utopie von der Weltfamilie. Er wurde als archetypische Heldengestalt wahrgenommen, die das Böse bezwingt. Anthony Sampson, einer seiner Biografen, hat ihn einmal mit Odysseus verglichen: Mandela verkörpere den »universalen Mythos vom Triumph des menschlichen Willens«. In den Tagen der geradezu rauschhaften Trauer war es, als hätte er auch über den Tod triumphiert.

Nahezu hunderttausend Bürger defilierten am Sarg vorbei, viele weinten, manche brachen zusammen. Ich gehörte zu einer der ersten Gruppen, die von Mandela Abschied nehmen durften. Er ruhte in einem zur Hälfte offenen Glassarg auf einem marmornen Katafalk. Sein Antlitz wirkte wächsern, die Gesichtszüge seltsam ausdruckslos; die Haut war unnatürlich geglättet und aufgehellt, das Lächeln seinen Lippen entwichen. Ich verharrte einen Augenblick und flüsterte »Hamba kahle, Madiba!« – Adieu, großer, alter Mann. Dann ging ich wie in Trance weiter. Und konnte meine Tränen nicht mehr zurückhalten.

Ich bin Mandela mehrmals persönlich begegnet, bei Wahlkampfauftritten, im Parlament, am Rande von Parteikongressen; ich hatte das große Glück, ihn in Genadendal, seinem Amtssitz in Kapstadt, interviewen zu dürfen. Gestalt und Gangart. Minenspiel, Gestik und Redensweise. Das Silberhaar. Die Augen. Die Falten und Fäuste. Der feste Druck seiner Maurerhand. Das heitere, gütige, weise Lächeln – jedes Mal erlag ich der Strahlkraft dieses Mannes, und ich kenne niemanden, dem es nicht genau so ergangen wäre. Man sprach von *Madiba Magic*, von seinem unwiderstehlichen Zauber.

Aber die allerletzte Anschauung, die wir von einem Menschen im Gedächtnis behalten, ist oft die stärkste. Sie ist so stark, dass sie alle früheren Lebensbilder überlagert. Ich hätte mir gewünscht, die Leiche Nelson Mandelas nicht mehr gesehen zu haben – ihr Anblick hat ein unauslöschliches Bild des Todes hinterlassen.

Der Schnitter im Weizen
Abschied vom Vater

Jeder stirbt, so gut er kann.
STENDHAL

»Pa sieht aus wie der Tod«, sagte meine Bruder Urban am Telefon, »jetzt wird's allerhöchste Zeit, dass du kommst.«

Ich nahm den nächstmöglichen Flug von Johannesburg nach München, und keine vierundzwanzig Stunden später raste ich in einem Leihwagen auf der B12 hinunter nach Altötting. Nur keine Zeit verlieren, rechtzeitig ankommen, ehe der Vater stirbt.

Es war ein heißer Julitag, über dreißig Grad Celsius, das Land lag wie betäubt unter der Sonne. Gemähte Wiesen flogen vorbei, staubtrockene Fluren, Bauminseln, in deren Schatten Kühe reglos wie Statuen standen. Über den Getreidefeldern flimmerte die Hitze. Manchmal stieg die Staubfahne eines Mähdreschers in den glasklaren Himmel. Die ausgedorrte Landschaft, der gnadenlose Sonnenglast, sie lösten eine seltsame Erinnerung in mir aus, unheimlich, befremdlich und doch vertraut, ein Anflug von Melancholie. Ich wusste nicht, woher sie kam.

Das Kreiskrankenhaus, ein trostloser Betonbunker aus den wohlstandsverwahrlosten siebziger Jahren. Schwester Rosa öffnet die Tür zum Zimmer 2.1.28. Da liegt er, der Vater, geschrumpft zu einem dürren Männlein, kalkbleiches, spitzes Gesicht, hohle Wangen, die Augen tief in den Höhlen versunken, das Silberhaar zerzaust. Urban hatte recht: Er sieht tatsächlich wie der Tod aus. Oder so, wie ich mir die auf ihn zugeschnittene Erscheinung des Todes vorgestellt habe. Seine Hände mit den abgekauten Fingernägeln wirken im Vergleich zum zerknitterten Körper riesig. Sie ruhen auf der Bettdecke, darunter tobt das Magengeschwür.

»Was machst denn du hier? Ich hab gedacht, du bist in Afrika«, sagt er zur Begrüßung. »Meinst denn du, dass ich schon sterbe?« Seine Stimme rasselt, sie klingt fremd, als spräche ein anderer aus ihm. Ich lege ein Blumenbukett auf den blechernen Nachtschrank. »Die kenne ich. Königsproteen. Sie wachsen nur am Kap.« Die Familie hat sich am Bett versammelt, die Schwester trocknet den Schweiß auf seiner Stirn, der Bruder flößt ihm mit einer Schnabeltasse aufgewärmtes Bier ein, die Mutter sitzt stumm am Kopfende. »Hast du die Kakteen gegossen?«, fragt er sie.

Die Ärzte haben die Bauchdecke gleich wieder zugenäht, Krebs im Endstadium, alles voller Metastasen. Ein aussichtsloser Fall. Pa will es nicht wahrhaben. »Ich überlebe euch noch alle«, schnarrt er. Das Ende ist nah, er spürt es. Er weiß auch, dass er sich selbst nicht mehr täuschen kann.

Pa erzählt aus seiner Kindheit, das hat er nur alle heiligen Zeiten getan. Sommerferien unter dem Wendelstein in Brannenburg. Bubenstreiche am Waldteich, wo der böse Morakl gründelt. Der stolze Hitlerjunge, der in der ersten Reihe vor dem Führer strammsteht. »Keine zwei Meter weg!« Ein matter Glanz legt sich über seine Augen, als er über den Wald redet, über sein Refugium, das er mit geradezu naturreligiöser Hingabe gehegt und gepflegt hat: ein Gehölz mit ungewöhnlicher Artenvielfalt, die Waldbauernvereinigung kam regelmäßig zu Begehungen, einmal führte er sogar eine Abordnung chinesischer Botaniker herum. »Es war meine Kirche«, schwärmt Pa – und erschrickt, als er merkt, dass er in der Vergangenheitsform spricht. Sogleich klammert er sich an eine illusorische Hoffnung: »Das ist mir wurscht, wie sie das nennen, Krebs oder Tumor.« Vielleicht irren die Ärzte? Vielleicht erhebt er sich schon bald wie Lazarus vom Krankenlager? Vielleicht streift er im Herbst wieder durch seinen Forst, um die geliebten Schwammerl zu suchen? Köstliche Anischampignons, Reizker mit orangefarbener Milch, zarte Scheidenstreiflinge, Riesenschirmlinge, Krause Glucken. Die Könige im Pilzreich erwähnt er mit den lateinischen Namen: *Lactarius volemus*, den Milchbrätling, und *Boletus edulis*, den Herren- oder Steinpilz. Er will sich aufsetzen, aber er ist zu schwach und sinkt auf das Kissen zurück.

Natur als Religionsersatz:
Vater Bartholomäus in seiner »Waldkirche«

Seine Kraft reicht nur noch zu einem dünnlippigen Bekenntnis. »Es tut mir leid, dass ich dich nicht so bevorzugt habe wie die anderen.« Ein klassischer Satz aus seinem Munde. Niemals hätte er zugeben können, dass er mich, seinen Erstgeborenen, lange Zeit abgelehnt hat. Ich kam in den verklemmten fünfziger Jahren als uneheliches Kind zur Welt, als Kind der Schande, und ich war der Grund für eine von den Großvätern erzwungene Heirat, um die »g'schlamperten Verhältnisse« zu beenden. »Dass ich dich nicht so bevorzugt habe« – die Worte hallen bis heute vom Sterbelager nach.

Das letzte Gespräch mit dem Vater dauert zwanzig Minuten.

Als wir am nächsten Tag wieder an seinem Bett stehen, scheint er uns nicht mehr wahrzunehmen. Christoph, der Enkelsohn, legt seinen Kopf auf die Bettkante und mustert den Sterbenskranken. »Opa! Opa?« Der Opa reagiert nicht. Der Stationsarzt hat ihn sediert, um den rasenden Bauchschmerz zu lindern, er schwebt auf einer Morphium-Wolke. »Wir haben das Heu eingefahren«, sagt der Bruder mit lauter Stimme, »wir hätten dich gut brauchen können.« Hilflose Beruhigungssätze, die nicht mehr gehört werden. Oder doch? Zum ersten Mal in meinem Leben halte ich die Hand des Vaters, ich streichle über den Handrücken, rede ihm gut zu. Dann verabschieden wir uns. Ich verspreche, am Abend wiederzukommen, um Nachtwache zu halten. Pa hebt seine rechte Hand an, seine Finger krallen sich zusammen, er macht eine Winkbewegung als wolle er sagen: Bleibt da!

Eingebung? Vorahnung? Katholische Pflicht? Ich kann mich nicht mehr erinnern, was uns veranlasst hat, vor der Rückfahrt zum Bauernhof noch schnell hinüber in die Stiftskirche Sankt Philipp und Jakob zu eilen, zum »Tod von Eding«. Er thront auf einer sechs Meter hohen Kastenuhr aus dem 17. Jahrhundert, gleich rechts neben dem Seitenportal, durch das man vom Kapellplatz in das Hauptschiff tritt: ein knochenweißes Skelettmännchen, feingliedrig aus Holz geschnitzt, knapp fünfzig Zentimeter groß, das im Sekundentakt eine Sense schwingt, zweihundertsiebzig Grad und wieder zurück, immerzu und unermüdlich und ewiglich im gleichen Rhythmus. Ich hatte den Sensenmann viel größer im Gedächtnis, er wirkte mächtig und böse, als ich an der Hand meiner Mutter einst schaudernd vor ihm stand. Sein höhnisches Grinsen, die glatten Knochen, die kalte Mechanik jagten mir Furcht ein. Man nennt ihn auch »Tödlein«, die Strenggläubigen begegnen ihm mit zartem Respekt. Als Papst Benedikt XVI. im September 2006 Altötting besuchte, erzählte er den Bischöfen beim Mittagsmahl, dass er während der Freiluftmesse seinen Blick über die Dächer und Kirchtürme des Wallfahrtsortes habe schweifen lassen und dabei an den Tod von Eding habe denken müssen.

Nun also mäht der Tod von Eding auf unseren Vater zu. Er ist rettungslos verloren. Er kann sich nur noch ins Gras ducken wie ein schmächtiges Rehkitz. Wir Söhne gingen bei der Mahd stets vor dem Mähbalken oder später vor dem Kreiselmähwerk einher und strichen mit Stöcken durch die hüfthohen Halme, um die Jungtiere aufzuscheuchen. Wenn wir sie nicht entdecken konnten, zerfetzten oder verstümmelten sie die Messer des Mähwerks. Nachdem das Malheur pflichtgemäß dem Jäger gemeldet worden war, gab's am Sonntag köstliches Wildbret mit Preiselbeeren. Pa saß nun nicht mehr auf dem Traktor, er war selbst ein hilfloses Reh, und das kleine grinsende Skelettmännlein senste auf ihn zu.

Früher Nachmittag, die Hitze ist unerträglich geworden. Wir fahren schweigend durch den dürren Juli, und auf der Höhe von Mühldorf am Inn fällt es mir wieder ein: Die unheimliche Anmutung des Sommers wird durch die Erinnerung an jene spätimpressionistischen Bilderwelten ausgelöst, die Vincent van Gogh in seinen letzten Lebensjahren in Südfrankreich auf die Leinwand gebannt hat. Es sind geradezu ekstatische Gemälde von provenzalischen Landschaften, von sonnendurchglühten Fluren, von wogenden Ährenmeeren, durch die der Mistral kämmt. Auf einem dieser Bilder sehen wir einen gesichtslosen Mann mit Sonnenhut, der sich mit einer Sichel durch ein Kornfeld arbeitet. Es erscheint wie eine goldgelbe Explosion, im Hintergrund schimmern die Kalksteinfelsen der Alpilles, vereinzelte Gehöfte, Olivenhaine, Zypressen, darüber ein grüngelber Himmel, der zu brennen scheint. *Le moissonneur* ist das Bild übertitelt, »Der Schnitter«. Diese Allegorie des Todes entstand im September 1889 in der Nervenheilanstalt Saint-Paul-de-Mausole, einer im 12. Jahrhundert gegründeten Abtei, die nach der Französischen Revolution säkularisiert worden war. Der erfolglose Maler hatte sich am 8. Mai des nämlichen Jahres freiwillig in das Irrenhaus bei St. Rémy-de-Provence begeben, er litt unter schweren Depressionen und Wahnvorstellungen, und wenn man dieses dustere Haus erkundet, kann man nachempfinden, warum er sich hier wie ein Gefangener fühlte: lichtarme, dickwandige Zellen, schwere Türen mit gusseisernem Riegelwerk, Bettfesseln, Zwangsjacken; selbst beim Baden wurden die Patienten mittels eines Holzdeckels so in den Zuber gepfercht, dass nur noch der Kopf herausragte. In Briefen beschreibt van Gogh, wie die Insassen vor sich hin brüteten oder untätig durch den Tag dämmerten. Er war verzweifelt, die Heilanstalt machte ihn noch kränker, zugleich taumelte er durch einen schöpferischen Spätsommer- und Herbstrausch, der die Natur noch einmal aufblühen lässt, ehe der

Winter alle Farben, alle Lebenslust raubt. So, wie sich über die Haut der Tuberkulosekranken im Angesicht des Todes noch einmal gesundes Rosa legt. Aus van Goghs kahler Kammer fällt der Blick auf die zauberhaften Lavendelfluchten im Klostergarten, wandert über die Kornfelder und verliert sich im glühenden Firmament. Und dort, ganz hinten am Feldrain, steht da nicht der kleine rührige Bauersmann, der Schnitter im Weizen? Es ist der Tod, der die Menschenhalme niedermäht. Der eigene Tod, den der Künstler in seinem Bild antizipiert. Vincent van Gogh wird noch fünfundsiebzig Tage leben, als er am 16. Mai 1890 die Psychiatrie in Saint Paul verlässt und nach Auvers-sur-Oise bei Paris zieht. Aus dem Ölbild *Vue d'Auvers avec champs de blé*, das er im Todesmonat Juli malt, leuchtet ein Getreidefeld in morbiden Grüntönen, »blassgrün oder gelbgrün«, erklärt er in einem Brief an seinen Bruder Theo. Die Farbe des Todes. Er malt wie besessen, und noch einmal flammen seine Felder auf, in feinem Goldlicht, gesprenkelt mit kornblumenblauen Tupfern. Dann legt er den Pinsel für immer aus der Hand.

Der Tod kommt am helllichten Tag in der Gestalt des Schnitters. Lässig schwingt er die Sichel, sein grimmiges Lächeln wird überschattet von der Hutkrempe, er trägt einen weißen Leinenanzug, elegant sieht er aus, wie ein Großbürger in Maxim Gorkis Bühnenstück *Sommergäste*. Genauso empfand ich ihn an jenem Julitag, als er Pa holte.

Als wir auf dem Bauernhof angekommen waren und ich gerade ein paar Utensilien für die Nachtwache im Krankenhaus einpackte, schrillte das Telefon. Ich wusste, wer anrief und was er sagen würde. »Ihr Vater ist kurz nach 19 Uhr verstorben«, teilte die Stimme des Stationsarztes mit professioneller Anteilnahme mit. Wir hatten Pas angestrengte Handbewegung beim Abschied nicht verstanden. Es war sein letztes Lebenszeichen. Und so starb er, wie wir alle sterben: ganz allein. Seine einsame Agonie rief mir eine Szene aus *Madame Bovary* ins Gedächtnis, in der Flaubert den Todeskampf der Heldin Emma schildert: »Ihre armen Hände tasteten über das Betttuch hin, mit jener schauerlich sanften Bewegung der Sterbenden, die aussieht, als wollten sie sich selber schon mit dem Leichentuch bedecken.«

Ich liege schlaflos in Vaters Bett. Es riecht nach billigem Rasierwasser, Pitralon mit Zedernöl, nach Schweiß, Salben und Isopropanol-Lösung. Aus dem Schrank dringt süßlicher Duft, Dutzende von veilchenblauen Pflanzenölseifen stecken zwischen den Wäschestapeln. Die schweren Waldstiefel, das Schnappmesser zum Obstbaumveredeln, die quittengelbe Badehose, altmodische Krawatten, vier Sätze von Wattkarten, zwei Fliegenklatschen – das Lapidarium eines alten, einsamen, griesgrämigen Mannes. Rechts vom Bett das Bücherregal, botanische Fachliteratur, antiquarische Nachschlagewerke für alte Obstsorten, Pilzführer, Ackerbau- und Gartenratgeber, Holzrechner, Bestimmungsbücher für Singvögel, Süßwasserfische, Reptilien, Schmetterlinge, Käfer, Gräser, Heilkräuter, Alpenblumen, Mineralien, große Bildbände über Naturwunder aus aller Welt, über Dinosaurier, Frühmenschen, Fauna und Flora der afrikanischen Savanne, eine Sammlung kolonialhistorischer Heftchen. Dazwischen rechtsextreme Schmierschriften, Periodika, die das »Dritte Reich« und den Zweiten Weltkrieg glorifizieren. »Die Bücher sind dein«, hatte er im Krankenhaus zu mir gesagt. »Die politischen Sachen, die haben dir nie gefallen, ich weiß schon. Mach damit, was du willst. Du kannst sie auch wegwerfen, das ist mir egal.«

In einem Buchumschlag steckt ein vergessener Liebesbrief, »Allerliebster Bartl ...«, gezeichnet von Hertha. Und überall finden sich Sterbebildchen von Freunden, Verwandten und Nachbarn. Als hätte er jeden Abend Zwiesprache mit den Toten gehalten, ihre Konterfeis betrachtet und selbstzufrieden bilanziert: Ich habe euch alle überlebt. »Der Augenblick des Überlebens ist der Augenblick der Macht«, schrieb Elias Canetti. »Der Schrecken über den Anblick des Todes löst sich in Befriedigung auf, denn man ist nicht selbst der Tote. Dieser liegt, der Überlebende steht.« So muss sich auch Pa in seiner Totenbildergalerie gefühlt haben – es war ein Ritual der Lebensmächtigkeit, um die Angst vor dem Tode zu bannen. Aber vermutlich hat es die Angst nur verstärkt, die Angst vor dem ewigen Nichts, in das er versinken würde. Denn an ein Fortleben im Jenseits glaubte er nicht, er war schon als Hitlerbub vom Katholizismus abgefallen und betete einen anderen Gott an: den großen, starken Führer, der in der verluderten Welt aufräumt. In der Schublade des Nachtkästchens bewahrte er das Sterbebild seiner Mutter auf, unter dem Fuß der verstaubten Nachttischlampe klemmt das Sterbebild seines allerbesten Freundes, der sich vor einigen Jahren erhängt hatte, und gleich daneben liegt ein Foto von ihm selbst, das ihn zeigt, wie er sich am liebsten sah: als kerngesunden, virilen Mann. Es sieht so aus, als hätte er die Aufnahme zurechtgelegt, damit wir sie als Vorlage für sein Sterbebild verwenden.

Bestattungsroutine am nächsten Morgen. Auf unserer Liste steht: Trauerhilfe Denk; Pfarramt Soyen; Waldbauernvereinigung; Blasmusik; Todesanzeige; Blumenschmuck und Kränze; Sterbeurkunde; Leichengewand; Leichenschmaus beim Wirt in Rieden. Wir bitten vier Nachbarbauern, den Sarg zu tragen, bestimmen die Träger des Sterbekreuzes und der Kerzen, treffen die nötigen Absprachen mit dem Pfarrer und dem Totengräber. Zum Begräbnis erscheinen dreihundertfünfzig Leute, »a große Leich«, heißt es. Beim anschließenden Leichenschmaus sagt einer der Stammtischgenossen des Verstorbenen: »Ein Hund war er schon. Aber jetzt hat's ihn auch erwischt.«

Im Nachruf, abgedruckt in der Lokalzeitung, war zu lesen: »Grills größte Leidenschaft galt den Edelobstbäumen. Im Wasserburger Land hat er viele Gärten und Grünanlagen gestaltet, Obstanger gepflegt und zahllose Bäume veredelt. In verwilderten Klostergärten entdeckte er wertvolles Material, mit dem er sein großes Experiment im Ameranger Bauernhausmuseum startete: die Rückzüchtung ausgestorbener Obstsorten, die krebsfest, schädlingsresistent, lang haltbar und von exquisitem Geschmack sind ... Grill verachtete die Äpfel aus dem Supermarkt und schwärmte vom feinen Aroma alter Sorten wie dem Roten Herbst Calville, der seit 1828 bekannt, aber nicht mehr im Handel ist.«

*

Ein halbes Jahr nach der Beerdigung spazierte ich durch den winterlichen Wald über dem Elternhaus. Ich stieß auf einen vermoderten Schragen, der mutterseelenallein auf einer Lichtung stand – ein vergessenes Arbeitsgestell des Vaters. Davor der mächtigste Baum in seinem heiligen Hain, *Picea abies,* eine gemeine Fichte, anderthalb Meter Stammdurchmesser, circa hundertfünfzig Jahre alt, über dreißig Meter hoch. Die rötliche Borke war ausgebleicht. Eine eisige Windbö fegte durch die Krone, trockene Nadeln rieselten auf die Schneekruste herab. Der Baum war im Sommer abgestorben, an einem heißen Julitag.

Endstation Zürich

Die letzte Reise meines Bruders

Es ist der Moment, den die Mutter am meisten gefürchtet hat. Der Moment, der die Kraft einer jeden Mutter übersteigt. Gleich wird ihr Sohn aufstehen von dem Platz unter dem Kruzifix am Küchentisch, an dem er immer sitzt. Er wird zu ihr sagen: Du warst die beste Mutter der Welt, ich danke dir für alles. Aber jetzt muss ich gehen.

Dann tritt er zum letzten Mal aus der Küche mit dem böhmischen Gewölbe hinaus. Die Mutter begleitet ihn diesmal nicht. Zum ersten Mal bleibt sie sitzen auf dem Platz in der Küche, an dem sie immer sitzt, und hört seine Schritte im Hausflur verhallen.

Urban steht noch einen Augenblick in der Hofeinfahrt, ein warmer, bernsteingelb leuchtender Spätherbsttag, er trägt seinen schwarzen Ledermantel und hat seine Sonnenbrille auf. Er schaut sich noch einmal um. Das Bauernhaus. Der Obstanger. Der Hühnerstall. Der Getreidespeicher mit dem leeren Storchennest auf dem Dachfirst. Dann steigt er ins Auto.

Seine letzte Reise beginnt, die Reise in den Tod, von Oberbayern in die Schweiz, nach Zürich, zu den Sterbehelfern von Dignitas.

> Es ist 8.35 Uhr morgens, 25. November 2004, als das Auto in die Bundesstraße 15 einbiegt. Urban weiß, dass er in ungefähr dreißig Stunden tot sein wird.

Der Tag, an dem er die Reise ohne Wiederkehr beschlossen hat, war der 30. Oktober. Er war mit seiner Schwester in Augsburg gewesen, bei einem Heilpraktiker, der mit biologischen Zytostatika arbeitet, mit »einzigartigen Mitteln«, wie er betonte. Aber nach einer dreistündigen Diskussion kapituliert er: Warum sind Sie mit Ihrem Krebsleiden nicht viel eher gekommen? Jetzt ist die Heilung leider sehr unwahrscheinlich. Weil die Hoffnung, die der Mann noch machen konnte, so winzig war, hat Urban diese letzte Option verworfen. Auf der Heimfahrt packte ihn die Wut, er wäre beinahe aus dem fahrenden Auto gesprungen. Seine Schwester schrie ihn an. Sie kehrten ins Elternhaus zurück, und noch am selben Abend entschied er: Ich will nicht mehr.

Irgendwann im März hatte Urban zum ersten Mal von Sterbehilfe gesprochen, in Amerika wurde wieder einmal erbittert darüber gestritten, ob man die Apparate abschalten dürfe, die Terri Schiavo fünfzehn Jahre lang im Wachkoma am Leben – oder am Sterben – gehalten haben. Das ist doch pervers, kommentierte Urban, jedes todkranke Tier wird eingeschläfert, bei Menschen ist es ein Verbrechen. Dass er selbst schon bald in die Lage kommen würde, schnell sterben zu wollen, war ein fernes, unwirkliches Szenario. Urban war optimistisch. Natürlich würde er den verdammten Krebs besiegen.

Keine fünf Monate später, im August, bittet Urban seinen Bruder, Kontakt zu Dignitas aufzunehmen. Er studiert die postwendend aus Zürich zugesandten Unterlagen sehr gründlich. Menschenwürdig leben, menschenwürdig sterben – allein die Tatsache, dass dieser Notausgang offenstand, besänftigt ihn in seinem Zorn auf Gott und die Welt. Die Geschwister ängstigt er. Ein Schierlingsbecher für unseren Bruder, undenkbar, völlig ausgeschlossen.

Urban wird Mitglied bei Dignitas, nur wer Mitglied ist, kann die Dienstleistung der Organisation, den assistierten Suizid, in Anspruch nehmen. Er zahlt die Aufnahmegebühr und den Mindestjahresbeitrag, insgesamt hundertfünfzig Franken.

Zu diesem Zeitpunkt hatte er die hochdosierte Chemotherapie bereits abgebrochen, sie macht mich wahnsinnig, klagte er, ich bin kein Versuchskarnickel, ich bin ein Mensch, dem noch eine Freiheit geblieben ist, eine einzige: der begleitete Freitod. Helft mir, ich weiß, dass ich euch etwas Unmögliches abverlange. Was hätten ihm seine Geschwister entgegenhalten sollen, nach diesem Golgatha eines Krebskranken, das sie selbst oft an den Rand der Verzweiflung getrieben hat?

Bei Forstinning fährt das Auto auf die A94, Urban verlässt den inneren Heimatkreis. Er wird begleitet von der Schwester, dem Bruder und Joe, einem engen Freund, der einen Lieferwagen seiner Firma für den Krankentransport behelfsmäßig umgerüstet hat. Alle hoffen, dass während der Anfahrt keine medizinischen Komplikationen auftreten. Urban wurde auf die Ladefläche gebettet, die Vorhänge sind zugezogen, er ist eingeschlummert.

Die Schwester, Arzthelferin von Beruf, hat alle nötigen Hilfsmittel eingepackt, Medikamente, Injektionskanülen, Messgeräte, Verbandsmaterial, eine Wärmflasche für die eisigen Füße. Sie betreut Urban seit neun Monaten mit schwesterlicher Hingabe, sie ist unglaublich stark, aber diese Reise wird am Ende auch ihre Kräfte aufzehren.

Es begann mit einem eitrigen Abszess am linken Zungenrand. Irgendeine Mundinfektion, glaubte Urban zunächst, aber der unheimliche Schmerz alarmierte ihn. Zahnarzt, HNO-Spezialist, Gewebeprobe, nach drei Tagen die Diagnose: pT3 pN0 G 2-3 R1 M0 Mundbodenkarzinom links. Zungenkrebs im fortgeschrittenen Stadium, Überlebenschance allerhöchstens fünfzig Prozent. Das war am 18. März 2004, zwei Tage nach seinem sechsundvierzigsten Geburtstag. Nach drei weiteren Biopsien ist der histologische Befund unumstößlich. Am 23. April die erste Operation im Universitätsklinikum München-Großhadern, langsame Rekonvaleszenz, dann eine arterielle Spritzblutung, Notoperation. Es war, als würde ich im eigenen Blut ersaufen, erzählt Urban auf der Intensivstation. Ab da geht es allmählich aufwärts. »Am 24. Mai 2004 wurde eine Nachresektion durchgeführt. Der Tumor konnte in sano entfernt werden«, vermerkt das Datenblatt der Uniklinik. Erstaunliche Besserung, Urban kann wieder feste Nahrung zu sich nehmen.

Er geht mit den Geschwistern zum Essen, zu Roberto, seinem Italiener, und zwingt ein Zanderfilet hinunter, ganz langsam, Gabelspitze für Gabelspitze, es dauert fast eine Stunde, aber es klappt. Die Zuversicht ist zurückgekehrt.

München, Mittlerer Ring. Fließender Verkehr, der Lieferwagen kommt zügig voran.

Es ist Juni. Die Strahlentherapie in Traunstein beginnt, fünfzig Stunden bioelektrische Kanonade, Tag um Tag. Die dabei notwendige und unvermeidliche Zerstörung von gesundem Randgewebe führt zum Narbenzug und verursacht eine Kieferklemme. Der Mund kann nur noch zwei Millimeter weit geöffnet werden, das Essen wird zur Tortur. Urban ist dennoch guter Dinge, freut sich über die deutschen Goldmedaillen bei den Olympischen Sommerspielen in Athen, pflegt sich und schraubt den »Tannenbaum« zwischen seine Zähne, ein konisches Holzgewinde, das den gelähmten Kiefer allmählich wieder beweglich machen soll. Es klingt wie das Geräusch einer Laubsäge.

Am 30. September, nach einer der zahllosen onkologischen Nachuntersuchungen, erhält Urban die niederschmetternde Diagnose: Das Plattenepithelkarzinom wächst wieder, es verbreitet sich schneller als vorher. Der Tumor hat in kurzer Zeit einen Durchmesser von neun Zentimetern erreicht, er wuchert im Rachen- und Mundraum. Urban stürmt aus der Praxis seines Hausarztes in Rosenheim, rast durch die Stadt zu seiner Wohnung, die Schwester kann ihm kaum mehr folgen, aber die Angst, die Todesangst, holt ihn ein. In Urban verglimmt der letzte Hoffnungsfunke.

Der Geschmackssinn ist stumpf, alle Speisen und Getränke schmecken gleich, nach verrosteten Nägeln, sagt Urban. Er ist abgemagert bis auf die Knochen, fünfundvierzig Kilogramm wiegt er noch. Das Atmen fällt ihm zusehends schwerer, das Tracheostoma, die künstliche Luftröhrenöffnung im Hals, läuft immerzu mit Schleim voll, nachts häufen sich Erstickungsanfälle. Die Sprache schwindet; sie verwandelt sich in ein röchelndes Hauchen. Und dieser rasende Schmerz, immer wilder, immer böser, es wird schwieriger, die Schmerzspitzen zu brechen. Das Geschwür foltert mich, sagt Urban, es wächst, es arbeitet, es frisst mich auf. Schau meinen Kopf an, meinen Totenschädel. Ich vegetiere nur noch. Wie ein verwundetes Vieh. Er empfindet seinen Körper als Kerker. So will Urban nicht leben. So will er nicht sterben.

Die Ärzte empfehlen eine radikale Chemotherapie, um den Tumor schrumpfen zu lassen und einen neuerlichen chirurgischen Eingriff zu wagen. Urban beginnt die Therapie, schon am Tag darauf befallen ihn schwerste Depressionen und Angstzustände. Eines Morgens wacht er auf und fährt mit dem Finger über seine Oberlippe. Der Bart, auf den er so stolz war, löst sich ab, als hätte er mit Schmirgelpapier darübergewischt. Es reicht. Nach zwei Wochen bricht er die Chemotherapie ab.

Ein Freund hat die Adresse eines Geistheilers herausgefunden. Die Schwester ruft ihn an. Nein, meint der Quacksalber am Telefon, da könne auch er nichts mehr machen. Urban packt jetzt oft der blanke Zorn, er hadert mit seinem Schicksal. Warum ausgerechnet ich? Er will nach Zürich, so schnell wie möglich. Er telefoniert mit Ludwig Minelli, dem Generalsekretär von Dignitas.

A96, Autobahnraststätte Lechwiesen. Kurze Kaffeepause.
Urban schläft.

Diese ärgerlichen Strelitzien auf dem Fenstersims. Wie sie mit ihren zinnoberroten Kranichschnäbeln hereinhacken ins Krankenzimmer, Urban hasst sie. Dieses Wuchern und Wachsen und Blühen, während er innerlich verfault. Die Natur ist gnadenlos, sie ist ungerecht. Urban will die Blumen aus dem Fenster werfen.

Er liegt jetzt in der Kreisklinik Ebersberg, Station 1.1, Raum P2, die Palliativabteilung am Ende einer öden Zimmerflucht. Krankenbett, Blechnachtschrank, Infusionsgalgen, Stehlampe, an der kaolinweißen Wand verwaschene Aquarelle, Voralpensommerlandschaft mit Zwiebelturm, das Übliche. Palliativ, das heißt sanftes, ummanteltes Abschiednehmen, der Finalpatient soll möglichst schmerzfrei hinübergleiten in den Tod. Aber dies ist kein Ort, der das Sterben verschönert. Obwohl sich die Schwestern und Ärzte enorme Mühe geben.

Urban kann nicht mehr essen, die wenigen Bissen, die er hinunterwürgt, kommen oft wieder hoch. Der Chefarzt schlägt eine PEG-Magensonde zur künstlichen Ernährung vor. Urban lehnt kategorisch ab. Schluss, aus, schimpft er, es ist ein Witz, die Ärzte haben genug an mir verdient. Die wollen doch nur das Leiden verlängern. In kürzer werdenden Intervallen bittet er um schmerzlindernde Injektionen. Auf dem Nachtschrank steht der Kapitän des Playmobil-Bootes, das ihm sein Patenkind Leo geschickt hat. Das Männlein reißt die Arme hoch, als wäre es entsetzt.

Urban schwimmt durch Tage, die nicht enden wollen. Es ist still. Man hört nur die Natriumchlorid-Lösung leise aus dem Infusomaten tropfen, das gedämpfte Verkehrsrauschen der B304, das Ticken des Sekundenzeigers auf der Armbanduhr. Die Kompresse über dem Tracheostoma wölbt sich im Atemrhythmus auf und nieder.

Dämmern. Schlafen. Alpträumen.

Der Bruder verbringt einige Kliniknächte an seiner Seite. Weißt du noch, Tuzla, flüstert Urban. Daran habe ich auch gerade gedacht, erwidert der Bruder. Die erste große Liebe in Jugoslawien. Tuzla, der Krieg, die Grausamkeiten. Die Brüder müssen nicht viel reden, sie unterhalten sich in Gedanken. Sie verabschieden sich aus dem Paradies, in dem sie gemeinsam waren: aus der Kindheit.

Eines Nachts fährt Urban schreiend hoch. Ein Mann hat ihn im Traum angefallen und Fleischklumpen aus seinem Gesicht gebissen. Am anderen Morgen sagt er: Ich will heim. Vielleicht nimmt da der Horror ein Ende. Die Brüder eilen durch die lange Korridorflucht, neben dem Stationszimmer hat man zwei moribunde Greise abgestellt. Der eine rüttelt unablässig an seinem Stuhlgerüst, der andere presst eine Schnabeltasse an seine Lippen und scheint in der Bewegung erstarrt zu sein. »Weg von hier«, zischt Urban, »nur weg.«

Kilometer 166, Memmingen-Ost. Urban schläft immer noch. Die Schwester prüft Puls, Blutdruck, Temperatur. Sein Zustand ist stabil.

Urban liegt auf seinem Krankenlager im Schlafzimmer der Mutter, unter dem Bild mit dem flehenden Jesus auf dem Ölberg, gegenüber der Kammer, in der er im März 1958 auf die Welt kam. »Vielleicht kann ich da sterben, wo ich geboren wurde«, wünscht er sich. Daheim, im Elternhaus, verliert der Tod die Allmacht.

Auf der Frisierkommode steht eine Batterie von Medikamenten: Oxygesic, Novalgin, Amitryptilin, Durogesic-Pflaster, Dromabinol, Morphin-Ampullen. Die Schwester setzt ihm morgens, mittags und abends und bei Bedarf auch nachts schmerzstillende Spritzen. Zusätzlich wird er durch einen ambulanten Pflegedienst versorgt. Die Mutter kümmert sich rund um die Uhr um ihn. Auch Tante Lisi ist da und heitert Urban mit ihrem kernigen Humor auf. Jeden Tag besuchen ihn Freunde und Freundinnen; den engsten Vertrauten teilt er seinen unumstößlichen Entschluss mit. Sie verlassen weinend das Zimmer. Aber keiner spricht dagegen, alle verstehen seinen letzten Willen, alle unterstützen ihn.

Es sind trübe Novembertage, dichter Nebel umflort den Hof, auf den abgeernteten Äckern hört man die Saatkrähen zanken. Die letzten Blätter schweben aus den Baumkronen. »Das passt«, sagt Urban. Soll man es Galgenhumor nennen? Dazwischen noch einmal ein paar sonnige Tage, es ist für die Jahreszeit viel zu warm. Die Mücken sind auch noch da. Sie traktieren Urban in der Dunkelheit, sie sirren und stechen und umschwirren ihn wie kleine nimmermüde Quälgeister.

Wieder eine furchtbare Nacht. Er träumte von Bomben, die auf seine Lieblingsstadt fallen, auf Dubrovnik. Die Adria verfärbte sich blutrot. Er schaut hinaus auf den Obstgarten. Der alte Birnbaum, dessen Stamm der Vater vor vierzig Jahren mit Mörtel verstärkt hat, weil er zu schwer trug und zerborsten wäre, steht und trägt immer noch. Der hat noch mehr Leben als ich, knurrt Urban. Die Geschwister reden oft über das Sterben und wie es wohl sein wird. Und über Schlafes Bruder, den Tod. Und über die schnellste aller Lösungen: Urban würde einfach in seinen weißen Mercedes C180 steigen, einen seiner Lieblingssongs – »Slow down« von Morcheeba – voll aufdrehen und an den nächsten Baum rasen. Aber alle Überlegungen münden immer wieder in den Plan, sich helfen zu lassen beim Freitod.

Diese blöde Debatte, erbost sich Urban einmal. Unsere Geschichte, die Nazis, der millionenfache Judenmord, immer wieder die gleichen Totschlagargumente, lächerlich sei das. Diese Menschen wurden bestialisch ermordet, ich treffe eine freie Entscheidung, ich habe doch ein Recht auf Selbstbestimmung, oder? Dass verbrecherische Euthanasie und humane Sterbehilfe in einem Atemzug genannt werden, empfindet er als Beleidigung.

Allein schon das Wort »Mord«. Urban möchte kein Selbstmörder sein. Er wählt den Freitod, weil ihm die unheilbare Krankheit keinen Ausweg mehr lässt. Er hat gute Gründe, er hat die besten Gründe. Und er fragt in den Debatten mit seinen Geschwistern oft: Warum gibt es diese Möglichkeit in Deutschland nicht? Warum bleibt aktive Sterbehilfe bei wirklich aussichtslosen Fällen wie meinem verboten? Warum wird sie kriminalisiert? Seine Antwort: Weil die Ärzte und die Pfarrer und die Betschwestern Herr über Leben und Tod bleiben wollen. Gott hat das Leben gegeben, Gott hat es genommen, die Kirche, hör mir auf damit! Bruder, du musst mir versprechen, dass bei meiner Beerdigung kein Kirchenchor singt und kein Heuchler predigt. Ich will kubanische Musik, fröhliche Musik, und anschließend sollt ihr euch alle betrinken.

Aber die Möglichkeit der direkten Sterbehilfe gibt es in Deutschland nicht. Sie würde ihm die Reise in die Fremde ersparen. Das ist entwürdigend, sagt Urban. Könnte ich nur daheim sterben!

Leutkirch fliegt vorbei, der halbe Weg ist geschafft. Das Allgäu, samtgrüne Hügelwellen, im Süden zacken die Alpengipfel in den Himmel, sie sind zum Greifen nah. Urban wacht kurz auf, lächelt. Sagt zur Ermutigung seiner Begleiter: Alles klar?

Heute hat er auf wackligen Beinen das Haus verlassen, um noch einmal die Spuren der Kindheit nachzugehen. Die geheimen Schwammerlplätze im Wald. Das holzwurmzerfressene Bienenhaus. Das Bolzgeviert vor dem Stadel mit dem barocken Wandgemälde vom heiligen Sebastian, dem Märtyrer. Das Kinderzimmer, in dem sich die Brüder Wurfpfeile gegenseitig in ihre Betten nagelten. Er nimmt Abschied, seine Entscheidung ist gefallen, unwiderruflich, endgültig.

Für die Mutter und die Geschwister ist die Entscheidung noch nicht gefallen. Sie hoffen und beten. Dass er endlich sterben kann. Dass er friedlich einschläft. Dass er erlöst wird. Jeden Abend sitzen sie auf der Holzbank vor dem Haus, rauchen, reden, schweigen, schauen hinauf zum leeren Storchennest über dem Getreidespeicher. Und immer wieder werden sie zerrissen vom Zweifel. Natürlich wollen sie, dass ihr Bruder lebt, gesund wird, wieder lacht. Sie wollen das, weil sie ihn lieben. Und weil sie ihn lieben, wünschen sie ihm einen schnellen Tod. Urbans Schicksal hat die Familie zusammengeschweißt, die Mutter und ihre Kinder sind sich so nahe wie nie zuvor. Keiner empfindet die Intensivpflege als unzumutbare Last, sie ist beschwerlich und oft bedrückend, aber, sie wagen es kaum auszusprechen, auch beglückend.

Urban sagt: Nächsten Sonntag will ich in der Schweiz sterben.

Dignitas, das wäre die Ultima Ratio. Aber wie erklären die Geschwister das der Mutter? Sie ist gläubig, katholisch, und sie weiß noch nichts von den Diskussionen, die die Geschwister seit Wochen hinter vorgehaltener Hand führen. Sollen sie lügen, ihr eine wundersame Spezialklinik in Appenzell vorgaukeln? Nein, sie wollen diesen Weg ja selber nicht gehen, auf gar keinen Fall, sie halten nichts vom Sterbetourismus. Und so sitzen sie vor dem Haus, Abend für Abend, und ihre Worte und Gedanken drehen sich im Kreis. Immer wieder die gleichen Fragen, die gleiche Ratlosigkeit, das gleiche Dilemma.

Dürfen wir dem Drängen unseres Bruders nachgeben? Befinden wir uns im Sog einer Mitleidstötung? Erwartet ihn in Zürich wirklich ein menschenwürdiger Tod? Gibt es nicht doch noch Alternativen? Eine rettende Therapie? Ein schönes Hospiz? Mehr Morphium, noch viel mehr, so viel, dass ihr Bruder einfach fortschwebt? Sie erwägen in ihrer Gewissensnot sogar, Urban gemeinsam eine tödliche Spritze zu setzen und sich anschließend einzeln zu beschuldigen. Aber ein befreundeter Rechtsanwalt erklärt ihnen, dass unter Umständen dann jeder einzeln angeklagt werden könnte. Tatbestand: Tötung auf Verlangen. Oder gar: gemeinschaftlicher Totschlag.

Sie müssen doch etwas tun! Aber sie wissen nicht mehr, was sie tun sollen. Doch ein Hospiz? Kommt überhaupt nicht mehr infrage, blockt Urban ab. Er hat darüber gelesen, er kann nicht einmal die verlogene Sprache ertragen. Lebenssattes Sterben, steht in einer Broschüre. So ein Schmarrn, sagt Urban. Er hat keinen Hunger mehr nach Leben, die sinnlose Quälerei möge endlich aufhören.

Urban ist euer geliebter Bruder, ihr könnt ihn doch nicht einfach abtransportieren in die Schweiz! Die Schwägerin bekommt einen Heulkrampf. Sie bittet, den Mann ihrer Schwester zu konsultieren, einen Internisten in Stuttgart. Der plädiert gegen die Sterbehilfe und für eine intensive Schmerztherapie in einem Hospiz. Der Vater des Internisten ist ganz anderer Ansicht. Auch er ist Arzt, und er hat zwei Finalpatienten nach Zürich begleitet, aussichtslose Fälle, alte, vereinsamte, todkranke Menschen. Der Sterbende, vor allem wenn er jünger sei, habe eine Verantwortung gegenüber den Lebenden, wendet der Sohn ein, sein Abschied sei eine soziale Interaktion, er sterbe nicht allein. Es gibt ein Recht auf Leben, und es gibt ein Recht auf den Tod, entgegnet der Vater. Es ist der Schlüsselsatz, den auch Urban oft wiederholt.

Er hat seine Angelegenheiten geordnet, ein Testament verfasst, von seinen Freunden, seinen Arbeitskollegen, seiner Stadt, seiner Wohnung mit dem Alpenblick, seinem glücklichen, aber viel zu kurzen Leben Abschied genommen. Urban hat mit allen und allem abgeschlossen. Er lässt los.

Die Ärzte geben ihm noch zwischen zwei Wochen und sechs Monaten, es werden grausame Tage sein, und er wird vermutlich so sanft und schnell nicht einschlafen können; in seinem Körper tobt ein Krieg, sein Herz ist stark, die Konstitution immer noch passabel, er war ein ausgezeichneter Skifahrer und Fußballer. Er trägt auch im Krankenbett sein kanariengelbes Trikot mit der Nummer 10, Ronaldo, Brazil. Macht euch keine Sorgen, wir fahren nach Zürich, tröstet Urban. Ihn beschleichen keine Zweifel mehr, obwohl auch er sich nach einem anderen Ende sehnt. Dann redet er vom Wind. Er mag die Herbstböen, die nachts von der Wetterseite über den Hof fegen. Er will mitfliegen, über den Eichensaum des Waldes hinauf zu den Wolken und hinaus ins ewige Nichts. Er glaubt nicht an ein Leben im Jenseits.

Wangen. Die Entfernung wächst. Oder schrumpft sie? Ein Countdown in den Tod, denkt sich der Bruder, als er auf den Tageskilometerzähler schaut.

Wieder ein grauer, trübseliger Tag, der Nebel ist zur Mittagsstunde noch nicht gewichen. Urban, die Mutter und der Bruder stehen auf dem neuen Friedhof, sie müssen eine Grabstelle auswählen. Eigentlich will Urban, dass seine Asche ins Meer gestreut wird oder in den Zürichsee. Aber das wäre unerträglich für die Mutter; Urban hat sie inzwischen über sein Vorhaben aufgeklärt. Es ist schwer genug für sie, dass sie ihr zweites Kind widerstandslos in die Hände des Todes legen soll und dass es hier schon bald ganz allein ruhen wird. Willst du dich nicht doch lieber zu Vater legen? Fragt die Mutter. Sie gehen hinunter zum Familiengrab direkt an der Südpforte der Pfarrkirche. Urban schaut durch den marmornen Grabstein hindurch und murmelt: Ja, ich lege mich neben Pa.

Aber das ist nicht so ohne Weiteres möglich. Denn im aufgelassenen Gottesacker darf keiner mehr beigesetzt werden, er sinkt ab und ist überfüllt, deshalb hat man einen neuen angelegt. Ob es noch Ausnahmen gibt? Der Bruder verhandelt im Rathaus. Wann? Wie? Um wen handelt es sich denn da? Der Gemeindesekretär fährt alle Antennen aus. Wie soll ich das erklären, grübelt der Bruder, und er hört schon die boshaften Gerüchte brodeln, das übelwollende Volksraunen in einem erzkatholischen Sprengel. Aber seine Familie hat beschlossen, das Tabu zu brechen und offen zu reden. Urban bekommt den Liegeplatz neben seinem Vater. Weil er keine eigene Familie hat. Nach ihm darf niemand mehr ins Familiengrab. Außer der Mutter.

Rückfahrt zum Elternhaus, vorbei an der alten Schule, am geschlossenen Kramerladen, am Dorfwirt, am fichtenumwachsenen Feldkreuz des Nachbarbauern. Es ist wie eine Fahrt in der Zeitmaschine, meint Urban, das da draußen gibt es alles nicht mehr. Wenn er jetzt einen Wunsch frei hätte! Er sieht sich im Biergarten unter rosa blühenden Kastanien sitzen, eine Radlermaß trinken und eine Semmel mit Leberkäse verspeisen. Einmal noch normal essen, einmal noch schmecken, Leberkäse. Und eine Essiggurke dazu.

Wieder sitzen die Geschwister auf der Hausbank, im steifen Westwind, der Nieselregen durch die kahlen Kirschbäume an der Abseite des Hofes peitscht. Ihren Bruder nimmt er nicht mit.

Unterdessen hat Urban Dignitas schriftlich um Sterbebegleitung gebeten. Die Familie hofft, dass ihn die Antwort aus Zürich nicht erreicht, heute nicht und morgen nicht und nicht übermorgen. Dass sie nie ankommen möge. Dass Urban Zeit zum natürlichen Sterben geschenkt wird. Er aber fragt jeden Morgen: Ist die Nachricht da? Habe ich einen Termin? Am 5. November trifft der Brief von Herrn Minelli ein. Dignitas teilt mit: Ihr Gesuch wird von einem unserer Ärzte geprüft, das »provisorische grüne Licht« folgt innert kürzester Zeit, bitte senden Sie umgehend Geburtsurkunde, Meldebescheinigung, Ledigkeitsnachweis und Patientenverfügung.

> Lindau. Die Passage bis zum Bodensee verläuft ohne Zwischenfälle. Hinter Bregenz verpasst Joe die Ausfahrt hinüber in die Schweiz, ein nervenraubender Umweg. Endlich, der Grenzübergang Diepoldsau. Die Zöllner winken den Lieferwagen durch, keiner will einen Blick hinter die zugezogenen Vorhänge werfen. Nach der Rheinbrücke biegen sie auf die Autobahn A13 ein, von da an geht's ganz schnell. Rorschach, Wil, Winterthur, Zürich. Der See schillert wie Quecksilber.

Am Abend vor der Abfahrt in die Schweiz hat Urban alle Freunde und Freundinnen zu einer Abschiedsfeier mit Cappuccino eingeladen. Für ihn ist es zugleich eine Generalprobe. Er hat oft geübt, ein Glas Wasser oder eine Tasse Tee in einem Zug zu trinken, und oft bekam er dabei Würgeanfälle und die Flüssigkeit quoll schäumend aus seinem Tracheostoma im Hals. Er will sichergehen, dass er das tödliche Schlafmittel restlos hinunterschluckt, er will in Zürich nicht wieder aufwachen oder in ein Wachkoma sinken oder hirntot weitervegetieren. Denn die Ärzte müssten ihn zurückholen, wenn der Exitus nicht eintritt. Es ist der einzige Unsicherheitsfaktor. Das Restrisiko.

Die Freunde umlagern sein Bett, trinken Kaffee, hören Musik. Es wird viel gescherzt und gelacht, die Stimmung ist unbeschreiblich, eine Art traurige Fröhlichkeit, wenn es so etwas gibt. Sie sausen durch eine Achterbahn der Gefühle, und ganz vorn sitzt Urban, heiter, gleichmütig, getragen von jener unerschütterlichen Seelenkraft, mit der er alle auf seinem Weg mitnimmt. Und Tante Lisi erweist sich mit ihren Geschichten als Lehrerin der *Ars moriendi*, der Kunst des Sterbens. Meine Güte, seufzt sie, die Jungen müssen gehen, wir Alten müssen bleiben und sind doch zu nichts mehr nütze. Wenn wir uns doch wenigstens in einen Kleiderkasten verwandeln könnten!

Ein Freund fragt ihn noch einmal. Bist du dir sicher? Hundert Prozent! Da ist kein Zögern und Zaudern, kein Spiel mit dem Tod.

Die Villa ist nicht einfach zu finden. Nach Zürich hinein, durch die Innenstadt, auf der anderen Seite hinaus, dann über den Berg hinauf nach Forch, Kilometer 385, 15.30 Uhr. Am Ziel.

Ludwig Minelli öffnet die Haustür. Ein viriler, 73 Jahre alter Herr, schwarzes Seidenhalstuch, federnder Gang. Er redet sachlich und konzis, keine Kraftsprüche, Freitodbegleitungsroutine. Urban findet seine Teekannensammlung witzig. Und auch zum Arzt, der bei dieser finalen Besprechung zugegen ist, fasst er gleich Vertrauen. Das ist nach seinem Kreuzweg keineswegs selbstverständlich, denn er hat sie gründlich kennengelernt, die Mediziner in Deutschland.

Da war dieser emotionslose Chirurg, der ihn in München-Großhadern operiert hat und der ihm, als er ihn um eine Prognose bat, kühl beschied: Von mir bekommen Sie keine geschriebene Zeile, ich weiß schon, was Sie vorhaben. Da war der Hausarzt in Rosenheim, ein besonnener und aufrichtiger Mann, den Urban mehr schätzte als alle anderen, die an ihm herumdokterten. Ausgerechnet er konnte nicht zum Hausbesuch kommen, das fünfunddreißig Kilometer entfernte Elternhaus liegt außerhalb seiner Zone. Da war der Hausarzt der Cousine, eher ein Gegner der Sterbehilfe, aber ein außergewöhnlich einfühlsamer Vertreter seiner Zunft, der die Entscheidung Urbans nicht billigte, aber angesichts seiner aussichtslosen Lage durchaus nachvollziehen konnte.

Da war der Palliativmediziner im Klinikum zu Ebersberg, auch er ein unaufgeregter, nachdenklicher Zeitgenosse, ein Glücksfall für todgeweihte Patienten. Da war die Hausärztin der Mutter, die einen Krankenbesuch ablehnte und sich weigerte, weiterhin Morphium zu

Abschied für immer: Der Halmberger Hof

verordnen. Ihr Bruder wird die Mengen, die Sie spritzen, nicht überleben, rügte sie die Schwester. Die wie ein Schulmädchen abgekanzelte Arzthelferin irritiert das bis heute. Nicht nur, weil sie auf dreizehn Jahre Berufserfahrung zurückblickt, sondern weil die erhöhte Dosis angesichts der unsäglichen Pein von einer Expertin empfohlen worden war, von Krankenschwester S., die im Dachgeschoss des Elternhauses zur Miete wohnt und Urban auf seinem Leidensweg engagiert begleitet hat – sie ist Einsatzleiterin eines Hospizvereins.

Und da war schließlich der Dorfarzt, der, um es freundlich auszudrücken, nicht kooperativ war. Die Schwester wollte, dem Rat eines Onkologen folgend, über ihn Cannabis-Öl besorgen, das ist hochwirksam gegen Panikattacken und pendelt das psychische Gleichgewicht ein. Aber dieses Medikament fällt unter das Betäubungsmittelgesetz, und in den Ohren eines Landarztes tönt sein Name offenbar nach Haschsucht. Die Schwester war zu ihm gegangen, weil er die nächstgelegene Praxis führt, das hätte Zeit und Geld gespart. Der Dorfarzt aber sagte Nein. Warum? »Ich bin doch nicht Ihr Ausputzer!«

Aber das ist jetzt alles nicht mehr wichtig. Urban erhebt sich aus dem tiefen Sofa in Minellis Kaminzimmer. Er kennt nun das Procedere, durch das er morgen hindurchmuss, bis ins kleinste Detail. Noch eine Nacht leben. Nur noch eine Nacht sterben.

Hotel Goldener Brunnen, Rotachstrasse 33. Eine düstere Absteige, unten, in der Kneipe, abgerissene Gestalten, ein fettleibiger Mann mit Edelweißhosenträgern, der Kellner aus Sri Lanka im verspeckten Kittel. Warum muss die letzte Unterkunft so schäbig sein?, fragt die Schwester. Offenbar weil hier niemand dumme Fragen stellt. Die Gäste – Trinker, Junkies, Abgestürzte – sind in ihrem eigenen Elend versunken. Die Rezeptionistin ist nett und diskret, sie kommt aus Zypern, ihr Vater starb an Kehlkopfkrebs, erzählt sie. Auch sie bohrt nicht nach. Sie weiß, worum es geht.

Zimmer Nummer 15, braune, abgestoßene Möbel, im Teppich Brandspuren von Zigarettenkippen, das Wandbild zeigt eine laszive Frau mit weißer Katze. Um acht Uhr abends schrillt das Handy. Dignitas. Wann soll morgen die Begleitung stattfinden? Zum spätestmöglichen Zeitpunkt, bittet die Schwester. 14 Uhr? Ja, okay.

Die Geschwister halten sich an den Händen. Sie liegen nebeneinander auf dem durchgelegenen Doppelbett, schauen zur Decke oder in den duffen Wandspiegel, schweigen, lachen, weinen, erzählen sich Anekdoten aus der Kindheit. Urban liegt bis vier Uhr morgens wach. Er ist vollkommen ruhig, gefasst.

Das letzte Frühstück, Kaffee, ein paar Löffel Eigelb. Willst du noch an den See? Einen Cappuccino trinken? Fragt die Schwester. Nein, wozu? Antwortet Urban.

Er durchschläft den Morgen. Die Schwester und der Freund gehen abwechselnd spazieren, der Bruder stolpert wie von Sinnen durch die Gassen. Um die Mittagszeit will Urban doch noch etwas trinken, einen Campari Orange. Noch eine allerletzte Schluckübung. Danach schlummert er wieder ein.

13.55 Uhr, Gertrudstrasse 84. Herr W., ein Theologiestudent, der Urban in den letzten Lebensminuten begleiten wird, hat den Schlüssel zur Sterbewohnung vergessen, und das Gift ist auch noch nicht da. Eine ungeheuerliche Schlamperei, das Sterben geht weiter, der Tod muss aufgeschoben werden.

Diese Angst, flüstert die Schwester, als ob mich ein Kran dreihundert Meter in die Höhe gezogen hätte. Die Geschwister sind fassungslos, aufgewühlt, am Rande des Verzagens. Sie halten sich fest am unerschütterlichen Gleichmut ihres Bruders. Er lehnt am Auto und blinzelt in das schwache Licht der Novembersonne. Was bedeuten schon sechzig Minuten mehr oder weniger Leben und Leiden? Er bündelt den versiegenden Rest seiner Lebensenergie fürs Sterben.

Daheim, in der Küche des Elternhauses, haben sich zur Todesstunde die Mutter und die nächsten Verwandten versammelt, um gemeinsam mit dem katholischen Diakon einen Rosenkranz zu beten. Auch er verwirft, wie es das Dogma befiehlt, jede Form der Sterbehilfe, es ist eine Todsünde. Doch er verteufelt Urbans Entscheidung nicht und tut, was ein wahrer Seelsorger tut: geistlichen Beistand leisten. Der Barmherzigkeit ist Zürich näher als der Vatikan.

Nach einer halben Ewigkeit öffnet sich die Tür. Im Vorraum hängt eine Karikatur, darauf ist ein Männlein zu sehen. Es steht auf einem Berggipfel und hält ein Giftfläschchen in der Hand. Im Tal locken die Diener der Apparatemedizin mit frischen Organen, Niere, Leber, Herz. Das Sterbezimmer ist vielleicht zwanzig Quadratmeter groß. Sessel, Nachtkästchen, fünf Stühle, ein runder Tisch mit granatroter Decke, Kerzen, eine welke Rose, an der Stirnwand ein Ölbild. Eine Frau im roten Gewand, den Rücken dem Betrachter zugekehrt, hat sich auf ihre Arme gelehnt und starrt in den Urwald. Neben dem Kassettenrekorder liegt eine CD, Vivaldi, *Die vier Jahreszeiten*. Auf einem Dreifuß in der Ecke surrt die Videokamera, alles, was nun geschieht, wird aufgezeichnet, zur juristischen Absicherung.

Ludwig Minelli tritt ein. Er vergewissert sich noch einmal, ob der Patient im Vollbesitz seiner geistigen Kräfte ist. Urban ist vollkommen klar im Kopf, schon vor Stunden hat er das Morphium abgesetzt, der Schmerz quält ihn nicht mehr, sein Körper gleitet an der Schwelle des Todes in eine betäubende Agonie.

Wenn einer in der Entscheidungskette ein ungutes Gefühl hat, dann wird dieser Prozess abgebrochen, erklärt der Jurist Minelli. Er öffnet einen Notausgang, man kann jetzt noch umkehren, es ist nicht zu spät. Aber Urban will nicht umkehren, er möchte sich erlösen, jetzt gleich. Er hat nicht mehr die Kraft, die Einwilligung in die Sterbebegleitung durchzulesen, die Schwester liest sie ihm laut und deutlich vor. Er nickt. Unterschreibt. Schickt seinen zitternden Bruder und seinen Freund hinaus. Er entlässt sie, weil er spürt, dass sie es nicht ertragen werden.

Nur noch die Schwester und der Theologiestudent sind im Raum. Urban setzt sich auf die Bettkante, Herr W. streut das Schlafmittel in das Wasserglas, fünfzehn Gramm Natrium-Pentobarbital, eine letale Dosis. Urban nimmt das Gefäß mit zitternder Hand, führt es zum Mund, leert es in drei, vier kräftigen Zügen und lehnt sich an die linke Schulter seiner Schwester, Herr W. kniet vor ihm. Urban legt den Zeigefinger auf die Lippen. Er sagt nichts mehr, nur noch ein kurzes Pssssst! entweicht seinem Mund. Nach zwei Minuten schläft er ein, die Schwester legt ihn aufs Bett und hält seine Hand. Urbans Züge entspannen sich, er lächelt, wie er seit März nicht mehr gelächelt hat. Er hat den Krebs besiegt. Er hat die Ketten seines Leidens gesprengt.

Nach knapp zehn Minuten setzt die Atmung aus. Nach sechzehn Minuten spürt die Schwester seinen Puls nicht mehr. Es ist 16.06 Uhr, 26. November 2004. Die Schwester wankt ans Fenster und öffnet es weit, damit die Seele ihres Bruders hinausfliegen kann.

Eine Gerichtsmedizinerin untersucht die Leiche und beglaubigt den Exitus. Im Vorraum befragen zwei Polizeibeamte die Geschwister. Ein Staatsanwalt protokolliert den Todesfall, um gerichtliche Nachforschungen auszuschließen. Drei Wochen später trifft die Urne mit Urbans Asche beim Bundeszollamt in München ein. Sie wird überführt in das Leichenschauhaus von R. Bei der Beerdigung spielt ein Freund auf der Querflöte, heitere Melodien aus Kuba.

Auf dem Sterbebild steht ein Gedicht von Rainer Maria Rilke.

Der Tod ist groß.
Wir sind die Seinen
lachenden Munds.
Wenn wir uns mitten im Leben meinen,
wagt er zu weinen
mitten in uns.

Über die letzte Reise Urbans ist bis zum heutigen Tage kein einziges böses Wort in der katholischen Heimatgemeinde bekannt geworden.

Barbarei oder Barmherzigkeit?
Ein Streitgespräch über das Recht zu leben und zu sterben

Die Geschichte über die letzte Reise meines Bruders Urban erschien am 8. Dezember 2005 in der ZEIT. Ich war innerlich vorbereitet auf das Echo, das sie auslösen würde – und dennoch hat es mich schier überwältigt. Da waren die spontanen Rückmeldungen der Freunde und Kollegen, die Anrufe von Verwandten und Bekannten, die Zuschriften der Leser, vor allem aber die vielen Anfragen von wildfremden Leuten, die irgendwie meine E-Mail-Adresse oder Telefonnummer herausgefunden hatten. Es waren keine Leserbriefe oder Kommentare im üblichen Sinne, sondern Hilferufe von Menschen, die sich selbst oder deren Angehörige sich in einer ähnlich aussichtslosen Lage befanden, Menschen in einem moralischen Dilemma, die nicht mehr weiterwussten.

Fünf Monate nach der Erstveröffentlichung wurde die Reportage »Ich will nur fröhliche Musik« für den Henri-Nannen-Preis nominiert. Dessen Verleihung wird alljährlich als Gala im Deutschen Schauspielhaus in Hamburg inszeniert, von Jahr zu Jahr ein bisschen pompöser, es handelt sich schließlich um den begehrtesten Preis im deutschsprachigen Journalismus, man nennt ihn »Henri« und kokettiert dabei mit dem Oscar der Filmwelt. An diesem verregneten Maiabend wurde der hanseatischen Medienszene und Kulturschickeria eine flotte Show mit der Country-Band Texas Lightning und der Sopranistin Sarah Brightman geboten, Günther Jauch führte als Moderator in gewohnter Jovialität durchs Programm.

Ich war ziemlich nervös und natürlich auch stolz, in die Endauswahl gelangt zu sein, gleichzeitig aber war mir der Auftrieb nicht geheuer. Als die Schauspielerin Gudrun Landgrebe in tragischem Tonfall Auszüge aus meinem Text vortrug und es im Auditorium grabesstill wurde, befiel mich der Zweifel. Ich schaute meine Mutter an, die mit versteinerter Miene drei Stuhlreihen hinter mir saß. War es richtig, die intime Todesgeschichte ihres Sohnes, meines Bruders, aufzuschreiben und in den Rachen der Öffentlichkeit zu werfen?

Das Votum der Jury war nahezu einstimmig. Ich erhielt den Egon-Erwin-Kisch-Preis, den »Henri« für die beste Reportage des Jahres 2006. In der darauffolgenden Woche wurde die Geschichte im *Stern* noch einmal abgedruckt, und plötzlich sah ich mich einem Tsunami gegenüber. In der Redaktion gingen über vierhundert Briefe, E-Mails und Anfragen ein, und wiederum handelte es sich in der Mehrzahl um Hilferufe. Ich bat die *Stern*-Redaktion, den Lesern zu antworten, denn ich war mit dieser Aufgabe hoffnungslos überfordert. Ich hatte weder die Kraft noch das psychologische Fachwissen, um Trost zu spenden oder Ratschläge zu geben. Jede Woche erreichten mich neue Einladungen zu Fachtagungen, Kirchenforen oder Medizinkongressen; Universitäten und Volkshochschulen fragten an; Radiosender baten um Interviews; Anne Will und Sandra Maischberger hätten mich gerne in ihren TV-Talkshows gesehen. Ich kam mir regelrecht gejagt vor. Und ich spürte, wie die Familie daheim unter dem Rummel litt. Meine Mutter erzählte, dass eines Tages ein Fotograf auf unserem Bauernhof aufgetaucht sei; er habe sie unbedingt unter dem Herrgottswinkel in der Küche fotografieren wollen. Die Bäuerin, das Kind und der Tod.

Der Öffentlichkeitszirkus wurde allmählich unheimlich, dennoch ließ ich mich von Thomas Osterkorn, Chefredakteur des *Stern*, zu einem Streitgespräch mit Robert Spaemann überreden – der intellektuelle Ehrgeiz, mit einem der berühmtesten katholischen Moralphilosophen unserer Zeit zu disputieren, war stärker als das Unbehagen. Nach all den christlichen Heucheleien, die meinen Bruder so erzürnt hatten, wollte ich an seiner statt mit den katholischen Dogmen abrechnen.

Robert Spaemann gehörte zu den Beratern Papst Benedikts XVI., er postuliert, der Begriff »Sterbehilfe« sei nur ein anderes Wort für Töten. Allein das empfand ich als Ungeheuerlichkeit, und dies umso mehr, weil ich den Ethiker Spaemann eigentlich schätze. Ich hatte mich an seinem aristotelischen Scharfsinn erstmals abgearbeitet, als ich in den siebziger Jahren in Eichstätt studierte, einem schmucken Barockstädtchen im Altmühltal, wo die einzige katholische Universität Deutschlands steht. Vier Semester lang hatte ich mich in diese Anstalt verirrt und neben Philosophie und Pädagogik kurzzeitig auch Theologie studiert. Unvergesslich die Vorlesungen in Ontologie beim gebieterischen Professor Friedrich Dörr über das *Ens a se*, das Durch-sich-selbst-Seiende. Ehe er im Priesterseminar unter dem Bildnis der heiligen Teresa von Ávila ans Katheder trat, mussten wir wie Chorknaben strammstehen, gemeinsam grüßen und das Morgengebet aufsagen. An einem Sommermorgen, nach einer durchzechten Nacht, las ich auf der Hausmauer der Katholischen Hochschulgemeinde den rettenden Spruch, der einem Bonmot von Karl Kraus nachempfunden war: »Es gibt ein Leben vor dem Tode.« Und ich floh aus dem bigotten Eichstätt. Aber meine Faszination für theologische Fragen ist geblieben, für das Problem der Theodizee, für die Gottesbeweise, für die Macht des Glaubens und die Furcht, die eine Geburtshelferin aller Religionen ist. Nun sollte ich also mit dem namhaften Philosophen diskutieren, den ich nur aus seinen Schriften kannte.

Wir trafen uns an einem sonnigen Oktobertag des Jahres 2006 in seinem Haus in Stuttgart-Botnang, das Herbstlicht floss in goldenen Fächern durch die Fensterscheiben und verlieh den barocken Heiligenfiguren im Raum einen magischen Widerschein. Ein liebenswürdiger alter Herr saß mir gegenüber, kantiges, bäuerlich anmutendes Gesicht, Adlernase, die hohe Stirn gesprenkelt mit Altersflecken, kleine, wache Augen unter buschigen Brauen, gütiges Lächeln, große, knochige Hände. Ein Geistesriese, konservativ und glaubensstark. Dies ist eine gekürzte Fassung unserer dreistündigen Disputation.

Herr Professor Spaemann, die letzte Reise meines krebskranken Bruders zu den Sterbehelfern nach Zürich muss für Sie eigentlich in höchstem Maße verwerflich sein.

Über die Entscheidung eines einzelnen Menschen werde ich nie urteilen, ich werde sie auch nicht verwerfen. Ich bin nicht betroffen von einer solchen Situation, und mein Interesse beginnt dort, wo die Dinge verallgemeinert werden, wo also nicht die Frage gestellt wird: »Hat Ihr Bruder recht oder unrecht getan?«, sondern: »Sollte es solche Einrichtungen geben?« Einem Menschen, der in Not ist, kann man diesen Ausweg nicht vorwerfen, selbst dann nicht, wenn man einen solchen Ausweg in generalisierter Form falsch findet.

Sie haben einmal geschrieben, dass Sie den Freitod für einen Ausdruck verminderter Zurechnungsfähigkeit halten.

Ich habe nicht behauptet, dass jeder, der sich selbst tötet oder sich töten lässt, nicht zurechnungsfähig sei. Wohl gibt es sehr viele Selbsttötungen, die in einem Zustand der Unzurechnungsfähigkeit begangen werden, aber auch das kann man nicht verallgemeinern. Ich denke, Ihr Bruder hat unter dem Eindruck extremer Schwäche einen starken Entschluss gefasst.

Wir haben die genau gegenteilige Erfahrung gemacht. Mein Bruder hat vor seinem Todestag alle Schmerzmittel abgesetzt, um im Vollbesitz seiner geistigen Kräfte zu sein. Ich habe ihn noch nie so stark erlebt wie in seinen letzten Tagen.

Ich meine, am Anfang einer solchen Entscheidung stehen Hilflosigkeit und Schwäche. Ob dies dann ein Ausweg der Stärke oder der Schwäche ist, das will ich gar nicht entscheiden.

Wenn ich Ihre Argumentation recht verstehe, dann haben wir, die begleitenden Geschwister, durch unser Tun die fundamentale Solidarität zerstört, die alle Menschen miteinander verbindet. Eine säkulare Gesellschaft werde barbarisch, wenn sie diese Solidarität aufgebe, postulieren Sie.

Ja, so habe ich mich einmal ausgedrückt, aber das habe ich auf den Arzt bezogen, der tötet. Ihre Sterbebegleitung war nicht ein Akt der Entsolidarisierung.

Ich finde, wir haben die schwierigste Solidarität geleistet, die man leisten kann. Wir sind unserem Bruder beigestanden. Er war sich sehr wohl bewusst, welche Zumutung er uns da aufbürdet. Aus unserer Sicht war es nicht ein Akt der Barbarei, sondern der Barmherzigkeit.

Ich meine, dass in Ihrem Fall das tatsächlich so ist, aber ich würde nicht so einen krassen Gegensatz zwischen Barbarei und

Barmherzigkeit machen. Denn Mitleid ist eine sehr zweideutige Sache. Mitleidstötungen, die man ja immer wieder erlebt, auch in Altenheimen, sind oft Tötungen, weil man sich selbst das *Mitleiden* ersparen will. Und so meine ich, dass sich auch eine Begleitung des eigenen Angehörigen auf diesem Weg doch mit einer klaren Missbilligung dessen, was er tut, verbinden kann. Ich habe versucht, als ich Ihre sehr eindrucksvolle Schilderung gelesen habe, mir vorzustellen, wie hättest du selber gehandelt. Nun sind alle diese Vorstellungen nicht sehr zuverlässig, denn man weiß im Grunde nicht, was man im Ernstfall wirklich tun würde. Aber so, wie ich die Sache in dem Augenblick gesehen habe, als ich das las, dachte ich: Ja, ich könnte meinen Bruder begleiten und könnte sagen, ich verlasse dich nicht bis zum letzten Augenblick, ich gehe mit dir, aber du weißt ganz klar, dass ich es falsch finde, was du tust. Denn man kann jemanden auch begleiten auf einem falschen Weg. Die Alternative lautet nicht, den Entschluss des Bruders zu missbilligen und ihn allein zu lassen oder den Entschluss zu billigen und ihn zu begleiten. Es gibt etwas Drittes.

Genau darüber haben wir im Kreise der Familie immer wieder diskutiert. Am Ende aber mussten wir entscheiden.

Was mussten Sie entscheiden?

Wir mussten entscheiden, ob wir seinen Weg billigen, um überhaupt mitgehen zu können.

Sie hätten sich auch entscheiden können zu sagen: Nein, wir können das nicht billigen, aber wir gehen mit.

Am Ende stand in jedem Fall der assistierte Freitod. Sie haben einmal geschrieben, der Mensch, der Suizid verübt, verlasse durch sein Tun die Solidargemeinschaft der Lebenden. Er katapultiere sich gleichsam aus der Gesellschaft hinaus. Das klingt so wie in jenen unseligen Zeiten, als Selbstmörder nur außerhalb des Friedhofs beerdigt werden durften, auf dem Schandacker.

Der Kontext dieses Satzes war ein ganz anderer. Ich habe die Frage diskutiert, ob versuchter Selbstmord strafbar sein sollte, was er ja in einigen Ländern ist. Und ich habe gesagt: Nein, das kann nicht strafbar sein, denn hier endet die Zuständigkeit der Gesellschaft. Wenn jemand aussteigen will aus der Solidargemeinschaft der Lebendigen, dann kann er das tun, und das kann die Gesellschaft auch nicht bestrafen. Wenn man mit diesem Menschen eng verbunden ist, dann wird man ihn sogar begleiten bis zum letzten Augenblick. Aber dieser letzte Schritt ist ein Schritt aus der Gesellschaft heraus.

Aus meiner Sicht ist mein Bruder nie aus unserer Gesellschaft ausgetreten, er ist da, wie die Ahnen im afrikanischen Naturglauben. Er bleibt Teil unserer Familie.

In einem metaphorischen Sinne kann man das sagen. Sein Gedächtnis ist gegenwärtig. Aber sowohl die animistischen Religionen als auch das Christentum denken an eine reale Existenz nach dem Tod, die nicht nur in der Erinnerung der Lebenden besteht.

Das meine ich. Im Animismus greifen die Ahnen in den Alltag ein, sie bestimmen die Geschicke der Lebenden.

Das Gemeinsame ist der Gedanke einer realen Existenz nach dem Tod.

Lassen Sie mich noch einmal auf die Gefahren der Entsolidarisierung durch eine freizügigere Sterbehilfe zurückkommen …

Die Entsolidarisierung fängt meines Erachtens da an, wo jemand die Selbsttötung akzeptiert, weil er sagt, das erspart mir die Aufwendungen, die auf mich zukommen, wenn der Kranke am Leben bleibt.

Sie sprechen von den explodierenden Kosten im Gesundheitswesen, wenn das Leben künstlich verlängert wird.

Ja. Denn bei jeder Art von Institutionalisierung der aktiven Sterbehilfe kommen diese Motive massiv nach vorne.

Sie befürchten also, dass aktive Sterbehilfe, wie sie zum Beispiel in Holland oder Belgien erlaubt ist, zu einem utilitaristischen Handeln führt, das sich von reiner Zweckmäßigkeit leiten lässt.

Ja, das scheint mir auch nicht bloß eine vage Sorge zu sein, sondern eine Prognose, die man mit ziemlicher Sicherheit stellen kann, weil die Menschen nun einmal so sind, wie sie sind. Man sieht doch, dass die Tötung ohne Verlangen, also genau das, was die Nazis machten, die Beurteilung eines Lebens als nicht lebenswert voraussetzt. Menschen werden, ohne je danach verlangt zu haben, getötet, und das wird in einer jährlich wachsenden Zahl praktiziert.

Sie erinnern in Ihren Beiträgen zur Debatte immer wieder an die NS-Zeit und verweisen auf den fürchterlichen Film *Ich klage an*, der die Euthanasie propagiert. Er wirke wie eine »Einstiegsdroge zum Massenmord«. Und Sie ziehen Parallelen von der damaligen zur heutigen Entwicklung. Ich kann das Wollen und Tun meines Bruders überhaupt nicht in diesen ungeheuerlichen Zusammenhang stellen. Er selbst empfand den Vergleich als Beleidigung, ja als Infamie.

Ich kann das aus der Sicht eines Menschen, der Sterbehilfe in Anspruch nehmen will, nachvollziehen. Aber ich glaube, dass man trotz der Proteste gegen solche Vergleiche sagen muss: Es gibt Gemeinsamkeiten. Wenn Sie den Film *Ich klage an* heute in einem Kino spielen, dann müssten Sie vielleicht zwei Minuten rausstreichen und der Rest des Filmes würde großen Beifall ernten. Denn er argumentiert fast genau so, wie heute argumentiert wird. Er klagt eine Justiz an, die so erbarmungslos ist, dass sie einen todkranken Menschen zum Leben zwingt.

Der Film spielt mit dem kollektiven Gefühl, dass Mitleidstötungen zugelassen werden müssen.

Walker Percy zitiert in seinem Buch *Das Thanatos-Syndrom* einen alten Mann, der sagt: »Sentimentalität führt nach Auschwitz.« Goebbels hat mit dieser Sentimentalität gearbeitet, er hat auch vom »Gnadentod« gesprochen. Damals haben die Psychiater gesagt: Diese Menschen haben ein erbarmungswürdiges Leben. Man muss sie befreien von diesem Leben. Und nun sehe ich, dass sich in Holland die Tötung ohne Verlangen weit verbreitet hat, mindestens tausend Fälle pro Jahr sind nachgewiesen. Darunter sind sogar Tötungen von Leuten, die voll zurechnungsfähig sind. Sie werden ohne ihr Verlangen getötet, weil man festlegt, dieses Leben ist nicht lebenswert. Und, Herr Grill, da kann ich nur sagen: Das alles habe ich in meiner Jugend schon mal gehört.

Somit unterstellen Sie den Holländern, dass sie sich dem Ungeist derjenigen anverwandeln, die ihr Land überfallen und terrorisiert haben!

In diesem Punkt tun sie es leider. »Was? Wie können Sie es wagen, ein liberales und demokratisches Land mit dem Naziregime zu vergleichen!«, heißt es dann empört. Ich habe das nie getan, sondern mich nur auf die aktive Sterbehilfe bezogen.

Aber hinter der gefühlsduseligen Propaganda der Nazis war doch ein ganz perfider, durch und durch rationaler Vernichtungsplan verborgen. Unsere Nachbarn müssen es als Beleidigung empfinden, wenn man ihnen unterstellt, es gebe ein Programm in ihrem Land, das so endet. Ein Holländer wird Ihnen sagen, es geht hier um Erlösung und nicht um Endlösung.

Aber genau das haben die Nazis ja auch gesagt, sie redeten von Erlösung, vom »Gnadentod«, sie gebrauchten all diese Worte. Ich sage nicht, dass bei den Holländern ein gezielter Plan dahintersteht, irgendwas wie die Nazis zu machen. Ich sage, dass sie sich auf eine schiefe Ebene begeben haben, von der sie nicht wissen, wo sie endet. Sie endet aller Wahrscheinlichkeit nach bei der Tötung ohne Verlangen, nein, ich muss mich korrigieren, nicht der Wahrscheinlichkeit nach, sondern wir haben es ja schon. Schwerkranke, leidende, voll zurechnungsfähige Menschen werden mit Zustimmung der Angehörigen von einem Arzt getötet. Sie werden getötet, weil der Arzt ihr Leben als nicht mehr lebenswert beurteilt. Und manchmal beschleunigt man auch den Prozess, in der Regel wird in Holland bereits acht Tage, nachdem zum ersten Mal der Wunsch zu sterben geäußert wurde, getötet. Ich glaube, in dreizehn Prozent der Fälle – die genaue Zahl habe ich nicht mehr im Kopf – geschieht das schon einen Tag später. Es gibt Fälle, in denen der Arzt sagt: Ich musste das schnell machen, weil ich die Betten brauchte. Das ist die Realität. Und über die kann man gar nicht hart genug sprechen.

Auch ich halte die Praxis der aktiven Sterbehilfe in den Niederlanden für höchst problematisch. Ein holländischer Professor hat unlängst beim Kongress der Palliativmediziner in Hamburg über die zunehmende Zahl von Grenzfällen gesprochen und davor gewarnt, dass sich der Prozess verselbstständigen könne. Dennoch halte ich Ihre Befürchtungen für vollkommen überzogen. Ihr Vergleich ist ungeheuerlich. Ich sehe am Ende dieser schiefen Ebene, wie Sie es nennen, kein Vernichtungsprogramm aufscheinen. Bei den Nazis hieß die Devise von Anfang an: »Schlagt aus, was rassefremd und krank!«. Man kann diese Barbarei doch nicht ernsthaft mit der umstrittenen Praxis in Holland verknüpfen. Sie gehen sogar so weit, zu behaupten, dort werde der Arm des Gesetzes auch ohne Führerbefehl umgelegt. Ihr Berufskollege, der Philosoph Volker Gernhardt, sah darin den Tatbestand der Volksverhetzung erfüllt.

Das ist ein gravierender Vorwurf. Ich habe mit diesem Kollegen Kooperationen abgebrochen, denn wenn er recht hat, müsste der Staatsanwalt gegen mich tätig werden. Der Tatbestand der Volksverhetzung ist strafbar. Der Kollege sagt, ich gehöre vor Gericht. Das scheint mir nun wirklich die Grenze zu überschreiten.

Ich muss Ihnen ehrlich sagen, auch ich halte Ihre Parallelen für völlig absurd. Denn es ist ein fundamentaler Gegensatz, ob viele Menschen von einer Vernichtungsmaschinerie gegen ihren Willen systematisch ermordet werden oder ob ein Individuum die schwere Entscheidung trifft, freiwillig seine Qualen zu beenden.

Das ist ein großer Unterschied. Aber in Holland werden Leute gegen ihren Willen getötet. Ich kann es ja auch nicht für Zufall halten, dass der Ruf nach Legalisierung der Euthanasie in einem Augenblick laut wird, wo wir uns auf eine enorme Überalterung der Gesellschaft hinbewegen. Freunde weisen es entrüstet von sich, wenn ich sage, es wird hier ein Ausweg vorbereitet für die Lösung dieses Problems. Nein, das gebe ich zu, subjektiv sind die Leute ehrlich und haben das auch nicht vor. Aber objektiv müssen wir doch fragen: Ist es wirklich Zufall, dass dieses Problem in einem Augenblick, wo die Überalterung derartig groß wird, massiv diskutiert wird? Laut Umfragen sind zwei Drittel der Holländer für die aktive Sterbehilfe. Aber wenn Sie in den Altersheimen nachfragen, sind neunzig Prozent der Leute dagegen, weil sie Angst haben.

Aber diese Diskussion entsteht doch nicht aus reiner Böswilligkeit. Sie ist eine Folge der demographischen Tatsachen.

Aber angesichts dieser Tatsachen erscheint es plötzlich als verlockend, diesen Ausweg zu finden.

Sie halten also eine Perversion, wie wir sie in unserer Geschichte hatten, durchaus wieder für möglich?

Ja, das ist offenbar.

Ihr Vertrauen in den demokratischen Rechtsstaat scheint nicht besonders groß zu sein.

Mein Vertrauen ist begrenzt. James Lewis schrieb in seinem Büchlein *Diabolicon of Men:* »Wir dürfen uns nicht täuschen, dass das, was heute die Faschisten in barbarischer, brutaler Form machen, bei uns von wohlmeinenden Leuten, von Gelehrten mit Zwicker, vorbereitet wird, und es wird genau dasselbe sein.« Das hatte immerhin ein Engländer und ein Patriot während des Krieges geschrieben.

Aber wer würde diese Entwicklung vorantreiben? Das klingt ja gerade so, als gäbe es eine Art Big Brother …

Nein, ich bin kein Anhänger von Verschwörungstheorien. Aber ich glaube, es gibt objektive Tendenzen. Ich denke da eher wie die Marxisten. Ich schreibe das nicht einzelnen Personen zu, die böswillige Absichten haben, sondern es gibt Trends. Und wenn man die Richtung des Trends erkennt, dann muss man den Anfängen widerstehen.

Sie sprechen aber nicht nur von einem Trend, sondern von einer zwingenden Logik, der zufolge aus dem Recht auf Sterbehilfe unvermeidlich eine Pflicht wird. Das müssen Sie mir genauer erklären.

Wenn ich ein Recht habe und es nicht in Anspruch nehme, dann habe ich normalerweise die Folgen dafür zu tragen, dass ich es nicht tue. Das ist dann meine freie Entscheidung. In der gegenwärtigen Rechtslage ist es so, dass Angehörige all die Mühen, das Geld und die Opfer für Pflegefälle aufbringen müssen, weil sie sich in der Solidargemeinschaft befinden. Das ist hart und auch schwer für mich einzusehen, wenn ich schwer krank bin, aber es lässt sich nicht ändern. In dem Augenblick, wo ich das Recht habe, meine Tötung zu verlangen, kehrt sich die Sache um. Da kann jeder zu mir sagen: Du lädst den anderen all diese Lasten auf, du könntest sie ganz leicht davon befreien. In dem Augenblick wird die Verantwortungslast auf ihn abgewälzt, er ist jetzt schuld, ich sehe nicht, wie sich das vermeiden ließe.

Der Opa ist zu teuer, er soll endlich freiwillig sterben – Sie unterstellen den Angehörigen die allerfinstersten Absichten. Im Klartext heißt das: Es kommt bei einer liberalisierten Sterbehilfe automatisch zu einem Dammbruch, weil die Menschen von ökonomischen Motiven geleitet werden.

Nein, ich meine das viel schlichter. Es sind gar nicht die böswilligen Angehörigen. Die opfern ja viel. Aber der Kranke hat eben das Gefühl: Alles, was sie für mich tun, könnte ich ihnen ersparen, und zwar auf legale Weise. Wenn ich es nicht tue, dann belädt es mich mit einer großen Verantwortung. Und dann kann ich mir vorstellen, dass mancher wirklich nicht mehr gerne leben möchte.

Aber es gibt doch die ausweglose Situation, in der ein unheilbar kranker, schwer leidender Mensch einfach nur seine Qualen beenden will. Er muss sagen können: Da ist keine Hoffnung mehr, ich möchte sterben. Es muss die Möglichkeit geben, dass er von seiner letzten Freiheit Gebrauch macht, die ihm noch geblieben ist. Er ist ganz auf sich zurückgeworfen und entscheidet jenseits aller mutmaßlichen ökonomischen Zwänge allein auf dieser Grundlage. Ich kann, ich will mein Leiden nicht mehr ertragen. Ich scheide aus freien Stücken aus dem Leben.

Ja, natürlich, das ist ein anderer Fall. Hier muss man doch unterscheiden zwischen Gebrauch machen von der eigenen Freiheit und der Inanspruchnahme anderer, mir dabei behilflich zu sein oder sogar selber die Aktiven zu sein. Ich bin ja gar nicht der, der hier aktiv wird, sondern die müssen es sein. Ich glaube, hier machen wir einen Sprung. Ich sagte ja vorhin: Wenn ein Mensch sich selbst tötet, steigt er aus der menschlichen Solidargemeinschaft aus. Wenn er aber einen anderen Menschen in Anspruch nimmt, um das zu tun, tritt diese Gemeinschaft in Kraft. Wenn man diese Grenze durchbricht, dann hat man einen sehr weitgehenden Schritt getan, der nicht mehr gedeckt wird von dem Autonomierecht. Dieses kann sich nur auf das beziehen, was ich selbst tue.

Absolut d'accord – wenn es um die aktive Sterbehilfe in Form einer tödlichen Injektion geht. Aber im medizinischen Alltag gibt es viele Fälle, wo wir von einer indirekten aktiven Sterbehilfe sprechen können. Die terminale Sedation, also die extrem erhöhte Gabe von schmerzstillenden Mitteln unter Inkaufnahme des Todes, ist zum Beispiel gang und gäbe, man spricht nur nicht darüber. Das könnte man genauso als Form der Tötung ohne Verlangen bezeichnen.

Es gibt eine Dunkelzone, einen gleitenden Übergang, aber hier spielt doch die Motivation eine ganz entscheidende Rolle. Denn zunächst ist es ja nicht Absicht, durch erhöhte Gaben von schmerzstillenden Mitteln das Leben zu verkürzen, sondern ein schweres Leiden zu lindern. Meistens ist es ja auch so, dass – wenn in der Absicht, zu töten, eine Dosis gegeben wird – die Dosis viel mehr erhöht wird, als wenn jemand es wirklich in palliativer Absicht gibt. Bei der palliativen Absicht gibt es eine Verkürzung des Lebens, aber die direkte Tötung, dazu müssen Sie viel mehr geben, als überhaupt medizinisch gerechtfertigt ist.

Aber auch im Fall der palliativen Absicht nehmen viele Ärzte längst in Kauf, dass der Patient sterben kann.

Man nimmt das in Kauf, ja. Aber meiner Ansicht nach nehmen wir das oft in Kauf. Ich nehme ja auch sonst Risiken in Kauf. Es ist aber ein Unterschied, den man doch sehr ernst nehmen muss, ob jemand zu einem anderen sagt, ich stilisiere das jetzt: Gut, du sollst nicht mehr sein. Das kann eigentlich ein Mensch zu einem Menschen nicht sagen. Der will ja befreit werden vom Leiden, gut, aber die Befreiung, die in der Tötung besteht, heißt ja, dass das Subjekt der Befreiung selbst verschwindet. Es wird also hier nicht befreit, sondern es geschieht etwas, was eigentlich in der menschlichen Gesellschaft nicht geschehen sollte, und vor allen Dingen nicht in professionalisierter Form. Diese Schweizer Sterbe-Einrichtungen, die sind mir eben doch sehr unheimlich.

Ich verstehe, dass Ihr Bruder die aufgesucht hat. Aber wenn ich mir den Arzt vorstelle, dessen Beruf es ist, Menschen zu töten, dann wird mir wirklich ganz schlecht, und ich muss sagen, ich würde niemals auch nur ein Medikament verschreiben. Wo jemand eine Profession daraus macht, Menschen zu töten, da überkommt mich ein ähnlicher Schauder, wie er die Menschen immer überkommen hat gegenüber Henkern.

In der Schweiz gibt es die gesetzlich erlaubte Praxis des begleiteten Freitods schon seit vielen Jahren, und trotzdem ist unser Nachbarland nicht zu einer »Zivilisation des Todes« entartet. Dieses Horrorszenario, das Sie gelegentlich heraufbeschwören, sehe ich nicht. Ich halte die Schweiz für ein hochkultiviertes Land mit einem ausgeprägten Freisinn. Eine Professionalisierung des Tötens ist ausdrücklich verboten. Die Sterbehelfer von Exit oder Dignitas erbringen eine freiwillige Dienstleistung, hinter der kein Profitstreben stehen darf.

Aber die Ärzte, die bei Dignitas tätig sind, machen das doch professionell.

Dignitas besorgt das letale Schlafmittel, der Patient oder Klient nimmt es ganz allein ein, niemand darf ihm dabei helfen. Die Ärzte begleiten den Prozess nur und bekommen dafür kein Honorar.

Ja, wovon leben die denn?

Von ihrer regulären Arbeit. Bei Dignitas sind sie nur ehrenamtlich tätig. Wenn Ludwig Minelli, der Leiter von Dignitas, Gewinne aus dieser Dienstleistung machen würde, so wäre das sein Ende. Wir haben natürlich sehr genau geprüft, was mit dem Geld unseres Bruders passiert. Man zahlt für die Mitgliedschaft im Verein, für das tödliche Schlafmittel, für das Krematorium und die Heimführung der Urne. Jedes Honorar aber ist nach Schweizer Gesetz verboten.

Wenn das so ist, dann muss ich mich korrigieren.

Und es geht hier auch nicht um aktive Sterbehilfe, nicht um eine Tötung auf Verlangen.

Weil der Betreffende das Gift selber nimmt.

Niemand darf bei der Einnahme auch nur seinen zitternden Arm stützen.

Aber sagen Sie bitte, warum gehen denn da die Leute in die Schweiz? Das können sie doch überall haben, wenn es keine aktive Sterbehilfe ist.

Wenn mir in Deutschland jemand ein tödliches Gift verabreicht, so kann er das ungestraft tun. Beihilfe zum Suizid ist hierzulande nicht verboten, solange der Helfer nicht die Tatherrschaft übernimmt, denn dann handelt er ja intentional und kann wegen Tötung oder gar Mord belangt werden. Aber wenn Sie einem Menschen beim Freitod geholfen haben, dann müssen Sie anschließend sofort dafür sorgen, dass sein Magen ausgepumpt wird – sonst machen Sie sich strafbar. Und das ist genau die absurde Situation, in die Sie unser Gesetz bringt. In der Schweiz ist das klar geregelt, hierzulande werden die verzweifelten Menschen allein gelassen, vom Gesetzgeber, von den Ärzten, von den Kirchen sowieso.

Ich habe viele gute Freunde unter Ärzten, die in der Tat sagen: Das gehört nicht zu unserem Beruf, wir heilen, wir retten Leben, übrigens auch nicht um jeden Preis. Ich glaube, dass der verstärkte Ruf nach Euthanasie auch damit zusammenhängt, dass man in den letzten Jahrzehnten so extreme Formen von Lebensverlängerung praktiziert, dass das über jedes vernünftige Maß hinausgeht. Und dass man dann sagt: Also, sollte man dann nicht lieber ein Ende machen? Ich habe schon vor dreißig Jahren geschrieben, dass der Ruf nach Euthanasie kommen wird. Man lässt die Leute nicht mehr in Frieden sterben. Und die Mentalität ist ja ein bisschen ähnlich bei denen, die das Leben verlängern, und denen, die dann am Ende töten. Es muss nämlich immer etwas gemacht werden, man kann nicht zurücktreten und sagen: Nein, jetzt lassen wir die Natur ihren Gang gehen. Wir lindern die Schmerzen, soweit wir können. Der Mensch stirbt dann auch sehr viel schneller. Warum soll man ihn nicht schneller sterben lassen? Sie sitzen heute zwischen Scylla und Charybdis.

Es gibt eben auch auf diesem Feld massive ökonomische Interessen. Die künstliche Verlängerung von Leben, das verzögerte Verendenlassen von Menschen ist ja sehr profitabel.

Ja, diesen inneren Zusammenhang muss man sehen. Manchmal wird das Leben nur in einem Fremdinteresse verlängert. Jemand wird an Apparate angeschlossen, damit er noch lebt für den Zweck einer Organentnahme.

Ob aktive, passive oder indirekte Sterbehilfe – ich habe den Eindruck, dass hierzulande alle Möglichkeiten unter kriminellem Generalverdacht stehen. Dabei haben wir es im Bereich des Sterbens und der Sterbehilfe stets mit höchst individuellen und konkreten Schicksalen zu tun. Unsere geltenden rechtlichen und moralischen Normen aber sind höchst allgemein und alles andere als konkret.

Aus diesem Grunde sage ich ja auch, dass die allgemeine Regel niemals jeden Einzelfall wirklich erfassen kann. Das kann man schon bei Platon nachlesen: Allgemeine Gesetze haben immer irgendein ungerechtes Moment, weil sie dem Einzelfall nicht gerecht werden. Aber wie soll man darauf reagieren? Indem man jetzt die extremen Fälle verallgemeinert und legalisiert? Oder indem man sagt, wir müssen das einfach hinnehmen, unvergleichliche Einzelfälle gehören zum menschlichen Dasein? Wenn jemand aus Freundschaft zu einem Menschen ihn auf seinem Weg nicht nur begleitet, sondern ihm aktiv behilflich ist, dann muss er, wenn es ihm ernst ist, auch eine Strafe akzeptieren, wie das Gandhi schon vorgemacht hat. Er wird also sagen: Es ist mir lieber, ich werde hierfür bestraft, ich nehme das auf meine Kappe. Ich habe nach meinem Gewissen gehandelt, ich würde es auch wieder tun. Aber ich sehe ein, dass eine allgemeine Legalisierung meines Handelns sehr viel mehr Übel zur Folge hätte als Gutes, und darum akzeptiere ich die Folgen. Das würde mir sehr großen Eindruck machen, und ich würde da sofort die Honorigkeit dieses Menschen akzeptieren.

Aber warum soll man sich kriminalisieren lassen für etwas, was in einem anderen europäischen Land ganz legal ist? Ich sehe es genau umgekehrt: Weil es absolut menschenunwürdig ist, für einen assistierten Freitod in die Schweiz reisen zu müssen, sollte dies in Deutschland nicht weiterhin verboten sein. Mein Bruder und wir Geschwister haben diese Entwürdigung selbst durchgemacht. Wir hätten uns alle gewünscht, dass Urban in unserem Elternhaus hätte sterben dürfen.

Das kann ich sehr gut verstehen. Aber die Beispiele, die ich vor Augen habe, sind nicht diese Einzelfälle, sondern die vielen Menschen, die einer Legalisierung der Sterbehilfe zum Opfer fallen würden. Und da ist die Entwürdigung viel größer, insbesondere wenn – wie in Holland – zwei Motive durcheinandergehen, nämlich das Autonomie-Motiv und das Fürsorge-Motiv. Die sind zwei völlig verschiedene. Es ist ja so: Wenn ein Mensch den Wunsch äußert, getötet zu werden, dann wird im Allgemeinen erforscht, was sein Motiv ist. Wenn er sich zum Beispiel aus Liebeskummer umbringen will, dann wird ihm kein Arzt behilflich sein, nehme ich an. Aber man kann natürlich, wenn man streng auf die Autonomie sieht, sagen: Wieso eigentlich nicht? Wieso soll der Mensch nicht das Recht haben zu sagen, ich will nicht mehr weiterleben, wenn diese Liebe sich nicht realisieren lässt? Aber wem steht es überhaupt zu, die Motive zu bewerten? Warum gilt nicht jeder Tötungswunsch jedem anderen gleich? In der Praxis ist es so, dass nur großes körperliches Leiden anerkannt wird. In Holland sind es inzwischen auch seelische Leiden, also wird es bald auch der Liebeskummer sein.

Wer Liebeskummer hat, braucht Hilfe zum Leben, nicht zum Tod. Deswegen muss man die wirklich bedürftigen Fälle definitorisch sehr genau eingrenzen.

Das ist aber eine Definition des Autonomieprinzips, wenn man das Autonomieprinzip so weit treibt. Wem steht es denn zu, zu beurteilen, dass mein Wunsch, aus Liebeskummer zu sterben, nicht verdient, respektiert zu werden? Und wenn es jemandem zusteht, dann ist meine Folgerung die: Dann kann er auch ohne Verlangen töten. Dann kann er sagen, ich habe ja die Kriterien selber. Man macht es sich recht einfach. Es wird in dieser Frage jedenfalls kein mühevoller, opferbereiter und kreativer Weg beschritten, solange man einfachere Möglichkeiten hat.

Ich finde das nicht. Die Palliativmedizin macht große Fortschritte, und auch die Hospizbewegung wird stärker. Ich sehe da gleichlaufende Entwicklungen. Erlauben Sie mir an dieser Stelle einen Rekurs zum Begriff der Autonomie, den Sie vorhin erwähnt hatten. Wenn wir der Definition von Kant folgen, verstößt die Selbsttötung gegen die Autonomie des Menschen; ein solcher Akt sei nicht mit seinem Selbstzweckcharakter vereinbar. Meinem Bruder waren am Lebensende solche Überlegungen ziemlich egal. Er hatte seine eigene Definition von Autonomie. Für ihn war die Selbsttötung ein Teil der Selbstbestimmung. Er sagte: Es ist mir noch eine einzige Freiheit geblieben. Ich befreie mich aus dem Kerker, der mein Körper ist.

Ich glaube nicht, dass der Mensch in extremen Situationen exemplarischer Träger von Autonomie ist, sondern gerade wenn die Autonomie am schwächsten ist, dann kommen diese Erwägungen auf. Sie haben erwähnt, dass Ihr Bruder nicht an ein Fortleben nach dem Tod glaubte. Dann frage ich aber: Was heißt das, ich will mich befreien von meinem Körper? Das hieße ja, da gibt es ein Ich, das hat sich befreit von seinem Körper. Als dieses befreite Ich lebt es weiter. Wer das aber gar nicht glaubt, der kann das Wort »Befreiung von meinem Körper« nicht benutzen. Er kann nur sagen: Ich will mich als Ganzes zum Verschwinden bringen.

Mein Bruder empfand den Moment des Entschlusses als Befreiung. Er befreite sich, wie sich ein Gefolterter von seinem Peiniger befreit, indem er den Freitod wählt.

Da ist Kant, glaube ich, auch eher schwach. Sein Argument ist sehr rationalistisch. Bei ihm bedeutet der Selbstzweckcharakter des Menschen: Ich darf einen Menschen nicht bloß zum Mittel zum Zweck machen, um irgendwelche angenehmen Zustände zu erreichen oder unangenehme zu vermeiden. Derjenige, der sich selbst tötet, stellt obenan nicht das Sein, die Existenz der Person, sondern bestimmte Zustände. Und diese macht er zur Bedingung dafür, dass er als Person weiterlebt. Er stellt sich sozusagen in den Dienst dieser Zustände und hat sich damit als Freiheitssubjekt schon aufgegeben. Nun kann das unter dem Druck großer Schmerzen ja passieren, dass jemand sich als Freiheitssubjekt aufgibt, aber dann darf man das nicht einen Akt der Freiheit nennen.

Demzufolge ist für Kant die Selbstauslöschung des Freiheitssubjekts ein irrationaler Akt.

Ja. Ebendeshalb, weil er immer mit diesem illusorischen Gedanken der Befreiung verbunden ist.

Sie haben einmal von einem »apriorischen Interesse jedes Menschen an seiner eigenen Existenz« geschrieben. Ich erlaube mir, im Namen meines Bruders das Aposteriori dagegenzusetzen, also die Erfahrungswelt, in der uns ein nackter Selbsterhaltungstrieb bestimmt. Es gibt einen Punkt, an dem dieser Trieb erlahmt. Und zwar genau dann, wenn das Dasein zur Hölle wird.

Wenn es stimmt, was Sie beschreiben, ist es tatsächlich so, dass dieses vitale Selbsterhaltungsinteresse erlischt, weil die minimale Qualität des Lebens nicht mehr gegeben ist. Und dann meinte Kant, dass es aber ein bleibendes Vernunftinteresse gibt. Aber ich denke auch, dass hier dann das Kant'sche Motiv nicht stark genug sein kann, sodass als letztes Argument gegenüber der Selbsttötung eigentlich nur ein religiöses Argument trägt, wie es zum Beispiel Sokrates benutzt hat. Er verurteilte den Selbstmord aus religiösen Gründen. Ich glaube tatsächlich, ohne die Gedanken an, erstens, ein Weiterleben nach dem Tod und, zweitens, an eine Verantwortung des Menschen für sich selbst ist es schwer, ein Argument gegen den Selbstmord zu finden. Die Verantwortung des Menschen für sich selbst ist an sich ein altes Thema der Ethik, aber meiner Meinung nach gibt es so etwas nur unter der Voraussetzung der Existenz Gottes. Denn Verantwortung setzt immer einen Adressaten voraus, vor dem ich verantwortlich bin. Wenn ich mich töte, bringe ich ja den Adressaten dieser Verantwortung auch zum Verschwinden. Insofern macht der Begriff einer Verantwortung in einem nichtreligiösen Kontext für mich selbst gar keinen Sinn, sodass ich mit jemandem, der die Selbsttötung verteidigt, unter Rekurs auf Gott argumentieren würde. Und wenn er das nicht akzeptiert, kann ich eigentlich nicht mehr viel sagen.

Die Religion und die Philosophie haben meinem Bruder nie viel bedeutet. Für ihn war der assistierte Freitod, also die Selbstauslöschung, nicht eine irrationale Entscheidung, wie Kant sagen würde, sondern eine durch und durch rationale.

Rational, da muss man sich über die Begriffe unterhalten. Kant würde das nicht rational nennen, weil er einen Begriff von Vernunft hat, der nicht nur darauf abhebt, dass jemand mit Gründen und Gegengründen klug argumentiert, sondern dass er auch ein in sich vernünftiges Ziel hat. Das kann jemand sein, Kant spricht von Leuten, die »Vernunft als Diebesleuchte der Leidenschaften benutzen«, es gibt also die instrumentelle Vernunft, wie Horkheimer einmal gesagt hat. Da kann jemand sehr rational und klug sein, aber das Ganze ist irrational.

Wie auch immer, mein Bruder hat alle Versuche, ihn von seiner Entscheidung abzubringen, stets als Fremdbestimmung gesehen, als paternalistische Bevormundung, die vor allem aus kirchlichen und medizinischen Kreisen kam. Diese Moralprediger, sagte er, würden seine Willensfreiheit nicht respektieren. Sie rauben dem Leidenden jede Entscheidungsmöglichkeit.

Sprechen wir jetzt von der Selbsttötung oder von der Fremdtötung auf Verlangen?

Wir sprechen nach wie vor von der Selbsttötung, vom Freitod.

Ja, nun gut, aber das wird ein Palliativmediziner einem Menschen ja nicht verbieten. Ich glaube, niemand kann ihm das verbieten. Die Kirche hat natürlich das Recht, ihre religiösen Argumente ins Spiel zu bringen. Das ist ihr Geschäft. Dagegen würde ich gar nichts sagen. Aber wenn für jemanden dieses gar keine Instanz ist, die zählt, dann greift natürlich auch das Argument nicht. Das ist ja klar.

Ein Argument oder besser: eine Prämisse, die für jeden zählt, haben Sie einmal so niedergeschrieben: »Liebe tut alles für den, den man liebt.«

Ja.

Ist das nicht ein Widerspruch in sich? Denn wenn die Liebe wirklich alles täte, dann müsste sie auch auf Verlangen töten.

Nein!

Der Bruder sagt: Tue es, wenn du mich liebst.

Dann würde ich antworten: Mein lieber Bruder, ich kann es nicht tun. Ich kann nicht sagen: Du, mein Bruder, sollst nicht mehr existieren. Das geht nicht, alles andere ja.

Sie warnen vor einer »Zivilisation des Todes«, ich wünsche mir, dass Menschen in unerträglicher Not menschenwürdig sterben dürfen. Sterben ist per definitionem der letzte Akt des Lebens.

Ja, aber nicht der Tod.

Der Artikel 2 unseres Grundgesetzes schützt uns bis zuletzt. Das heißt, jeder Bürger hat nicht nur ein Recht auf ein menschenwürdiges Leben, sondern auch auf ein menschenwürdiges Sterben.

Moment. Da kommt es darauf an, was »menschenwürdig« heißt. Was mir Krankheiten antun können, das kann so schrecklich sein, dass man sagen kann, das ist eigentlich nicht menschenwürdig. Aber das liegt nicht in unserer Hand. Die Natur haben wir nicht in der Hand. Die Tötung eines Menschen ist noch viel menschenunwürdiger. Es ist meiner Meinung nach vor allen Dingen diese künstliche Lebensverlängerung, die den Menschen ums Sterben betrügt, die ihm einfach nicht erlaubt, zu sterben …

… und ihm dabei die Menschenwürde raubt.

Ja. Aber das tut auch die Tötung, denn sie beendet den Prozess des Sterbens. Sie lässt den Menschen auch nicht sterben, sondern sagt: Schluss, aus, es wird nicht mehr gestorben. Ich mache mir also genau das zu eigen, was Sie sagen. Sterben ist ein Teil des Lebens, und wir müssen es vor zwei Seiten schützen: vor den Leuten, die Menschen zum Leben zwingen wollen, und vor jenen, die den Sterbensprozess abschneiden wollen.

Dennoch muss ein schwerkranker Mensch sagen können: Ich will nicht mehr.

Das kann er zwar sagen, aber dann muss er abwarten, ob er stirbt. Und wenn er sich selber töten will, dann soll er es tun.

Wir haben in unserer vergnügungssüchtigen Gesellschaft die *Ars moriendi*, die Kunst des Sterbens, verlernt. Der Tod wird vollkommen verdrängt. Und nun erleben wir, wie auch die Hospizbewegung das Sterben verharmlost, ja gleichsam romantisiert. Von einem »lebenssatten Sterben« und dergleichen Unsinn ist da die Rede. Man tut so, als ob das Sterben ein normaler Vorgang wäre und nicht der grausame Super-GAU, die größtmögliche Katastrophe für einen Menschen.

Trotzdem kann man die Spitzen der Grausamkeit abschneiden. Man kann nicht das Leiden am Sterben beseitigen, aber die Vorstellung, das Leiden um jeden Preis zu verhindern, führt dazu, dass man den Leiddruck beseitigt, damit man das Leiden beseitigt. Ich glaube, das ist eine ganz gefährliche Entwicklung, zu sagen: Leiden ist das Schlimmste, was es gibt. Und wenn man es anders nicht beseitigen kann als durch Beseitigung des Leidenden, dann muss man eben das tun. Dann heißt das, den Sinn der Dinge auf den Kopf stellen.

Aber da sprechen wir wieder von einem staatlich verordneten Todesprogramm.

Ja. Das beginnt mit der Legalisierung der Sterbehilfe. Ich meine eben, da muss eine Grenze sein, die die Unantastbarkeit des Lebens schützt.

Also doch nur Hospiz und Palliativmedizin, die so tut, als würden wir ummantelt sterben. Wir sterben vielleicht nicht einsam, aber wir sterben alle allein. So, wie wir allein atmen und träumen.

Das Sterben ist ein schrecklicher Durchgang, aber es kann auch in eine liebevolle Gemeinschaft eingebettet sein. Ich selber habe es beim Sterben meiner Frau vor drei Jahren erlebt. Man kann dann auch beobachten, wie von einem gewissen Zeitpunkt an, das beobachten eigentlich alle, die darüber berichten, eine Phase der Rebellion abgelöst wird durch eine Phase des Einverständnisses. Und das gehört mit zu diesem Prozess. Aber der wird durch die Lebensverlängerer und Befürworter der Euthanasie gleichermaßen verhindert. Sie wollen es gar nicht dahin kommen lassen, dass der Mensch dem Erleiden des Todes zustimmt. Das ist eigentlich die höchste Form der Zustimmung zum Leben.

Und trotzdem behaupte ich, dass auch die Kirche die Menschen oftmals allein lässt und sie in schwere Gewissenskonflikte stürzt. Denn wer den assistierten Freitod vollzieht, begeht nach ihrer Lehre eine Todsünde. Gott hat das Leben gegeben, Gott nimmt es. Man erwartet von den Menschen, ihr Leid wie Jesus am Kreuz zu ertragen, aber sie haben nicht die Kraft des Herrn. Was sagt man diesen Menschen?

Das ist doch ein großer Unterschied, die persönliche Zuwendung zu einem Menschen in solchen Situationen und das, was man für einen richtigen Weg im Sinne des christlichen Glaubens hält. Die Zuspitzung auf extreme Situationen, wie Sie das sehr eindrucksvoll in dem Bericht über Ihren Bruder gemacht haben, hat natürlich nichts mit den zahllosen Fällen zu tun, die nicht so dramatisch sind, mit Fällen, bei denen tatsächlich die Palliativmedizin helfen kann. Aber was die Kirche betrifft: Was soll sie denn eigentlich tun? Wenn sie glaubt, dass das Wort »Du sollst nicht töten« auch dies betrifft, dass das ein göttliches Gebot ist, das dem Menschen sowohl durch seine Vernunft zugänglich ist als auch durch die zehn Gebote, wenn sie das glaubt, dann kann sie doch nicht deshalb, weil Menschen sagen, das ist mir aber irgendwie zu schwer, sagen, nein, nein, dann lassen wir das mal. Sie kann nur sagen: Ja, wir würden dir beistehen. Wir können in dich sowieso nicht reingucken und von außen den Grad deiner Schuldhaftigkeit beurteilen. Wir können nur objektiv sagen, das ist nicht der Weg, den die Kirche verpflichtet ist zu lehren. Man will ihr dann immer alles aufhängen an Verantwortung und sagt, sie lässt die Menschen im Stich. Sie lässt sie nicht im Stich.

Ich kenne Fälle, in denen Priester vor solchen Problemen davongelaufen sind.

Das ist natürlich ... Aber sie verhalten sich nicht im Sinne der Kirche.

Deswegen haben viele Menschen das Gefühl, dass sich die Kirche um Antworten drückt.

Wenn das der Fall ist, dann ist sie zu tadeln.

In Deutschland fordern nicht nur Sterbehelfer Gesetzesänderungen, die Mehrheit der Bevölkerung ist für eine liberalisierte Sterbehilfe.

Da würde ich entschieden widersprechen. Der Gesetzgeber schützt die Menschen.

Er kriminalisiert sie in puncto Sterbehilfe.

Er kriminalisiert das Töten. Ich habe versucht, meine Gründe dafür darzulegen, warum er das tun muss. Weil die Legalisierung des Tötens, sei es auf Verlangen oder ohne Verlangen, eine Schleuse öffnet, die unabsehbar ist.

Aber er kriminalisiert eben auch den assistierten Freitod.

Beihilfe zum Selbstmord ist doch bei uns nicht strafbar. Ich bin allerdings der Meinung, dass diese Regelung konsequenterweise auch reformbedürftig ist – aber in umgekehrter Richtung. Auch die Beihilfe zum Selbstmord sollte strafbar sein.

Damit aber würde man die Betroffenen eher noch mehr kriminalisieren als weniger.

Ja, so ist es.

Ich war nach diesem Gespräch vollkommen erschöpft und fuhr wie in Trance zum Stuttgarter Flughafen. Ein Diktum Robert Spaemanns wirbelte in meinem Kopf herum: Das Erleiden des Todes als höchste Form der Zustimmung zum Leben – das erinnerte mich an die Geisteshaltung meiner Großmutter Therese. Ich war dem katholischen Glauben so fern wie nie zuvor.

Unser Streitgespräch löste wiederum große Resonanz aus. Im Feuilleton der *Frankfurter Allgemeinen Zeitung* wurde es »als unglaublich radikales Interview« belobigt. »Es zeigt, was der Interviewform möglich ist. Es beweist, dass es Themen gibt, die tatsächlich allein im Zusammenprall der Überzeugungen eine angemessene Darstellung erfahren. Das Thema Sterbehilfe ist genauso ein Thema, das sich jeder Harmonisierung durch ›Argumente‹ widersetzt, ein Thema, das im Genre des Essays, des Plädoyers oder des moraltheologischen Traktats nur jede Menge falscher Töne hervorbringt. Erst in der kontroversen Form des Interviews, in Frage, Antwort, Gegenfrage, können sich die gegensätzlichen Positionen aufreiben. Und nur Aufgeriebene haben zu diesem Thema etwas zu sagen. Die anderen können nur plappern. Aufgeriebene sind sie beide.«

Wider Willen war ich zu einem Experten für ethische Fragen der Sterbehilfe geworden. Wenn fortan über dieses Thema öffentlich gestritten wurde, im Parlament, auf Kirchentagen oder in Fernsehrunden, versuchten die ZEIT-Kollegen, mich zu Analysen oder Kommentaren zu bewegen. Ich lehnte jedes Mal ab. Nur noch einmal ließ ich mich zu einem öffentlichen Auftritt überreden, und das lag an der charmanten Überzeugungskraft von Hans-Joachim Willenbrinck, einem engagierten Arzt, der in Bremen einen Kongress über Palliativmedizin organisiert hatte. Ich nahm an einer Podiumsdiskussion in der Empfangshalle der Bürgerschaft teil, neben mir saßen ein Theologe, ein Psychologe, ein Mediziner und eine Kollegin vom SPIEGEL. Als der letzte Satz verklungen war, standen zwei Dutzend Menschen vor mir, die Rat und Beistand suchten. Ich habe mich seither nie wieder öffentlich zum Thema Sterbehilfe geäußert, und ich werde es weiterhin so halten.

Der Tod ist ein Mörder
Abschied von der Mutter

Nach dem Tode Urbans saß Mutter jeden Tag auf der Küchenbank unter dem Kruzifix, wo er immer gesessen hatte. Es schien, als würde sie nur darauf warten, dass er eintrete unter das böhmische Gewölbe und sich zu ihr setze, ganz besonders am Sonntag, dass er das Wiener Schnitzel genoss, das sie mit aller Mutterliebe für ihn zubereitet hatte. Aber der Sohn kam nicht mehr, und sie saß einsam am Tisch und haderte mit dem Schicksal: Es sei nun auch für sie Zeit zu gehen, sie wolle sich neben Urban ins Familiengrab legen. In trüben Gedanken versunken schaute die alte Frau oft so abwesend aus dem Küchenfenster, als würde sie nicht einmal mehr den Wechsel der Jahreszeiten wahrnehmen. Die Bäume schlugen aus, der Sommer kam, das Laub fiel ab, Schneeflocken rieselten auf den Obstgarten, und die Bäume schlugen wieder aus. So zogen vier Jahre am Küchenfenster vorbei.

Das Bauchweh kam im April, heftige Schmerzen, die immer stärker wurden und nicht mehr aufhören wollten. Ein Internist im Kreiskrankenhaus Wasserburg diagnostizierte eine akute Gallenblasenentzündung. Mutter wurde unverzüglich operiert und war zunächst sehr geschwächt. Als es ihr nach ein paar Tagen sichtlich besser ging, durfte sie heimkehren und sich wieder auf die Küchenbank setzen. Nach einer kurzen, trügerischen Genesungsphase verfiel ihr Körper rapide. Die Ärzte stellten fest, dass beim ersten Eingriff offenbar eine Darmwand perforiert worden und der gesamte Bauchraum infiziert war. Sie beschlossen eine Notoperation. An einem Dienstag um elf Uhr vormittags, acht Tage nach dem ersten Eingriff, wurde sie abermals in Vollnarkose gelegt und der Bauch zum zweiten Mal aufgeschnitten. Es war für die überaus geschwächte Achtzigjährige das Todesurteil.

Da liegt sie auf der Intensivstation, Raum 2944, an der Wand ein Bild, der Gipfel des Mont Blanc. Das Gesicht wachsbleich, die Wangen eingefallen, der Blick gleichgültig, die sparsamen Bewegungen unendlich verzögert – ein Häuflein Elend. Um sie herum das Arsenal der Gerätschaften, Defibrillator, Monitore, Oszillographen, die rosarote Kurve zeigt den Blutdruck an, die türkisgrüne das Atemvolumen, die gelbe die Herzfrequenz. Wir sehen das Herz der Mutter rasend pochen, hundertneunzig Schläge pro Minute.

Am Bett steht Dr. R., die Assistenzärztin. Es habe alles ganz rasch gehen müssen, erklärt sie, es tue ihr leid, dass man die Familie vor der Notoperation nicht verständigt habe. »Dafür möchte ich mich entschuldigen.« Man hielt Mutter das übliche Formular hin, sie unterschrieb, ohne zu zögern. Nie wäre sie auf die Idee gekommen, die Entscheidungen von Medizinern anzuzweifeln, sie stellte keine Fragen, das ist in ihrer Generation nicht üblich. Man vertraut den Ärzten bedingungslos, diesen studierten Fachleuten, die der Nimbus der Unfehlbarkeit umwölkt. Aber wir stellen Fragen an den Chefarzt Dr. B. Wer hat die riskante Maßnahme beschlossen? Wurden alle Optionen erörtert? Gab es nur diese eine Möglichkeit? Wer hat operiert? Warum hat man uns nicht *vorher* informiert? Hätte man nicht schon viel früher eine Kernspintomographie machen müssen? Warum ist das nicht schon beim ersten Klinikaufenthalt geschehen, als eine Entzündung und Ausstülpung des Darms festgestellt wurde? Der Chefarzt blättert verlegen im Krankenblatt. »Da haben Sie mich jetzt kalt erwischt«, sagt er mit gesenkter Stimme. Offenbar will er nicht, dass die Patientin seine Worte hört.

Am nächsten Tag wird Mutter von der Intensivabteilung, in der die Schwer- und Schwerstkranken nur durch Wandschirme voneinander getrennt sind, in eine Einzelkabine im vorderen Bereich der Station verlegt. Sie gleicht einem Aquarium, nackte Funktionalität, vollgestellt mit medizinischen Apparaturen. Auf dem Spiegel klebt ein Glasfisch mit himbeerrotem Maul. Über dem Waschbecken und dem Spender für Schutzhandschuhe hängt eine grün eingefasste Ikea-Uhr. Immerhin liegt Mutter jetzt allein, man gewährt ihr ein bisschen Privatheit in der Agonie. »Sie kämpft nicht mehr«, sagt die diensthabende Schwester. Durch das Fenster leuchtet Eichengrün herein, der Maiwind kämmt durchs Geäst. Ein Kuckuck schreit, der kindliche Aberglaube meldet sich: Lieber Kuckuck sag mir doch, wie viel Jahre leb ich noch?

Wir beschließen, nicht mehr von der Seite unserer Mutter zu weichen. Tag und Nacht halten wir Krankenwache, die Geschwister, das Enkelkind Sophia und die Nichte Resi.

Meine erste Schicht. Mutter ist zu schwach zum Reden. Ich erzähle Anekdoten aus sorglosen Tagen, flöße ihr mit der Schnabeltasse Kräutertee ein, wische den kalten Schweiß von ihrer Stirn, rücke das Kissen zurecht. Was kann man schon tun? Warten. Sich anschauen. Schweigen.

Auf der Heimfahrt zum Bauernhof nehme ich einen Umweg über Strohreit, Rieden, Loderstett. Die alte Volksschule. Die Pfarrkirche. Der Friedhof. Der Dorfwirt. Das Feldkreuz beim Zurnbauern. Das Halmberger Holz. Vertraute Stationen, von einer trostlosen Leere durchwirkt, als wären sie dem Blick der Mutter schon entschwunden, als könne sich nur noch meine Wahrnehmung an ihrer statt an eine untergehende Wirklichkeit klammern. Ich setze mich auf den Platz am Küchentisch, an dem sie immer sitzt. Ich bin allein in einem großen, stillen, menschenleeren Haus. Urban schaut mir über die Schultern. Ich mag das Foto nicht. Es zeigt ihn als unsicheren, unentschlossenen Menschen. Aber in seinen Augen scheint eine unmissverständliche Botschaft auf: Sei bereit, Bruder, der Tod klopft wieder an. Ich sehe uns an der Hand der Mutter in die Maiandacht gehen, höre die frommen Lieder. Gottesmutter süße, o Maria hilf! Ich sehe uns an einem lauen Abend am Waldrand auf dem Berg über dem Hof sitzen. Wir trinken Zitronenlimonade, Glühwürmchen irrlichtern, Fledermäuse huschen. Heuernte, des Sommers ganze Fülle. Himbeerpflücken im Wald. Butterbrot mit frischer Marmelade. Glückliche Tage. Ich sehe den Grabstein, imaginiere eine Inschrift in goldenen Lettern hinein: »Maria Grill, Bäuerin in Halmberg, geb. 25. September 1927, gest. ?? Mai 2008. Ruhe sanft!« Zum Teufel mit diesem Gedanken, ich will ihn nicht denken!

Der Enkel kommt aus Berlin zu Besuch. »Ja, der Leo!«, haucht die Oma, ein Lächeln huscht über ihr Gesicht. »Hallo, Oma Mari«, sagt Leo. Er wirkt verlegen, die unheimlichen Maschinen, der Medikamentengeruch, die sorgenvollen Gesichter. Den Tod kennt der Achtjährige bislang nur aus dem Bilderbuch *Ente, Tod und Tulpe* von Wolf Erlbruch. Er ist dargestellt als Schädelmännchen mit einem karierten Überwurf, hält eine violette Tulpe und lässt die kranke Ente nicht in Ruhe. Eines Tages fährt ein eisiger Wind durch ihr Gefieder, und am Abend sagt sie zum Tod: »Mir ist kalt. Willst du mich ein bisschen wärmen?« Der Tod schaut die Ente an, Schneekristalle schweben auf sie nieder. Die Ente liegt ganz still und atmet nicht mehr. Der Tod trägt sie zum großen dunkelgrünen Fluss, legt sie behutsam aufs Wasser und gibt ihr einen Schubs. »Lange schaute er ihr nach. Als er sie aus den Augen verlor, war der Tod fast ein wenig betrübt. Aber so war das Leben.« Eine bezaubernde, rätselhafte Geschichte, Leo hat sie oft gelesen, und jedes Mal fragte er, warum der Tod eine Tulpe dabeihat. Und ob die Menschen auch so sterben. Wird die Oma auf dem großen dunkelgrünen Fluss dahintreiben, bis sie seinem Blick entschwindet?

Nacht für Nacht, von elf Uhr abends bis sieben Uhr morgens, sitze ich am Krankenbett und frage mich: Was könnte ich dem Tod entgegensetzen? Wie ließe er sich verjagen? Ich streichele die paar Quadratzentimeter Haut auf Mutters Händen, die zwischen den Kanülen und Pflastern noch frei sind. Blinkende Dioden, glimmende Bildschirme, summende Geräte. Die Intensivstation kommt mir vor wie die Kommandozentrale eines Raumschiffs, das mit unbekanntem Ziel durchs All rauscht. Der Blutdruck sinkt, wir fallen in ein Luftloch. Höhe: 30 000 feet. Puls stabil. Verbleibende Flugzeit: keine Angaben. Körpertemperatur: 37,8 Grad. Außentemperatur: minus 58 Grad. Turbulenzen. Wir wollen endlich landen. Doch das Raumschiff gleitet durch die unendliche Finsternis. Die Steuerung ist auf Autopilot geschaltet …

This is Major Tom to ground control …
Though I'm past one hundred thousand miles, I'm feeling very still
And I think my spaceship knows which way to go
Tell my wife I love her very much, she knows …
Here am I sitting in my tin can far above the world
Planet Earth is blue and there's nothing I can do

Alarm! Wir trudeln, sinken, stürzen. Ein Alptraum. Ich schlage die Augen auf. Das Warnsignal kommt von nebenan, vom Bett eines Intensivpatienten. Er liegt im Sterben.

Die dritte Nachtwache. Es ist sieben Uhr abends, eine Tageszeit, die ich nie mochte. Es war die fade Stunde nach dem *Betthupferl* im Radio, die Stunde, in der man die Zähne putzen, das Nachthemd anziehen und das Abendgebet sprechen musste, die Stunde, welche die Abenteuer des Tages beendete. Es war die Stunde, in der Pa starb.

In der Kindheit nahm ich das Kreiskrankenhaus ganz anders wahr: ein helles, klar strukturiertes, zweckmäßiges Gebäude, die Sachlichkeit der sechziger Jahre. Die Eingangshalle mutete geradezu futuristisch an. Es war ein Monument der Moderne, eine Heilanstalt mit allen Errungenschaften der Schulmedizin, die sich plötzlich aus unserem Provinzstädtchen erhob.

In diesem Hospital absolvierte ich ein Praktikum, schob Patienten in ihren Betten zum EKG, verfolgte im OP eine Blinddarmoperation, erlebte erotische Nächte im Schwesternheim. Drei meiner Geschwister erblickten hier das Licht der Welt. Diese Klinik, so schien es mir, war ein Triumph über Siechtum und Tod. Jetzt entdecke ich kariöse Fassaden, morsche Fensterrahmen, abgewetzte Böden. Das Gebäude erscheint mir wie eine Gruft, die Pforte wie ein Tor, durch das es keine Wiederkehr gibt.

11. Mai, 0.35 Uhr. Die rosarote Kurve zeigt einen Wert unter 60 an, die Pulsfrequenz und das Fieber steigen, die Sauerstoffsättigung fällt kontinuierlich ab. Die Mutter stöhnt leise, das Atmen fällt ihr schwerer und schwerer. Der Sohn sitzt am Bett. Berührt ihre Stirn, ihre Wange, ihre Augenbrauen. Hält ihre Hand. Die Pulsfrequenz von Mutter und Sohn ist exakt die gleiche: 86 pro Minute. Wir sind vor dem Tod noch einmal verbunden wie vor der Geburt, denkt er. Die alte Frau hat keine Kraft, keine Wärme mehr. Ihre Glieder sind eiskalt. Die Brust geht auf und nieder. In immer kürzeren Abständen durchfahren sie krampfartige Zuckungen.

Die Nacht vom 12. auf den 13. Mai, zunehmender Halbmond. In der Intensivstation sind nur das Sprudeln der Sauerstoffzufuhr und das leise Stöhnen der Todkranken zu hören. Vierzehn bis achtzehn

Atemzüge pro Minute. Ihre Haut ist aufgedunsen. In den Drainagebeutel sickern nur noch wenige Tropfen Flüssigkeit. Ihre Mutter hat keine Schmerzen, sagt die Nachtschwester. Sie prüft die drei Perfusoren, Insulin, Furosemid, Dipidolor. Dann fügt sie mit all ihrer Erfahrung hinzu, dass es wohl nicht mehr lange gehen werde. Das Sterben hat begonnen.

Die beiden Söhne, der erstgeborene und der jüngste, sitzen links und rechts neben dem Bett. Sie streicheln ihre Mutter. Sie flüstern Ermutigungen in ihr Ohr. Sie weinen. Sie umarmen sich. Sie wissen, dass die Mutter bald nicht mehr sein wird. Die medizinische Schlacht gegen den Tod ist verloren, die Gerätschaften sind nur noch nutzlose Hightech-Kulisse. Als der jüngste Sohn geht, sagt er zur Mutter: Urban wartet auf dich. Sie öffnet die Augen. Sie hat verstanden.

Der 13. Mai. Unsere Kräfte lassen nach. Der lange Prozess des Sterbens zehrt an unserer Lebensenergie, wo Zuversicht war, ist Leere, Resignation verdrängt die Hoffnung. Wir kapitulieren vor der Allmacht des Todes. Der Sohn ist unendlich müde. Er klappt die Liege des Sessels neben dem Bett aus und steckt sich Stöpsel in die Ohren, um das Röcheln der Mutter nicht zu hören. Er dämmert dahin. Schlummert ein. Schreckt hoch. Macht sich Vorwürfe, dass er die Sterbende allein gelassen hat. Frühmorgens löst ihn seine Schwester ab. Mutter öffnet die Augen, die schönen braunen Augen, die allen Glanz verloren haben.

Nachmittags um fünf ruft die Schwester an. Der Blutdruck sei auf unter 50 gefallen. Als ich im Krankenhaus ankomme, haben sich die Werte stabilisiert. Meine fünfte Nachtwache beginnt, es wird die letzte sein.

Elf Uhr abends. Blutdruck: 56/31. Puls: 58. Respirationsfrequenz: 22. Das Röcheln wird stärker, tiefer, verwandelt sich bei manchem Atemzug in ein lautes Schnarren und Gurgeln. *Death rattle*, Rasselatmung, ein Zeichen des herannahenden Todes. Mutters reflektorische Funktionen setzen aus, sie kann den Speichel nicht mehr schlucken und sich durch kräftiges Räuspern vom Schleim befreien. Ich frage die Nachtschwester, ob man nicht etwas tun könne, um ihr Leiden zu lindern. Sie schiebt einen Plastikschlauch durch das Nasenloch, um Schleim abzusaugen. Es tut weh, Mutter reißt die Augen auf und starrt mich erschrocken an. Aus dem Schlauch kommt nicht viel, das Röcheln und Gurgeln und Rasseln wird lauter, unerträglich laut.

Unser Raumschiff schneidet durch die Dunkelheit, das Atomgetriebe summt. *All systems go.* Der sphärische Gesang von David Bowie braust in einer Endlosschleife durch mein inneres Ohr, *Space Oddity*, eine Parabel auf die Verlorenheit des Menschen in der Moderne, ein Lied vom Tod. Plötzlich heult wieder die Alarmsirene, auf der Kommandobrücke blinken Dutzende von Warnlichtern.

Ground control to Major Tom
Your circuit's dead, there's something wrong
Can you hear me, Major Tom?
Can you hear me, Major Tom?
Can you hear me, Major Tom?
Can you …

Die Verbindung zur Bodenstation ist abgerissen. Das Raumschiff saust durchs All, wird kleiner und kleiner, verschwebt in der Finsternis.

Mutter ringt nach Luft. Ihr Mund krampft sich zusammen. Die Atmung setzt aus. Fünf Sekunden, zehn Sekunden, zwanzig Sekunden, eine unendlich lange Zeit der Stille. Ich halte sie ganz fest an den Schultern. Die Atmung kommt wieder, tiefe, gierige, verzweifelte Züge. Wie ein Fisch, der an Land geworfen wurde. Sie will schnaufen und kann es nicht. Die Atmung setzt wieder aus. Sie geht! Sie geht! Ihre Augen sind weit aufgerissen, sie schaut mich an, als wolle sie rufen: Nein, nein, noch nicht, ich will atmen, will leben. Mein Blick versinkt in ihrem, doch er kann ihm nicht mehr folgen. Es ist, als würden die Pupillen durch einen unendlichen Trichter nach innen stürzen und in einem schwarzen Nichts erlöschen. Ich bilde mir ein, dass aus diesem Orkus ein Eishauch heraufweht, der eine unbeschreibliche Kälte auslöst, keine physische Kälte, sondern eine spirituelle, die alle Gedanken einfriert.

Die Nachtschwester tritt in den Raum und sagt: »Jetzt dürfen Sie loslassen, Frau Grill.«

Frau Grill lässt los. Die Kurve auf dem Oszillogramm ist zusammengefallen, auf der X-Achse zittert nur noch ein gelber Strich. Sie ist gegangen!

Ein Bruder rast durch die Nacht Richtung Krankenhaus. Der andere weint am Sterbelager, ratlos, mutlos, mutterlos. Und dann stehen alle ihre Kinder und die Enkeltochter um die Mutter herum, halten ihre Hände, streichen durch ihr seidiges Silberhaar, schauen sie so begehrlich an wie wohl noch nie in ihrem Leben. Sie wollen sich ihre Züge noch einmal ins Gedächtnis brennen. Sie saugen noch einmal an ihrer Wärme, die immer weniger wird. Das mütterliche Kraftwerk erkaltet.

Wir sitzen zu Hause am Küchentisch, trinken Bier, rauchen, halten uns an Erinnerungen fest. Die Stube, der Stall, die Bilder und Trockenblumen an der Wand, die Topfpflanzen, die Kredenz – jeder Raum, jeder Winkel, jedes Ding ist von ihr beseelt. Aus Angst, nicht einschlafen zu können, trinken wir die halbe Nacht. Irgendwann liege ich vom Alkohol betäubt im Bett, geschüttelt von Heulkrämpfen wie seit der frühen Kindheit nicht mehr.

Eine solche Einsamkeit verspürt man vermutlich nur beim Tod der Mutter oder des eigenen Kindes. Paul Ludwig Landsberg, der vergessene Philosoph, der im Konzentrationslager Sachsenhausen starb, hat sie in seinem Essay *Die Erfahrung des Todes* beschrieben. »Dieser Mund wird nicht mehr zu mir sprechen. Dieses gebrochene Auge wird mich nicht mehr anblicken. Meine Gemeinschaft mit dieser Person scheint zerbrochen: aber diese Gemeinschaft war in gewissem Maße *ich selbst*, und in eben diesem Maße dringt der Tod in das Innere meiner eigenen Existenz ein und wird eben dadurch unmittelbar spürbar.« Landsberg verweist auf den Zustand, den Augustinus als *dimidius* definiert: Wir kommen uns halbiert vor. Die geliebte Person, mit der wir einen einzigartigen Erinnerungsraum teilten, existiert nicht mehr, die emotionale Hinterlassenschaft der Mutter-Kind-Dyade, dieser wundersamen Zweiheit, die uns ins Leben führte, hat sich endgültig verflüchtigt. Zugleich steigen aus unserem Unter-

Sehnsucht nach dem Tode: Mutters Küche auf Halmberg

bewusstsein Vorwürfe auf, die wir gleich wieder hinabdrücken wollen: Mutter, warum hast du dein Kind allein, mutterseelenallein!, zurückgelassen? Warum bist du ihm untreu geworden? Der Verlustschmerz stürzt uns in totale Verlassenheit, und in dieser existenziellen Erschütterung antizipieren wir den eigenen Tod. Mitten im Leben stehend spüren wir, dass er uns allzeit umgibt. *Media vita in morte sumus* heißt eine Antiphon aus der karolingischen Zeit, die dem geistlichen Dichter Notker Balbulus zugeschrieben wird. Sie soll ihm beim Anblick hoch über dem Wasser schwebender Brückenbauer eingefallen sein. Die Todesgefahr folgt uns wie ein Schatten, der Tod wohnt mitten in uns. Er ist unser Untermieter, lebenslang, *sub specie mortis.*

Aber diese philosophischen und theologischen Versuche, das Unfassliche des Todes zu fassen, stellte ich erst später an. In der ersten Trauerphase, die mich mit elementarer Wucht erfasste und alle anderen Gedanken und Gefühle erstickte, war das nicht möglich. In meinem Kopf hämmerte nur der Satz, den Simone de Beauvoir nach dem Abschied von ihrer Mutter geschrieben hatte: *La mort est toujour un meurtre!* – Der Tod ist immer ein Mörder.

Die Gleichgültigkeit der Gestirne
Von der Freiheit, nicht an den Tod zu denken

Das Absolute ist die Nacht und das Licht jünger als sie.
GEORG WILHELM FRIEDRICH HEGEL

Der alte Mann quält sich auf dem Fahrrad ab, er strampelt und strampelt, immer schneller, und starrt auf den Monitor. Er hat das härteste Trainingsprogramm eingespeichert, Stufe 25, er stöhnt und ächzt, pustet und grunzt, um die Sollwerte zu erfüllen. Es ist früher Vormittag im Fitnesscenter am Wembley Square in Kapstadt. Ich radle auf dem Gerät links hinter dem Alten und mache mir allmählich Sorgen, er könnte sich übernehmen, ganz abgesehen davon, dass seine herausgepressten Kraftlaute die Umgebung nerven. Man kommt sich ohnehin ziemlich komisch vor in dieser Arena der Eitelkeiten, zwischen all den schwitzenden Körpern, die rudern und treten und rennen und hüpfen und stemmen, um das Leben zu verlängern – und sich mit jeder Kurbeldrehung, jedem Laufbandmeter, jeder Treppenstufe, jedem Ruderschlag dem Tod noch schneller zu nähern scheinen: der Mensch als Funktionsteil der Gesundheitsmaschine, ein fremdgesteuerter Android, besessen vom Wahn immerwährender Jugend. Dazu dumpf hämmernde Rhythmen und plärrende Hardrock-Songs, die jedes feinsinnige Ohr als akustischen Terror empfinden muss.

Plötzlich blinkt die Anzeige der Pulsfrequenz, das Herz des Alten schlägt hundertachtzig Mal pro Minute, er bewegt sich im roten Bereich, aber das scheint ihn nicht im Geringsten zu bekümmern, im Gegenteil, er steigt noch härter in die Pedale und stöhnt noch lauter. Der etwa Siebzigjährige, Typ Manager im Unruhestand, will offenbar seine physischen Grenzen austesten. Ich überlege, ob ich einen der Trainer verständigen soll, um ihn vor dem Herzkasper zu bewahren. Im nächsten Moment zeigt das Programm die Cooldown-Phase an. Der Alte wird langsamer, steigt zwei Minuten später atemlos aus dem Sattel, sein Gesicht ist krebsrot angelaufen, er wankt wie ein angeschlagener Preisboxer Richtung Umkleidezone.

Das Fitnesscenter ist ein Sinnbild für die freizeitindustrielle Verdrängung des Todes. Es verwandelt die Nutzer in Gym-Wesen und schenkt ihnen die Illusion, bis ins hohe Alter kerngesund bleiben zu können. Besonders jenseits der Renteneintrittsgrenze geben sich Menschen, sofern es ihre physische Konstitution erlaubt, sportiv und vital. Verbissen mühen sie sich an Ertüchtigungsapparaten ab, liefern sich den Skalpellen von Schönheitschirurgen aus, verleiben sich hunderterlei Verjüngungselixiere ein, buchen Tango-Kurse, schippern auf Kreuzfahrtschiffen durch die Karibik, feiern 70-plus-Partys. Und natürlich haben sie wilden Sex. Der Tod? Vergiss ihn! Manchmal kommen mir die Alten vor wie die Struldbrugs, das Geschlecht der Unsterblichen im Land der Riesen, in das es Gulliver auf seinen Reisen verschlagen hat. Diese Fabelwesen verkörpern den Sieg über die Vergänglichkeit, sie vergreisen zwar, bleiben aber unsterblich. Das ist der geheime Wunsch, der sich mit zunehmendem Alter verstärkt und in der Hoffnung auf eine biotechnologische Revolution gipfelt: die Erfindung der Immortalität. Bis auf weiteres kann nur der Altershedonismus die Selbsttäuschung nähren, dass es kein Ende gibt, mit sechsundsechzigJahren fängt schließlich das Leben noch einmal an – vorausgesetzt, man gehört nicht zu den Verlierern, die arm, krank und einsam in dunklen Wohnlöchern und tristen Heimen verwelken. Erstere haben es verlernt, in Würde zu altern, Letztere können es sich nicht leisten. Bessergestellte Senioren werden heutzutage von einem unstillbaren Erlebnishunger getrieben, es gibt noch so viel zu tun, zu sehen, zu genießen, *life is short,* niemals müde werden, ankämpfen gegen den *Taedium vitae,* den Überdruss, die Leere und Schwermut des Alters; kein Lebegreis, keine Turbo-Oma will daran erinnert werden, dass der Körper allmählich verfällt und die Lebenszeit unerbittlich zerrinnt.

*

Mors certa, hora incerta – Der Tod ist gewiss, nur die Stunde wissen wir nicht. Wir wissen aber, dass jede Sekunde uns der allerletzten näher bringt, dass die Vergangenheit länger und länger wird, während sie wie ein gieriges Feuer die Zukunft verzehrt. Es ist gerade die stetige Verkürzung unserer Lebenszeit, die die Angst vor dem Tod in uns vergrößert. Bisweilen werden wir der Tatsache gewahr, dass wir unablässig Abschied nehmen. Der schöne Augenblick ist eine Schimäre, wir wünschen uns, dass er verweilen möge, aber schon ist er verflogen; der Ort des Augenblicks, die Gegenwart, ist reine Einbildung. Der heilige Augustinus hat unser temporales Bewegungsgesetz in einen philosophischen »Dreisatz« gegossen: »Aus dem, was noch nicht ist, durch das, was keinen Raum hat, in das, was schon nicht mehr ist.« So rasen wir dahin, Gehetzte auf der Schnellstraße des Lebens, und wenn wir, was selten vorkommt, an einer Raststelle kurz innehalten, empfinden wir die Flüchtigkeit der Zeit. Die Selbstwahrnehmung des pochenden Herzens, des Pulsschlages im Ohr, der unwillkürlichen Atemzüge, die mechanisch wie in einem Uhrwerk arbeitende Unruh unseres Körpers lassen uns existenziell erschaudern. Weiter, nur weiter! Ruft es in uns. Wir werden von einer Macht vorangetrieben, die Goethe veloziferisch nannte, eine Wortschöpfung, die sich aus Luzifer, Teufel, und *velocitas*, Geschwindigkeit, zusammensetzt. Blaise Pascal hat das viel einfacher ausgedrückt: Alles Unglück der Menschen entstamme ihrer Unfähigkeit, »in Ruhe allein in ihrem Zimmer bleiben zu können«. Aber je älter wir werden, desto öfter schauen wir melancholisch auf die im Frühnebel unserer Kindheit sich verlierende Lebensbahn zurück. Und wenn wir über unser kleines Dasein hinausschauen und einen Blick auf die großen Zeitläufte wagen, kann es uns ergehen wie Walter Benjamins Engel der Geschichte, der rückwärts in die Zukunft fliegt und immerzu auf die sich auftürmenden Schrecknisse der Vergangenheit starren muss.

Die Unrast ist der permanente Aufstand des Lebens gegen den Tod, des *élan vital* gegen den programmierten Stillstand. Aber warum dieses ständige Gezappel? Es gebe doch gar nichts zu befürchten, beruhigen uns spirituelle Ratgeber. Man könne die innere Getriebenheit durch Meditation, durch Versenkung im Glauben, durch den

Liebesbund mit dem Allmächtigen, wahlweise mit einer Göttin oder Naturgottheit oder irgendeinem anderen transzendentalen Phantasma, überwinden und jene Seelenruhe erlangen, die uns voller Gelassenheit das Ende erwarten lässt. Welch ein Geschwätz, das wir spätestens im Angesicht des Todes als solches erkennen! Es gibt keinen Trost, wenn uns die Stunde schlägt, und vorher bleiben nur kleine Fluchten, Ablenkungsmanöver und Autosuggestionen, die die Einbildung speisen, man könne sich platonisch über den Tod erheben. Der kühle Rationalist macht sich die Weisheiten der Stoiker zu eigen und übt sich in Gleichmut. Der strenge Katholik zieht sich zu Exerzitien ins Kloster zurück, um wenigstens zeitweise der schnöden Weltlichkeit zu entsagen. Der Hedonist macht genau das Gegenteil, er hält es mit Epikur und bereitet sich mit einem Glas Wein im heißen Bade auf den Tod vor. Der Melancholiker stimmt sich mit Beethovens späten Streichquartetten auf das Finale ein (besonders zu empfehlen: Nr. 15 in a-Moll, Opus 132, dritter Satz). Oder mit der Mazurka Nr. 2, Opus 67, die Chopin auf dem Sterbebett komponiert hat – da lauert er hinter jeder Note, der Tod. Der Alternative bewundert exotische Völker und versunkene Kulturen, die die abendländischen Tabus nicht kennen und unbeschwerter mit dem Tod umgehen. (Die Madegassen zum Beispiel, die alle zehn Jahre den Ahnenkult Famadihana zelebrieren, die Gräber der Ahnen öffnen und deren sterbliche Überreste umbetten. Oder die alten Ägypter, die bei Festgelagen ein hübsches Skelett in ihrer Mitte platzierten. Oder die Mexikaner, die in der Tradition der Mayas und Azteken die *Día de los Muertos*, die Tage der Toten, als rauschende Lustbarkeit feiern.) Hartgesottene Esoteriker, denen symbolische Rituale nicht genügen, können es den Aghori nachtun; dieser Sekte des tantrischen Hinduismus graust vor gar nichts, ihre Anhänger kopulieren mit Toten, essen Exkremente als Vorspeise und zum Hauptgang das Fleisch von aufgedunsenen Leichen, die im Ganges dümpeln. Im spirituellen Supermarkt Indien bieten auch die Buddhisten interessante Trosttechniken an, man kann sie bei Bedarf von YouTube herunterladen. Ein Renner ist Asubhã, das Meditieren in Gegenwart stinkender Leichname, bluttriefender Herzen, freigelegter Hirne oder aufgeschnittener

Bäuche, aus denen die Eingeweide quellen. Das Motto dieser Ekelübungen heißt: »Dies wird deine Bestimmung sein.« Aber was immer wir tun, das Sterben können wir nicht lernen, und die *Fuga mortis*, die Scheu vor dem Tode, wird uns immer wieder heimsuchen. Auch »den Glühendsten und den Aufrichtigsten« werde die Vorbereitung auf den Tod letztlich nichts nützen, bilanziert Vladimir Jankélévitch in seinem Klassiker *Der Tod*. »So also mag man es anstellen, wie man will: der Mensch wird stets überrumpelt werden; der Feind kommt immer dann, wenn man ihn nicht erwartet, und natürlich immer zu früh.« Und wenn er schließlich heranschleicht, lösen sich alle Weisheiten im Säurebad der Angst auf – der Angst vor der metaphysischen Verlassenheit im leeren Universum, im ewigen Schweigen, im Nichts.

Jeder von uns hat seine eigene Methode entwickelt, die Unausweichlichkeit des Todes zu verdrängen. Gemeinsam ist uns dabei die kognitive Dissonanz, die die Wahrnehmung der Wirklichkeit den Wünschen anpasst: Es mag andere erwischen, mich aber nicht.

Dieses Prinzip der Selbsttäuschung wende der moderne Mensch auch mit Blick auf die Zukunft des Planeten an, stellen Claus Leggewie und Harald Welzer fest. Die westliche Kultur beruhe auf dem Mythos, die Welt befinde sich in einem tendenziell unaufhörlichen Wachstum und habe die hinderliche Dimension der Endlichkeit überwunden, schreiben sie in ihrem Buch *Das Ende der Welt, wie wir sie kannten*. Die Menschheit wolle nicht wahrhaben, dass die globalen Krisen und Knappheiten – fossile Energie, fruchtbares Land, Nahrungsmittel, Süßwasser, Umwelt, Klima – sowie die exponentielle Zunahme der Weltbevölkerung zu einer Megakrise kumulieren, die die Überlebensbedingungen des Erdsystems gefährde. Trotzdem würden wir am »frivolen Zukunftsverbrauch der kapitalistischen Wachstumsökonomie« festhalten, ja sie sei geradezu in ein Stadium religiöser Anbetung getreten. Weil die Politik nur dilatorisch auf die fundamentalen Probleme reagiere, könne es uns dereinst ergehen wie den Osterinsulanern, die sich durch den törichten Raubbau an ihren Naturressourcen und das blinde Beharren auf einem kulturellen Habitus selbst abschafften. Aber das ist eine andere Skandalgeschichte, vor deren Ausgang uns, die wir heute leben, der Tod verschonen wird. Wir werden auf dem Sterbelager rufen dürfen: Adieu, du schöne, geschundene Welt! Nach uns die Sintflut!

*

In unserem Kulturkreis wurde der Tod zur reinen Privatsache. Die moderne Gesellschaft habe ihn ausgebürgert und seines öffentlich-zeremoniellen Charakters entkleidet, befindet Philippe Ariès. Die Gemeinschaft fühle sich am Tod eines ihrer Mitglieder immer weniger beteiligt, denn sie habe sich im Lauf der Neuzeit als solche aufgelöst und sei »durch eine ungeheure Agglomeration von atomisierten Individuen« ersetzt worden. Die Umgebung der Sterbenden und der Toten werde mitleidlos zum Verstummen gebracht, ein dumpfes Schweigen breite sich über den Tod. Nur noch die allerengsten Angehörigen begleiten den Sterbenden, und im Regelfall findet der Abschied nicht zu Hause, sondern in Krankenzimmern, Intensivstationen, Hospizen, Altersheimen und Seniorenresidenzen statt. »Niemals zuvor in der Geschichte der Menschheit wurden Sterbende so hygienisch aus der Sicht der Lebenden hinter den Kulissen des gesellschaftlichen Lebens fortgeschafft«, merkt Norbert Elias an. Der Tod wurde medikalisiert, also von der Medizin vereinnahmt, das Sterbebett umstellen Apparaturen und Technokraten, die um die Verlängerung des Lebens ringen und den Tod um jeden Preis hinauszögern, sofern es sich der Patient, der längst zum Kunden mutiert ist, leisten kann. Und wenn das Leben erlischt, empfinden manche Mediziner das als bittere Niederlage, ja als Scheitern ihrer Heilkunst.

Mit dem Tod ist die Trauer aus dem sozialen Leben verschwunden, sie gilt als unzeitgemäß; nur im ländlichen Raum sieht man vereinzelt noch Hinterbliebene, die ihren Verlustschmerz in aller Öffentlichkeit zeigen. In der Großstadt würde eine Witwe, die ein Jahr lang Schwarz trägt und mit Schleier und Pleureuse herumläuft, nur indigniertes Kopfschütteln ernten. Ganz zu schweigen von den Klageweibern, die bis ins 18. Jahrhundert Lamentationen sangen oder gotterbärmlich heulten und gelegentlich noch in den Dörfern auf

Sizilien oder Sardinien in Erscheinung treten. Hierzulande gilt schon spontan geäußertes Mitgefühl am Tag der Beerdigung als unschicklich, das Kondolieren am Friedhof wurde abgeschafft, unter Todesanzeigen steht kleingedruckt: »Von Beileidsbezeigungen am Grabe bitten wir Abstand zu nehmen.« Als der Sarg meines Bruders in die Erde gesenkt wurde und eine ehemalige Geliebte laut schluchzend auf meine Mutter zustürzte, löste das allgemeine Betretenheit aus; sie verhielt sich so hysterisch, dass ich sie vom Grab wegzerren musste. Tod und Trauer sind schambesetzt, sie werden tabuisiert und mit derselben Prüderie behandelt wie die Sexualität in der Viktorianischen Ära, befand der Anthropologe Geoffrey Gorer in seiner 1965 veröffentlichten Studie *Death, Grief and Mourning in Contemporary Britain*. Es werde gerade noch hingenommen, wenn man sich der Trauer »privat und heimlich ergibt wie einer Art von Masturbation«. Die Trauer wurde zum pathologischen Verhalten, zu einer Seelenkrankheit.

In meiner Kindheit war es noch üblich, die Toten im offenen Sarg aufzubahren; jeder konnte sie noch einmal anschauen und sich verabschieden, mancher Trauernde berührte ihre kalten Hände oder drückte die Lippen auf ihre Stirn. Als in den sechziger Jahren auf den Friedhöfen unseres Sprengels Leichenschauhäuser gebaut wurden, pressten wir Kinder unsere Nasen an den Glastüren platt, um die »Hingegangenen« genau zu studieren. In der Abenddämmerung war das eine Mutprobe, wir hatten schon von den Zombies gehört, von den Untoten, die plötzlich aufstehen. Heute werfen nur noch die engsten Angehörigen einen Blick auf den Verstorbenen, anschließend wird der Sarg verschraubt. Weil die öffentliche Leichenschau nicht mehr Usus ist, sind wir den Augenschein des Todes nicht mehr gewohnt; einerseits wollen wir die Leiche noch einmal sehen, andererseits ist uns ihr Anblick nicht geheuer, entstellt er doch das Lebensbild, das wir vom Toten bewahren wollen.

Wir würden auch nicht mehr auf die Idee kommen, dem Verstorbenen eine Totenmaske abzunehmen, die dann wie in den großbürgerlichen Salons des 19. Jahrhunderts auf dem Kaminsims thront und uns gespensterhaft anglotzt. Der Gips wurde durch Pixel ersetzt, das

Kurzvideo ist die zeitgemäße Form, um das Gewesene bildhaft festzuhalten. Allerdings wissen wir noch nicht so recht, wie wir mit der digitalen Totenmaske umgehen sollen. Ich habe einen dreiminütigen Film von unserer sterbenden Mutter aufgenommen, um ihren Abschied zu dokumentieren, aber meine Schwester lehnte empört ab, als ich ihn ihr vorführen wollte. Keiner will die Bilder sehen, auch ich habe unterdessen eine gewisse Scheu vor ihrem Anblick entwickelt. Ich will ja die Mutter als gesunde, heitere Frau erinnern, nicht als moribunde Greisin. Ich schaue das Filmchen nicht mehr an, es ist tabu, ein Bilderverbot, im stillen Einvernehmen von der Familie verhängt. Dennoch wage ich es nicht, die Aufnahmen aus der Datei zu entfernen, das Drücken der Delete-Taste käme mir vor wie ein letzter Akt der Auslöschung der Mutter.

Die digitale Revolution erzeugt ja ohnehin ganz neue Wahrnehmungsweisen des Todes, die unseren Umgang mit ihm verändern. Der Mensch lebt im weltweiten Netz fort, obwohl er längst das Zeitliche gesegnet hat. Sein Internetauftritt und seine E-Mail-Adresse bleiben vorerst bestehen, er hinterlässt eine Fülle von Daten, die für jedermann zugänglich sind, Bilder, Mitteilungen, Kontakte, Links, intime Informationen, die Spuren seiner Nutzergewohnheiten. Wenn die Hinterbliebenen versäumt haben, seine Profilseite in sozialen Netzwerken wie Facebook auf Erinnerungsmodus umschalten zu lassen, ist sie ad infinitum aktiv, und die tagesaktuellen Einträge der angeschlossenen Kommunikationsgemeinde lassen den Abwesenden noch anwesend erscheinen – er bleibt online.

Der Mensch im Cyberspace: Er hat auf der Benutzeroberfläche eine Art Unsterblichkeit erreicht, eine virtuelle Permanenz, die den reellen Tod verschleiert. So entrückt die Wirklichkeit des Todes immer weiter aus unserer Lebenswelt. Die Anschauung von Leichen löst peinliches Befremden aus, manchmal sogar uneingestandenen Ekel. Die Vorstellung, dass der Körper des geliebten Menschen unter der Erde verwest und sich die Maden an seinem Fleisch gütlich tun, ist unerträglich geworden. Seit dem Hochmittelalter hat man Edelleute in wuchtigen Sarkophagen zur Ruhe gelegt, nicht nur, um ihre Leichen der gemeinen Gafferei zu entziehen, sondern um ihre Leiblichkeit möglichst lange zu bewahren; in protzigen Gruften und opulenten Grabdenkmälern hat das Bürgertum die Tradition der Totenverhüllung bis ins 20. Jahrhundert fortgesetzt. Heutzutage ersparen sich immer mehr Hinterbliebene die scheußliche Vorstellung von der Leichenfäulnis und ziehen die Feuerbestattung dem Erdbegräbnis vor – die schnelle Verwandlung der sterblichen Überreste in Asche ist eine hygienische Angelegenheit, die unserem Reinlichkeitszwang entgegenkommt. In Zeiten wachsender Mobilität und nomadisierender Lebensformen sterben viele Menschen ohnehin nicht mehr an ihrem Geburtsort, auch deshalb nehmen Kremationen zu, sie sind nicht ortsgebunden und kostengünstiger.

Hierzulande hält man nur noch in pietistisch geprägten Regionen die Verbrennung der Leichname für ein heidnisches Ritual, man bevorzugt die Beerdigung und besteht dabei auf der letzten aller deutschen Pflichten, auf der Sargpflicht. Das schafft ein Problem für Muslime, die ihre Toten in Tücher einschlagen und ins Grab legen. Aber Ordnung muss sein, das gilt auch auf dem Weg in die Grube, der in einer Holzkiste zu absolvieren ist. Wie sollten denn Bürger mit Migrationshintergrund, die sich nicht an diese Vorschrift halten, je in unserer Gesellschaft ankommen? Und muss man nicht auch für ihr Seelenheil im deutschen Jenseits sorgen? »Solange sich Menschen nicht dort begraben lassen, wo sie gelebt haben, sind sie nicht voll integriert.« Mahnt Winfried Kretschmann, der Ministerpräsident von Baden-Württemberg. Ein Grüner.

*

Der Tod besiegelt unseren ephemeren Lebenstraum, unsere Eintagsfliegenhaftigkeit. Ludwig Amadeus Minelli drückte diese banale Erkenntnis mit einem Wort aus: Mikrosekunde – 10 hoch minus 6, der millionste Teil einer Sekunde. »So kurz ist ein Leben gemessen an der Ewigkeit«, dozierte er und sah mich mit einem triumphierenden Altherrenlächeln an. Seine Organisation Dignitas hat vermutlich bereits Tausenden von Kunden die Dienstleitung des assistierten Freitodes erbracht. Einer der Kunden war mein Bruder Urban. »Wir sind der größte Auftraggeber des Zürcher Krematoriums«, erklärte Minelli, als ich ihn in seinem Haus in Forch, Kanton Zürich, traf. In einem hellen, durch feinmaschige Gardinen verhangenen Wohnzimmer, von dem mir nur noch das Schottenmuster der Couchgarnitur und die alabasterweiße Plastik einer nackten Nymphe in Erinnerung geblieben sind, führten wir einen langen Diskurs über den Tod. Minelli, Jahrgang 1932, von Beruf Advokat und Journalist, ist ein gesitteter Gentleman, der trotz seines vorgerückten Alters eine erstaunliche Virilität ausstrahlt; man darf ihn sich vorstellen wie einen unverwüstlichen Haudegen vom Schlage eines Jean Gabin. Er spricht gewähltes Hochdeutsch im Schweizer Tonfall, langsam und bedächtig, mit rollendem R, aber sobald es um kontroverse Fragen geht, werden seine Aussagen apodiktisch hart, ja rechthaberisch. Das Wort »Mikrosekunde« flammte regelrecht aus seinem Mund, und ich versuchte mir dieses unfasslich winzige Zeitmaß als millionenfach geteilten Lidschlag vorzustellen. Natürlich konnte ich Minelli nicht widersprechen. Was ist schon ein Menschenleben, wenn wir es an der Ewigkeit messen, an jenem Immerschon und Immerfort, das mich beim Anblick eines Vogels, der gerade am Fenster vorbeischoss, an eine Allegorie aus der Volksschulzeit denken ließ: Ein Rotkehlchen fliegt einmal im Jahr zum Wilden Kaiser und wetzt seinen Schnabel am Fels, und wenn es den ganzen Berg abgeschliffen hat, ist ein Augenblick der Ewigkeit verstrichen. Andererseits löste die unvorstellbare Messeinheit »Mikrosekunde« wenn nicht Empörung, so doch einen tiefen inneren Groll in mir aus. Denn ich nahm die Lebensspanne meines Bruders nicht als den lächerlichen Bruchteil einer Sekunde wahr, sondern als unermesslichen Kosmos, der von der Zeitlosigkeit der Kindheit über die Zeitüppigkeit der Jugend zur Zeitverknappung der reifen Jahre reichte, es war eine Welt der offenen Horizonte, die wir gemeinsam durchwanderten, entdeckten, eroberten und erforschten, und in der wir viele Glücksmomente teilten.

Als mich diese Gedanken streiften, erschien mir Ludwig Amadeus Minelli wie ein Fiedler des Todes, der das Leben und folglich auch dessen Erlöschen für eine Nichtigkeit hält. Dennoch wurde ich den Verdacht nicht los, dass sich in seiner forschen Geisteshaltung, seiner geradezu burschikosen Unwiderlegbarkeit, die er mit Aperçus von Arthur Schopenhauer, Thomas Morus und George Bernard Shaw unterfütterte, etwas ganz anderes verbarg: die uneingestandene Furcht vor dem Tod. Vielleicht dient seine Organisation als eine Art Paravent, der das eigene Ende dem Blick entzieht? Als Siebenundsiebzigjähriger hatte Minelli in einem Gespräch mit der *Weltwoche* vorgerechnet, dass ihm noch dreiundzwanzig gute Jahre bleiben würden. »Meine Familie ist langlebig, und ich bin guet z'wäg.« Wer könnte schon mit diesem wackeren Eidgenossen mithalten, wenn er mit wehendem Silberhaar und federndem Laufschritt das 100-Jahre-Zielband reißt? Nur einer: der dürre Knochenmann. Der wartet nämlich schon im Zielraum, spannt die Armbrust und zielt auf den Mann, der mit jovialer Geschäftigkeit so vielen Menschen die Pforte in sein Reich geöffnet hat.

*

Seelsorger und Thanatologen, Psychotherapeuten und Palliativmediziner, Hospizschwestern, Sterbebegleiter und Altenpfleger wollen uns weismachen, der Tod sei nicht der Super-GAU und das Sterben eine ganz normale, weil natürliche Sache, die zum Leben gehöre. Die bedauerliche Konsequenz, dass das Leben vorbei ist, sei leichter zu tragen, wenn man sich sanft, behütet und friedvoll verabschieden könne, im Kerzenschein, umspült von Wohlgerüchen und zarten Panflötenklängen, begleitet von den tränenfeuchten Blicken der Liebsten, die dem Sterbenden innigste Anteilnahme schenken und ihm so die schwerste Stunde ganz leicht machen. Und vielleicht führt auch noch ein sogenannter Trauertänzer ein paar groteske Verrenkungen an unserem Sterbelager auf. – In den Monaten nach dem assistierten Freitod meines Bruders konnte ich dieses infantile Heiapopeia nicht mehr ertragen, eine Plattitüde wie »Wer Hunger am Leben hat, muss noch Nahrung erhalten« machte mich richtig fuchsig. Ich hörte sie auf einem Evangelischen Kirchentag, in einem überfüllten Zelt, wo auf einer Betroffenheitsbühne junge Menschen mit violetten Uniformtüchern und eine nicht mehr ganz so junge, aber flott-moderne Pastorin vom Typ Margot Käßmann auf Pappkartons saßen und mit samtenen Stimmen sich sehr nachdenklich in eine sehr ernsthafte Diskussion »einbrachten«. Vom Glück des Sterbens schwadronierten sie, und vom Geschenk des Todes, es war kaum noch zu ertragen, und als die Pastorin so bibelfest und gefühlsecht vom »lebenssatten Sterben« sprach, dass sich das Beffchen über ihrer Brust straffte, musste ich aus dem Zelt fliehen. Sonst hätte ich vermutlich meinen ersten Protestanten unter Zuhilfenahme seines lilafarbenen Halstuchs erdrosselt.

Das Versprechen der Auferstehung und des ewigen Lebens ist der wirkmächtigste Trost, den das Christentum anzubieten hat. Wer glaubt, wird selig und darf dem unendlichen Glück im Jenseits freudig entgegensterben. (Die Heilserwartung des gottesfürchtigen Christen unterscheidet sich da nicht von der des islamistischen Selbstmordattentäters. Auch dieser ist felsenfest davon überzeugt, dass ihn nach vollbrachter Bluttat, die den eigenen Tod einschließt, ein wonnevolles Leben erwartet; er sehnt sich danach, von 7 oder 77 oder wer weiß wie vielen wunderhübschen Jungfrauen beglückt zu werden, die er auf Erden nicht einmal anschauen darf.)

»Dass der Mensch, eben so aus nichts geworden, dennoch eine individuelle, endlose Fortdauer und zwar mit Bewußtseyn habe, während der Hund, der Affe, der Elefant durch den Tod vernichtet würden – ist denn doch wohl etwas, wogegen der gesunde Sinn sich empören und es für absurd erklären muß«, lesen wir bei Arthur Schopenhauer. Seine mit scharfer Ironie gewürzte Abhandlung *Über den Tod und sein Verhältniß zur Unzerstörbarkeit unsers Wesens an sich*, entstanden in der ersten Hälfte des 19. Jahrhunderts, ist in der Frage »Was kommt nach dem Tod?« von zeitloser Gültigkeit. Der kauzige Grübler, der durchaus kein Religionsverächter war, stillte sein »metaphysisches Bedürfnis« in der Hinwendung zu altindischen Glaubenslehren, zum Buddhismus, Brahmanismus und Hinduismus. Er zerpflückte die abendländische Anmaßung »unter dem prahlerischen Namen Unsterblichkeit«. Gläubige Zeitgenossen mussten ihn für den Antichrist halten, wenn er Sätze wie diesen verkündete: »Als unvergänglich aber könne sich ein Mensch nur denken, sofern er sich als anfanglos, als ewig, eigentlich als zeitlos denkt.« Denn die Behauptung

»Ich werde stets seyn« impliziere den Schluss »Ich bin stets gewesen«. Und weiter: »Daß eine Unendlichkeit verstrichen wäre, ehe der Mensch war, dann aber eine zweite angefangen habe, welche hindurch er nie aufhören würde zu sein, ist ein monstroser Gedanke.«

Wir tun uns schon mit einer Unendlichkeit schwer, bei der Vorstellung von deren zwei, die quasi durch den Beginn eines irdischen Lebens aufgetrennt und nach dessen Erlöschen wieder zusammengenäht werden, streikt der Verstand. Solche Überlegungen seien im Übrigen »nichts als ein Strom kleinlicher, irdischer, armsäliger Gedanken und endloser Sorgen«. Der Philosoph fordert: »Läßt diese doch endlich beruhigt werden!« Die einfachste Beruhigungsgleichung lautet: noch nicht = nicht mehr. Wir waren vor unserer Geburt *noch nicht*, wir werden nach unserem Hinscheiden *nicht mehr* sein. Alles sind wir im Leben und nichts im Tode. Eigentlich müssten wir uns also gar nicht ängstigen vor dem Niemandsland. Noch einmal Schopenhauer: »Denn die Unendlichkeit *a parte post* (nach dem Leben) ohne mich kann so wenig schrecklich seyn, als die Unendlichkeit *a parte ante* (vor der Geburt) ohne mich.« Dieser Querdenker sollte meine ohnehin schon brüchige Glaubensfestung sturmreif schießen. Seit ich seine Einlassungen zum Tod wiedergelesen und halbwegs verstanden habe, kann ich jedenfalls das Glaubensbekenntnis nicht mehr mitbeten.

»Ich glaube an ... die heilige katholische Kirche, die Gemeinschaft der Heiligen, die Vergebung der Sünden, die Auferstehung der Toten und das ewige Leben. Amen.« Ich schwieg also, als diese Umstößlichkeiten in der Stiftskirche Sankt Philipp und Jakob in Altötting heruntergeleiert wurden; die Gemeinde feierte den Herz-Jesu-Freitag und die Aussetzung des Allerheiligsten Rosenkranzes, es war der 6. Juli 2012. Während des Gottesdienstes stieg ich auf die Empore, um den Tod von Eding aus nächster Nähe zu betrachten. Unter den missbilligenden Blicken der Organistin, die das Lied »Nun, Brüder, sind wir frohgemut« intonierte, stand ich neben der Figur des kleinen, bleichen Knochenmännchens, das im Takt des Orgelspiels mähte und mähte und mähte. Nachmals ließ ich die Todesdarstellungen im gotischen Kreuzgang der Stiftskirche auf mich wirken: mit Oberschenkelknochen bestückte Reliquienschreine, Kanephoren aus steinernen Skeletten, Gemälde von Heiligen, die in ekstatischer Verzückung die Mimik von Geistesgestörten annehmen. Auf manchen Bildern sind Vanitas-Motive zu sehen, Symbole der Nichtigkeit und Endlichkeit, glänzende, von Schlangen beleckte Äpfel, Mohnkapseln, Sanduhren und immer wieder Schädel. Schädel, mit Lilien besteckt. Schädel, aus deren Höhlen Würmer kriechen. Schädel, die Särge zieren. Dazu das martialische Bildprogramm der Passionsgeschichte, die hakennasigen Juden, die den armen Herrn Jesus quälen. Es war ein einziger Todesreigen, der nach einer halben Stunde stechendes Kopfweh verursachte. Vielleicht lag das auch an der Witterung; es war so schwül und heiß wie an jenem Julitag, als mein Vater starb. Vielleicht lag es an den Weihrauchschwaden, die unter dem Gewölbe hingen. Oder an der stickigen Luft in der Gruft des Feldherrn Tilly, der im Dreißigjährigen Krieg die Katholische Liga angeführt hatte. Er ruht in einem prunkvollen Eisensarkophag, durch ein Guckfenster in der zentnerschweren Deckplatte kann man seine Überbleibsel bewundern: den Schädel mit dem porösen Kiefer, aus dem noch zwei Schneidezähne zacken. Das Herz des Heerführers verschrumpelt übrigens in einer bauchigen Silberurne in der Gnadenkapelle nebenan. Eine Fliege irrte in der Grabkammer herum, ihr Surren vermischte sich mit dem Klang der frommen Gesänge aus der Kirche. Ich verließ die Gruft, ging vorbei an der Kapelle der Sieben Schmerzen Mariae und stieg hinunter in die Krypta, in der die Priester des Rupertus-Stifts ruhen. Auf dem Bild über dem Treppenabgang windet sich der heilige Sebastian lustvoll im Pfeilregen, daneben eine violette Fahne mit der Aufschrift »Sei mir gegrüßt, BRUDER TOD«. Die fünf »Blutzeugen«, an deren Ermordung Gedenktafeln am rückwärtigen Kirchenportal erinnern, würden sich vermutlich im Grabe umdrehen, wenn sie diese Losung lesen könnten – sie ist im Lichte ihres Schicksals blanker Hohn. Der Tod holte sie nicht als erlösender Bruder, sondern als niederträchtiger Mörder. Diese Männer wurden am 28. April 1945 von SS-Schergen erschossen, und das von fanatischen Nazis verseuchte Altötting brauchte jahrzehntelang, um dieses verdrängte Verbrechen ins öffentliche Gedächtnis zurückzuholen.

Zur Mittagszeit trat ich wieder hinaus auf den Kapellplatz und kehrte im Wirtsgarten des Hotels zur Post ein. Das nobelste Haus am Platz gehört Gerold Tandler, er hat es angeblich mit verbilligten Staatskrediten sanieren lassen, als er noch Minister war und sich zu den engsten Amigos des bayerischen Landesvaters Franz Josef Strauß rechnen durfte; dieser Umstand sowie ein paar böswillige Anschuldigungen (eidliche Falschaussage, Steuerhinterziehung) beendeten seine politische Karriere aber allzu früh. Papst Benedikt XVI. hat bei seinem Rendezvous mit der in Altötting wohnhaften Gottesmutter natürlich vorbeigeschaut, im Gasthof erinnert ein schönes Foto daran: der Ratzinger neben dem Tandler.

Von meinem Logenplatz im Biergarten aus sah ich laut betende, mit Holzkreuzen bewehrte Wallfahrer auf Knien um die Gnadenkapelle rutschen, über das blankgescheuerte Pflaster des Kreuzgangs, in dem Hunderte von Mirakelbildern und Votivtafeln hängen. Sie zeigen das Kaleidoskop der Unglücke, die den Bewohnern einer ländlich-bäuerlichen Welt widerfahren können. Begraben unter einem Holzhaufen. Aufgespießt von Zaunlatten nach den Sturz aus einer Hollerstaude. Unter die Räder eines Pferdefuhrwerks gekommen. Befallen vom Veitstanz. Eingequetscht von einem umgestürzten Traktor. Zermalmt von Mühlrädern. Eingebrochen auf dünnem Eis. Skalpiert vom Transmissionsriemen eines Futterhäckslers. Die furchtbarsten Dinge sind in und um Altötting herum passiert, aber die Gottesmutter Maria hat immer geholfen und den Tod besiegt, vorläufig jedenfalls.

Plötzlich hob das 12-Uhr-Läuten an, die Stiftskirche machte den Anfang, dann stimmten reihum die Gotteshäuser ein, schließlich schien der ganze Wallfahrtsort unter dem metallischen Gedröhn zu beben. Aus dem Türmchen der Gnadenkapelle bellten die Glocken besonders laut und hell, und all die Bilder und Beklemmungen stürzten auf mich ein. Der ans Absurde grenzende Marienkult, der scheinheilige Klerus, die Andenkenhändler mit ihren geweihten Medaillons und Plastikrosenkränzen, die Verklumpung von Macht und Glauben, Staatspartei und Staatsreligion, die bigotte Unterwürfigkeit der Gläubigen, die Allgegenwart des glorifizierten Todes – Altötting war der Ort, der mir an diesem Tag den Katholizismus so nachhaltig austrieb wie der Exorzist Petrus Canisius anno 1570 den Teufel aus einer besessenen Jungfer.

Die Begegnungen mit dem Tod und seinen Gestalten erzählen also auch die Geschichte meines Abschieds von der Amtskirche, von ihren realitätsfernen Dogmen, ihrem fundamentalistischen Starrsinn, von ihrer Leib- und Lustfeindlichkeit, ihrer Angstideologie und ihrem Mangel an Demut dem Menschen gegenüber. Geblieben ist eine stark geschrumpfte, entmystifizierte Gläubigkeit an ein göttliches Prinzip, denn irgendwer muss ja der unbewegte Beweger gewesen sein und das Wunder der Schöpfung vollbracht haben. Geblieben ist auch der Glaube an die revolutionären Botschaften des Christentums, die Jesus in der Bergpredigt verkündigt hat, an die Prinzipien der Gerechtigkeit, des Gewaltverzichts und der Feindesliebe, an die Kraft der Versöhnung und die Gebote des Teilens und der Barmherzigkeit. Und wenn mich der Zweifel übermannt, dann sage ich im Stillen einen Aphorismus von Schopenhauer auf: »Gott/Wenn du bist/Errette von dem Grabe/Meine Seele/ Wenn ich eine habe.«

*

Es mag sich ja noch ändern, aber bis dato ist mir der Tod fast ausnahmslos als Mörder, Leuteschinder, Henkersknecht und Lebensräuber erschienen – wie ein Unhold, der im finstersten Roman des 20. Jahrhunderts, in Louis-Ferdinand Célines *Reise ans Ende der Nacht*, auf einem Lastkahn im dreckigen Morgenlicht die Seine hinuntertreibt. Manchmal kam er als wütender Rächer angebraust, und ganz selten zeigte er sich als gütiger Erlöser oder gar geschwisterlicher Freund. Was aber keineswegs heißen soll, dass man den Tod nicht herbeisehnen und sich in der letzten Stunde mit ihm versöhnen könnte. Das Sterben müsse nicht als furchtbares Ereignis erlebt werden, als vernichtende Katastrophe, das ist die Kernbotschaft, die die amerikanische Psychiaterin Elisabeth Kübler-Ross in der 1969 erschienenen Studie *On Death and Dying* verkündete. Die aus der Schweiz stammende Begründerin der Sterbeforschung verlief sich in ihrer letzten Lebensphase im Irrgarten der Esoterik, im Lichte ihrer früheren Erkenntnisse aber muss man Schopenhauer ganz entschieden widersprechen, wenn er proklamiert: »... aber willig sterben, gern sterben, freudig sterben, ist das Vorrecht des Resignierten, Dessen, der den Willen zum Leben aufgiebt und verneint«. Selbstverständlich gibt es Sterbende, die ihren Tod als Tiefpunkt eines gescheiterten Lebens erfahren, die Neapolitaner haben sogar ein Wort dafür, *scuorno*, es benennt ein der Scham verwandtes Gefühl, das im Augenblick des Todes empfunden wird. Es mag auch in unseren Breiten solche Fälle geben, aber das sind eher Ausnahmen. Zahlreiche Freunde und Bekannte erzählten mir, wie ihre Angehörigen friedvoll Abschied nahmen, wie sie losließen, todesmatt, aber im Reinen mit sich und der Welt, wie sie mit einem Lächeln die Augen schlossen und seelenruhig einschlummerten.

Tante Lisi hat zwar nicht gelächelt, aber sie ging recht gelassen heim. Sie beherrschte noch die *Ars moriendi*, jene aus spätmittelalterlichen Erbauungsschriften hervorgegangene und in unserem Zeitalter längst in Vergessenheit geratene Kunst des Sterbens. Tante Lisi zog oft ein zitronensaures Gesicht, sie konnte auch mit dem Schicksal hadern, doch ihre innere Richtschnur folgte stets den Maximen dieser Kunst: Nimm dich zurück aus dem Leben. Sei genügsam und bescheiden zum Ende hin. Halte dich jederzeit bereit. Vertraue dem Herrgott, wenn auf deiner Lebensbühne der Vorhang fällt. »Wir brauchen den Boandlkramer nicht fürchten und gegen ihn ankämpfen«, meinte sie einmal, »er holt uns ja nur zurück in den Schoß der Natur, aus dem wir herausgekrochen sind.« In den Monaten, da mein unheilbar kranker Bruder den Tod herbeisehnte, wohnte sie auf unserem Bauernhof, um zugleich als Lebenshelferin und Sterbebegleiterin zu wirken. An dieser kleinen, schmächtigen Frau richteten sich Familie, Verwandte und Freunde auf, vor allem der Todkranke war dankbar für ihren Beistand. Ihr Einfallsreichtum half, das Leiden zu lindern, ihre klaren Gedanken hellten den dunkelsten Tag auf, ihr Humor und ihre Situationskomik erleichterten die bergeschwere Seelenlast. Selbstverständlich sang Tante Lisi in der Morgenstunde das Endzeitlied von Oma Therese, ihrer Mutter: »Auf beim Spund, die Welt geht z'grund ...«, und manchmal machte sie zum allgemeinen Amüsement Dinge, von denen man nicht wusste, ob sie der Alterssparsamkeit geschuldet waren oder auf valentineske Spiele mit nützlichen, aber wenig geschätzten Objekten hindeuteten. Einmal wickelte sie die schmutzige Klobürste in ein Handtuch, um sie in der Waschmaschine zu reinigen. Als ich Tante Lisi zum letzten Mal besuchte, sie war unterdessen im freundlich anmutenden Altersheim Sankt Adelheid in Ruhpolding untergebracht, schenkte ich ihr eine türkisgrüne Roger & Gallet-Seife aus Paris. Sie roch den Lavendelduft und bemerkte lakonisch: »Den kann ich nicht mitnehmen.« Das ist die Abschlusslektion der *Ars moriendi:* In der Endlichkeit unseres Daseins scheint die Vergeblichkeit allen Strebens und Raffens auf.

*

Der Tod ist ein weiter Acker, den die Philosophen seit Menschengedenken durchpflügt haben. Man furcht hinein in die schwarze Erde und entdeckt Gedanken, die andere schon viel früher gedacht und oftmals besser zu Papier gebracht haben. Irgendwann aber stößt man auf ein steinhartes Sediment, das noch kein Sterblicher durchdrungen hat. Das Wesen des Todes bleibt uns verschlossen, es ist nicht hinterfragbar, und wir warten noch immer auf den ersten Wiedergänger, der auf dem Floß des Fährmanns Charon über den Fluss Styx zurückkehrt, um über den wesenlosen Unort hinter dem jenseitigen Ufer zu berichten.

Auch der Nahtod vermittelt, wie der Begriff schon sagt, nur eine Art Vorempfindung, von der wir nicht wissen, ob sie der eigentlichen Erfahrung des Todes gleicht. Wolfgang von Schwarzenfeld, ein befreundeter Bildhauer und Weltumsegler, hat dieses rätselhafte Phänomen sehr eindrücklich in einem unveröffentlichten Text geschildert. Er war bei der Überquerung des Atlantiks rund tausend Seemeilen östlich von New York in einen schweren Sturm geraten und mit seinem Trimaran gekentert. Fünf Tage und Nächte trieb er auf dem eiskalten Wasser, schlaflos, unterkühlt, erschöpft, zu Tode betrübt.

> Ich fühlte mich so elend und unbeschreiblich einsam. Irgendwie habe ich mich wie ein verwundetes Tier meinem Schicksal ergeben … Ich konnte nicht mehr unterscheiden, ob ich friere oder glühend heiß im Feuer stehe … Mein Herz raste … Längst vergessene Ereignisse aus meinem Leben wurden sichtbar wie in einem Kaleidoskop: Man ist Spieler und Betrachter gleichzeitig. Ohne dass es mich wunderte oder ängstigte, wusste ich: Ich bin gestorben … Der Mensch in einiger Entfernung unter mir war kein Fremder, sondern mein eigener Körper … Ein Gefühl von Sehnsucht und Liebe erfasste mich wie ein Strudel, der in einen Tunnel mündete … Ich flog in eine Flut unsagbar weißen Lichtes … Alles ist gleichzeitig … Ich schaute rückwärts und sah meinen Körper im Wasser.

Jenseits des Tunnels habe es keine Begriffe gegeben, die sich linear hätten ordnen lassen, berichtet Schwarzenfeld, er sah Myriaden von Mosaiksteinchen, die auf ein Zentrum zuflogen und sich zu Bildern, Ideen, Erkenntnissen formten. Der Tunnel, das Gralslicht, der entäußerte Blick auf den eigenen Körper, der im Zeitraffer ablaufende Lebensfilm – diese Wahrnehmungen und Empfindungen wiederholen sich in den Schilderungen des Nahtods. Aber sind sie tatsächlich Vorwegnahmen des Todes, sodass Menschen, denen sich dieses Mysterium mitgeteilt hat, quasi zweimal sterben und somit eine *contradictio in adjecto* aufheben? Oder handelt es sich nur um existenzielle Grenzerfahrungen, die man auch im Drogenrausch, bei Ohnmachtsanfällen, unter Narkose, im Orgasmus, in Trance, religiöser Ekstase und ähnlichen Ausnahmezuständen durchlebt? Fest steht: Über den Tod als solchen gibt es recht wenig Essenzielles zu sagen – außer, dass er uns sicher ist. »Langfristig sind wir alle tot«, befindet John Maynard Keynes, der Nationalökonom; es ist vermutlich die einzige unanfechtbare Prognose, die er als Vertreter seiner Halbwissenschaft hinterlassen hat.

*

Alle Weisheit dieser Welt laufe endlich darauf hinaus, uns zu lehren, den Tod nicht zur fürchten, schreibt Michel de Montaigne, und auch er, der große Skeptiker im Frankreich des 16. Jahrhunderts, empfiehlt nichts anderes. »Nehmen wir ihm seine Fremdheit, machen wir mit ihm Bekanntschaft, gewöhnen wir uns an ihn, denken wir an nichts so oft wie an den Tod. Stellen wir ihn unserer Einbildungskraft alle Augenblicke und in allem möglichen Gestalten vor.« Es ist die mentale Panzerung, mit der sich schon die Philosophen der Antike gegen das unvermeidliche Ende gewappnet haben. *Tu tamen mortem ut numquam timeas semper cogita*, rät Seneca, Erzieher und Berater des römischen Kaisers Nero – Um den Tod nie zu fürchten, denke stets an ihn.

Genau das habe ich in diesem Buch versucht: Ich begegnete Gevatter Tod in vielsamer Gestalt, ein Jahr lang hielt ich Zwiesprache mit ihm, er huschte durch schlaflose Nächte, und es gab Tage, an denen meine Gedanken nur noch um ihn kreisten – und dennoch konnte ich die Furcht vor ihm nicht verscheuchen. Im Gegenteil: O armer Tor, du willst mich fassen? *Sancta simplicitas!* Höhnte er durch die Zeilen. Er stand hinter dem Laptop und spielte auf einem hohlen Knochen Spottlieder. Er bleckte in der Abenddämmerung durchs Fenster, und ich sah auf dem dunklen Spiegel seine Fratze durch mein Gesicht scheinen. Eines Nachts trat er als Aphrodite verkleidet in einen Traum. Ich stand vor einem jettschwarzen Auto, dessen Scheiben vereist waren. Als ich anfing, den Reif abzukratzen, sprang die rechte Hintertür auf; ein junges Mädchen, bleich und blond und dünn wie eine Twiggy-Gestalt, warf sich mir entgegen und versuchte, mich zu umarmen. Ich packte es an den Schultern, hielt es mir vom Leibe. In der nächsten Sequenz glitten meine Hände über ihre winzigen Brustknospen unter dem Chintze-Kleid, und plötzlich schrumpfte das Geschöpf auf Kindesgröße zusammen und versuchte erneut, mich heftig zu umklammern. Ich erwachte, als es »Komm her!« hauchte. Ein »Klassiker« im Unterbewusstsein: Der Tod und die Lust, stärkster Ausdruck des Lebenswillens.

Zuweilen war mir zumute, als hätte ich mich auf den Camposanto in Pisa verirrt, als sei ich eingesogen worden vom *Trionfo della Morte*, einem monumentalen Freskenzyklus an dessen Südwand, der

Des Todes Winterland:
Das Familiengrab auf dem Friedhof zu Rieden

unter dem Eindruck der Pestepidemie in der Toskana entstand und nach jüngsten kunsthistorischen Erkenntnissen Francesco Traini zugeschrieben wird. Der »Triumph des Todes«: Auf einer kreideweißen Schindermähre galoppiert der Skelettmann über die Wand, und aus der linken Bildhälfte wirft ein feuerspeiendes Ungeheuer, eine Kreuzung aus Büffel und Beelzebub, hypnotisierende Blicke auf den Betrachter. In der Sakralkunst gibt es wenig Werke, die den vernichtenden Zorn Gottes so furchterregend darstellen.

In dieses Pandämonium stahl sich manchmal auch mein Ensemble des Todes hinein, der Pferdeschlächter der frühen Alpträume, der Sensenmann aus Altötting, Vincent van Goghs Schnitter, der Bogenschütze aus Tuntenhausen, der Gifttod in Zürich, der meinen Bruder mitgenommen hat. Urban schaute mir beim Schreiben über die Schulter und führte meine Feder, er tauchte mit hinunter in die Tiefen der Erinnerung, er belächelte oder bestärkte, lobte oder tadelte mich. Gelegentlich stiegen die Ahnen vom Stammbaum herunter, scharten sich um meinen Schreibtisch und riefen wie altrömische Parzen im Chor: Wir sind da! Wir werden dich holen! Du wirst bei uns sein! Manchmal vergaß ich darüber das Diesseits, die Lebenden, die eigene Familie, Antje und Leo, die meine einjährige Jenseitigkeit erduldeten, manchmal befremdet und kopfschüttelnd, aber stets mit heiterer Gelassenheit. Sie erinnerten mich daran, dass es ein Leben vor dem Tod gibt.

*

Das Reich der Toten hat sich meiner inneren Vorstellung als Winterland eingebildet. Und so zieht es mich vor allem in der kalten Jahreszeit an die Gräber der Vorfahren, wenn der Schnee im Widerschein der Ewigen Lichter rötlich irisiert, das Weihwasser in den Marmorbecken zu Eis erstarrt und die Grabsteine weiße Hauben tragen. Der Friedhof meiner Heimatpfarrei Rieden wirkt dann wie ein gefrorenes Buch der Geschichte. Aber niemand will dieses Buch lesen, und nur zweimal im Jahr wird es aufgeschlagen, an Allerheiligen und am Volkstrauertag. An letzterem Tag versammelt sich die Gemeinde an dem von immergrünen Thuja-Bäumen beschatteten Mahnmal an der Westseite des Friedhofs, um der verlorenen Söhne zu gedenken. Auf dem Sockel prangt in Frakturschrift:

O weinet nicht ihr Teueren,
das Leben ist vollbracht.
Wir haben den Tod gefunden
in heißer, blutiger Schlacht.

Wir haben nun empfangen
den großen Siegeslohn.
Für Treue ist verheißen
die ewige Himmelskron.

In eine Marmorplatte über der Hymne auf den Heldentod wurde die Widmung graviert: »Den tapferen Verteidigern der Heimat«. Wo die Heimat lag, lernt man im Vorbau der Kirchenpforte: in Russland, Rumänien, Ungarn, Belgien und Frankreich. Die Abkürzungen dieser Länder stehen auf einem Tableau von den Ausmaßen einer Tischtennisplatte, das die in den beiden Weltkriegen Gefallenen aus den Gemeinden Soyen, Schlicht und Schleefeld auflistet; siebenundvierzig starben 1914/18, fünfundsechzig waren es 1939/45, insgesamt vierundzwanzig Soldaten gelten als vermisst. Ihre Namen wurden in die Holztafel geschnitzt, die Buchstaben hat man mit Silberbronze bemalt, um ihre Erhabenheit zu betonen. Auf der Zierleiste über der Gedenkliste sind Eichenlaub und Militärkreuze zu sehen. Der Tod auf dem Feld der Ehre – der ewige Siegerlohn für zwei verlorene Aggressionskriege. Den Tätern schenkt sich die Erinnerung, den Opfern bleibt das Vergessen. Das kalte Schweigen, die kollektive Bewusstlosigkeit breitet sich wie ein Leichentuch über die Vergangenheit. Doch gerade hier, an der Heimstatt der Toten, ist jene titanische Schaffenskraft der Lebenden zu spüren, die aus den Ruinenfeldern des Krieges ein Wirtschaftswunderland aufbauten; kein deutscher Schriftsteller hat das so klarsichtig beschrieben wie W. G. Sebald: »Die Quelle der physischen Energie aber ist das Geheimnis von den in die Grundfesten des deutschen Staates eingemauerten Leichen.«

Jenseits der Friedhofsmauern tobt der permanente Modernisierungskrieg, die »schöpferische Zerstörung«, wie es fantasievolle Ökonomen ausdrücken. Das Schöpferische sind graue Asphaltbänder, bereinigte Fluren, betonversiegelte Gewerbegebiete, öde Schlafsiedlungen mit Einheitswohnhäusern. Unablässig wird das Alte vom Neuen überlagert, verschüttet, ausgelöscht. Die Verunstaltung ist so gründlich, dass mir die Heimatgemeinde mitunter fremd erscheint, wie ein unbekanntes Land, in dem ich noch nie war. Im Winter aber überdeckt der gnädige Schnee das Zerstörungswerk des Wohlstands, und tief unter der Frostdecke schlummert die Welt der Kindheit. Immerhin scheinen die Walzenfahrer des Fortschritts, die unseresgleichen für Vergangenheitsträumer halten, vor den Friedhöfen einen gewissen Respekt zu haben, man könnte fast meinen, sie fürchten die Toten und noch mehr die Erzählungen, die sie mit in ihre Gräber nahmen.

Die Dämmerung bricht an, hinter den angestaubten Scheiben des Leichenschauhauses ist das Inventar nur noch schemenhaft zu erkennen, schwarze Vorhänge, armdicke weiße Kerzen, Weihwasserständer, staffeleiähnliche Kranzhalterungen, an der Stirnwand ein großes Holzkruzifix, im Zentrum des Raumes der sperrhölzerne Katafalk mit der Plexiglashaube. Wer mag als Nächster darunter liegen, denke ich, als ich die paar Schritte zum Familiengrab hinübergehe. Da ruhen sie, Mutter, Bruder, Vater, Großeltern, Urgroßeltern, Urgroßtanten; das älteste, in goldenen Lettern in den anthrazitschwarzen Marmorgrund gemeißelte Datum überspringt ein ganzes Jahrhundert: 1890, das Todesjahr einer gewissen Anna Grill. Der Name des unglücklichen Schwesterchens mit dem Wasserkopf, des Kindes der Scham, findet hingegen bis heute keine Erwähnung. Urban, der geliebte Bruder, ist nun schon neun Jahre tot. Er lächelt aus einem ovalen Porzellanporträt, das einzige Farbbild. Ganz oben auf dem Grabstein verbleicht das schwarz-weiße Konterfei des Familienpatriarchen: Großvater Bartholomäus, mit ewiglich ernstem, schwermutigem Blick.

Die Bilder und Inschriften erzeugen eine geradezu magische Gegenwärtigkeit der Toten, sie sind um mich herum und mitten in mir. Nach einer Weile aber tritt ein Satz so gestochen scharf vor meine Augen, als wäre er in den Epitaph gehauen: »Ein freier Mensch denkt an nichts weniger als an den Tod.« Eine Empfehlung von Baruch de Spinoza, 17. Jahrhundert. Im nächsten Moment kommt mir die Begegnung mit einem Jäger vom Volk der San in den Sinn, und meine Gedanken fliegen aus dem froststarren Friedhof in die flimmernde Hitze der namibischen Wüste, an den Rand der Kalahari. Die weißen Kolonialherren, die einst den Südwesten Afrikas eroberten und dem deutschen Kaiserreich einverleibten, nannten die San abschätzig

Buschmänner. Sie gehören zu den afrikanischen Urvölkern, die seit zweihunderttausend Jahren die Trockensavannen im tiefen Süden durchstreifen. Genetiker haben herausgefunden, dass sie die älteste Abstammungslinie der Menschheit repräsentieren, sie tragen die Erbmoleküle unserer Ureltern Adam und Eva in sich. Der Mann, neben dem ich im Schatten eines Mangetti-Baumes saß, hieß !Gubi. Er mochte vielleicht achtzig Jahre alt sein, sein zerfurchtes Gesicht ließ das hohe Alter ahnen. Wann er geboren wurde, konnte !Gubi nicht sagen, in seiner Kultur wird die Zeit nicht in Jahren gemessen. Er schmauchte eine Pfeife und erzählte von den Sitten und Brauchtümern der San, die die Jungen zu seinem großen Bedauern allmählich vergessen. Irgendwann kamen wir auf den Tod zu sprechen, auf die Geisterwelt, in der die Verstorbenen leben und der sie, weil es darin recht langweilig zugeht, immer wieder zu entkommen versuchen. Sie würden aus Wasserlöchern und Termitenbauten steigen, nachts um die flackernden Feuer huschen und Krankheitspfeile auf die Lebenden schießen, sagt !Gubi. »Manchmal stehlen sie auch die Seelen junger, schöner Menschen. Dann müssen unsere Schamanen in die Geisterwelt reisen, um sie zurückzuholen.« Aber der alte Mann wollte dieses Thema nicht weiter vertiefen: »Du sollst nicht über den Tod reden, sonst kommt er und holt dich!«, meinte er barsch. Im Fortgang des Gesprächs stellte sich heraus, dass er genau die gleiche Lebensregel befolgt wie der europäische Denker Spinoza: Ein freier Mensch verschwendet keinen Gedanken an den Tod. »Da oben sind sie«, sagte !Gubi und deutete auf das Firmament über uns, auf die unzähligen Sterne, die wie Diamanten aus der Schwärze des Südhimmels funkelten. »In jedem Licht wohnt die Seele eines Verstorbenen. Aber richtig tot ist er erst, wenn das Licht ausgeht.«

Und so stehe ich also im verschneiten Friedhof, den allmählich die Dunkelheit verhüllt. Über den Gräbern der Nordhimmel, die unendliche Gleichgültigkeit der Gestirne – und der Trost einer jahrtausendealten Mythe. Dort oben schweben sie dahin, die Toten auf ihren Sternen, und sie leben in meiner Erinnerung fort, solange ich die Sterne noch betrachten kann.

Dank

Ich danke allen, die durch ihre Gedanken, ihren Zuspruch oder ihre kritischen Anmerkungen zum Entstehen dieses Buches beigetragen haben, zuvorderst meiner Frau Antje und meinem Sohn Leo.

Ich danke meinen Geschwistern Barbara und Stefan, meiner Nichte Sophia und meinem Neffen Christoph.

Ich danke der erweiterten Familie, insbesondere den Tanten Elisabeth Greimel und Afra Köhler, den Cousinen Rita Ellmaier, Resi Huber und Annelies Baer sowie meinem Schwager Christoph Hartenstein.

Ich danke meinen Freunden Henner Frankenfeld, Martin Gütter, Romuald Hazoumè, Ludwig Resch und Wolfgang von Schwarzenfeld.

Ich danke den journalistischen Wegbegleitern und Fotografen Andrea Jeska, Pascal Maître und Rainer Unkel.

Ich danke Monica Oosterbroek, die mir den letzten Filmstreifen ihres Mannes Ken überließ, und Robert Spaemann für die freundliche Genehmigung, das Streitgespräch in *Um uns die Toten* veröffentlichen zu dürfen.

Ich danke meinem Literaturagenten Michael Neher, von dem die Idee zum Titel dieses Buches stammt. Ich danke Stefan Mayr, meinem umsichtigen Lektor, und den Mitarbeitern des Siedler Verlags.

Und ich danke all den Toten, die während des Schreibens um mich herum waren.